Stress, Mobbing und Burn-out am Arbeitsplatz

Sven Litzcke
Horst Schuh
Matthias Pletke

Stress, Mobbing und Burn-out am Arbeitsplatz

Umgang mit Leistungsdruck – Belastungen im Beruf meistern – Mit Fragebögen, Checklisten, Übungen

6., vollständig überarbeitete Auflage

Mit 9 Abbildungen und 10 Tabellen

Springer

Prof. Dr. Sven Litzcke
Fakultät Wirtschaft und Informatik
Abteilung Betriebswirtschaft
Hochschule Hannover
Ricklinger Stadtweg 120
30459 Hannover

Prof. Dr. Matthias Pletke
Fakultät Wirtschaft und Informatik
Abteilung Betriebswirtschaft
Hochschule Hannover
Ricklinger Stadtweg 120
30459 Hannover

Dipl.-Psych. Horst Schuh
Konrad-von-Hochstaden-Str. 22
53881 Euskirchen-Stotzheim

ISBN 978-3-642-28623-0 ISBN 978-3-642-28624-7 (eBook)
DOI 10.1007/978-3-642-28624-7

Die Deutsche Nationalbibliothek verzeichnet diese Publikation in der Deutschen Nationalbibliografie; detaillierte bibliografi sche Daten sind im Internet über http://dnb.d-nb.de abrufbar.

SpringerMedizin

Planung: Monika Radecki, Heidelberg
Projektmanagement: Sigrid Janke, Heidelberg
Lektorat: Dörte Fuchs, Freiburg
Projektkoordination: Barbara Karg, Heidelberg
Umschlaggestaltung: deblik Berlin
Fotonachweis Umschlag: © Gina Sanders/fotolia.com
Herstellung: Crest Premedia Solutions (P) Ltd., Pune, India

Gedruckt auf säurefreiem und chlorfrei gebleichtem Papier

Springer Medizin ist Teil der Fachverlagsgruppe Springer Science+Business Media.
www.springer.com

Vorwort

Stress – ein Modewort

Der Begriff *Stress* ist umgangssprachlich zum Modewort verkommen – Stress scheint allgegenwärtig und auf penetrante Art beliebig. Sogar unter die »100 Wörter des 20. Jahrhunderts« hat es *Stress* geschafft (Schneider 1999). Es gehört zum Eindruck von beruflichem Erfolg, keine Zeit zu haben, mit dem Terminkalender zu kokettieren, belastet, überfordert, kurz: im Stress zu sein (Hoberg u. Vollmer 1988). Der Vater hat Stress mit dem Nachbarn, die Mutter mit einem Kollegen, die Tochter fühlt sich von ihrem Bruder gestresst, der Bruder hat Stress, weil er kein Schokoladeneis bekommt. So werden auch banale Erlebnisse mit Stress verknüpft, und die Gefahr, gefährliche Folgen echten Stresses zu bagatellisieren, wächst.

Echter Stress

Aus der Unschärfe des Stressbegriffs resultieren Ergebnisse wie diese (Seco 2000): 82 Prozent der Befragten fühlen sich gestresst, aber 70 Prozent geben an, ihren Stress gut im Griff zu haben. In diesem Buch geht es um echten Stress mit seinen schädlichen Folgen, d.h. um die 30 Prozent, die ihren Stress nicht gut im Griff haben. Die Ein-Drittel-Schätzung findet sich immer wieder, so bei Allensbach (2002a) oder bei der Techniker Krankenkasse (2009). Grob geschätzt, leidet demnach etwa jeder Dritte in Deutschland unter Stress.

Ob ein Drittel nun viel oder wenig ist, im subjektiven Empfinden der Betroffenen ist Stress unangenehm. Die Weltgesundheitsorganisation (WHO) hat Stress zu einer der großen Gesundheitsgefahren des 21. Jahrhunderts erklärt. Zumindest die Stressfolgekosten summieren sich für Deutschland auf beeindruckende 30 Milliarden Euro pro Jahr – mit steigender Tendenz. Diese Zahl ergibt sich hochgerechnet aus einer schweizerischen Studie, nach der die Stresskosten rund 1,2 Prozent des Bruttoinlandsprodukts verursachen, was 4,2 Milliarden Schweizer Franken entspricht (Seco 2000). Umgerechnet auf deutsche Verhältnisse, liegt die Schätzung von rund 30 Milliarden Euro am unteren Rand der entstehenden Kosten. Nach der Seco-Umfrage ist Arbeit die Hauptstressquelle (58 Prozent). Es besteht eine Korrelation zwischen empfundenem Stress und hektischer Arbeit, nicht aber zwischen Stress und körperlich anstrengender Arbeit (Seco 2000).

Dauerstress macht krank

Wir alle kennen Situationen, in denen wir uns überfordert fühlen, in denen wir gereizt, hektisch oder nervös reagieren. Wir ärgern uns, sind wütend oder fühlen uns ohnmächtig und niedergeschlagen. Im Normalfall können wir unangenehme Erlebnisse dieser Art gut verarbeiten. Belastungen werden erst zum Problem, wenn Zeitdruck und Überforderung Dauerstress erzeugen. Dauerstress beeinträchtigt das Wohlbefinden, schränkt unsere geistige Leistungsfähigkeit ein und gefährdet unsere Gesundheit. In der Arbeitswelt fordert der Veränderungsdruck seinen Preis. Veränderungen verursachen bei vielen Menschen Stress, besonders wenn man sich ausgeliefert fühlt und keine Kontrollmöglichkeiten mehr sieht. Der Wandel fordert seinen Tribut: Globalisierung, Flexibilisierung, Lean Management, permanente Erreichbarkeit. Anstellungen auf Lebenszeit laufen aus, die Zukunft gehört Menschen mit »flexiblen Lebensläufen«, mit wechselnden Aufgaben und Wohnsitzen. Viele fühlen sich von dem permanenten Veränderungsdruck überfordert. Das ist das hässliche Gesicht des Stresses. Folgerichtig weisen psychische Erkrankungen die höchsten Steigerungsraten unter allen Erkrankungen auf. Absolut gesehen, sind psychische Erkrankungen für über 10 Prozent aller Krankentage verantwortlich (BKK Bundesverband 2011).

- **Stress beflügelt**

Stress muss aber nicht krank machen. Das Stresssystem erfüllt wichtige Aufgaben und hat unseren Vorfahren Vorteile verschafft. Die Stressreaktion ist eine entwicklungsgeschichtlich alte Funktion, die der Mensch mit vielen anderen Säugetieren gemeinsam hat. Sie war und ist lebenswichtig. Wir wollen gefordert werden, etwas leisten, unsere Fähigkeiten unter Beweis stellen. Solcher Stress macht Spaß. Wir sind zufrieden, wenn der Tag mit anregender Arbeit ausgefüllt war, wenn wir uns mit ganzer Kraft erfolgreich für eine Sache eingesetzt haben. Das ist das attraktive Gesicht des Stresses. Rund 70 Prozent der Bundesbürger kennen das Gefühl von positivem Stress (Allensbach Archiv 2002b). Je einfacher die Arbeit ist, desto seltener machten die Befragten die Erfahrung von positivem Stress im Beruf. Während 77 Prozent der leitenden Angestellten positiven Stress im Beruf erleben, sind es lediglich 20 Prozent der angelernten Arbeiter. Die angelernten Arbeiter kennen auch im Privatleben nur selten positiven Stress (17 Prozent). Während negativer Stress zu Anspannung und in der Folge zu Kampf oder Flucht führt, resultieren aus positivem Stress Motivation und Energie (Stollreiter et al. 2000).

- **Das Ziel**

Dieses Buch hilft Ihnen, konstruktiv mit Belastungen umzugehen. Dies setzt voraus, dass Sie bereit sind, über Ihr konkretes Stressverhalten nachzudenken sowie Einstellungs- und Verhaltensänderungen aktiv anzupacken.

- **Der Weg**

Das Buch vermittelt Informationen zum Stressgeschehen: Was ist Stress? Wie entsteht Stress? Wie läuft die Stressreaktion ab? Mögliche Stressfolgen, angefangen beim Unwohlsein bis hin zu körperlichen Erkrankungen, werden erläutert. Mit Hilfen zur Selbsteinschätzung, Übungen und Fragebögen können Sie Ihre individuelle Stresssituation sowie Ihre Stressverarbeitungsmuster analysieren. Praxisorientierte Methoden und erprobte Hilfen werden vorgestellt, mit denen Sie Stress bewältigen können. Aufgrund der wachsenden Bedeutung im Berufsalltag werden die Themen Mobbing und Burn-out in eigenen Kapiteln behandelt und in das Stressgeschehen eingeordnet.

- **Mobbing**

Speziell bei Mobbing gewinnen juristische Aspekte an Bedeutung. Deshalb wurden juristische Aspekte von Mobbing systematisch in die 6. Auflage eingearbeitet. Hierfür konnte Herr Prof. Dr. jur. Matthias Pletke als Mitautor gewonnen werden. Zusätzlich werden relevante Rechtsfragen im Zusammenhang mit Stress und Burn-out am jeweiligen Kapitelende behandelt.

Viel Spaß beim Entdecken und viel Erfolg beim Ausprobieren.

Sven Litzcke, Horst Schuh, Matthias Pletke
Hannover und Euskirchen-Stotzheim, Juni 2012

Die Autoren

Prof. Dr. rer. nat. Sven Litzcke
Diplompsychologe, Diplom-Verwaltungswirt (FH), Professor für Human Resource Management und Wirtschaftspsychologie an der Hochschule Hannover, Fakultät Wirtschaft und Informatik, Abteilung Betriebswirtschaft. Leiter des Arbeitsschwerpunktes *Kontraproduktivität in Organisationen* am Institut für Innovationstransfer an der Hochschule Hannover (ITI Hannover). Arbeitsschwerpunkte: Sicherheitspsychologie und Personalpsychologie.

Dipl.-Psych. Horst Schuh
Diplompsychologe, bis 2005 Professor für Führungs- und Kommunikationslehre sowie Politische Ideengeschichte an der Fachhochschule des Bundes für öffentliche Verwaltung. Im Ruhestand ehrenamtlich tätig im Kriseninterventionsdienst (KID) des Deutschen Roten Kreuzes sowie im Arbeitskreis *PTBS und Betreuung* des Verbandes der Reservisten der Deutschen Bundeswehr.

Prof. Dr. jur. Matthias Pletke
Volljurist, Professur für Allgemeine Betriebswirtschaftslehre, insbesondere Personalwirtschaft und Arbeitsrecht, an der Hochschule Hannover, Fakultät Wirtschaft und Informatik, Abteilung Betriebswirtschaft. Zuvor langjährige Tätigkeit als Rechtsanwalt und Fachanwalt für Arbeitsrecht. Geschäftsführender Gesellschafter der *fortis Seminare & Beratung für Betriebsräte GmbH.*

Inhaltsverzeichnis

Abkürzungsverzeichnis

a.A.	anderer Ansicht
AGG	Allgemeines Gleichbehandlungsgesetz
AiB	Arbeitsrecht im Betrieb (Zeitschrift)
AP	Arbeitsrechtliche Praxis (Nachschlagewerk des Bundesarbeitsgerichts)
ArbG	Arbeitsgericht
ArbSchG	Arbeitsschutzgesetz
ArbSchR	Arbeitsschutzrecht
Art.	Artikel
ArztR	Arztrecht (Zeitschrift)
ASiG	Gesetz über Betriebsärzte, Sicherheitsingenieure und andere Fachkräfte für Arbeitssicherheit (Arbeitssicherheitsgesetz)
AuA	Arbeit und Arbeitsrecht (Zeitschrift)
BAG	Bundesarbeitsgericht
BAGE	Sammlung der Entscheidungen des Bundesarbeitsgerichts
BAuA	Bundesanstalt für Arbeitsschutz und Arbeitsmedizin
BAT	Bundes-Angestelltentarifvertrag
BB	Betriebs-Berater (Zeitschrift)
BEM	Betriebliches Eingliederungsmanagement
BetrVG	Betriebsverfassungsgesetz
BGB	Bürgerliches Gesetzbuch
BPersVG	Bundespersonalvertretungsgesetz
BSG	Bundessozialgericht
BVerwG	Bundesverwaltungsgericht
DB	Der Betrieb (Zeitschrift)
dbr	der betriebsrat (Zeitschrift)
D/K/K	Däubler, Kittner & Klebe
D/L/W	Dörner, Luczak & Wildschütz
EFZG	Entgeltfortzahlungsgesetz
EG	Europäische Gemeinschaft
ErfK	Erfurter Kommentar zum Arbeitsrecht (im Literaturverzeichnis unter: Müller-Glöge, Preis & Schmidt)
GG	Grundgesetz
HK-ArbR	Handkommentar zum Arbeitsrecht (im Literaturverzeichnis unter: Däubler, Hjort, Hummel & Wolmerath)
HRM	Handbuch Mobbing-Rechtsschutz (im Literaturverzeichnis unter: Wickler)
H/W/K	Henssler, Willemsen & Kalb
INQA	Initiative Neue Qualität der Arbeit
IRLR	Industrial Relations Law Reports
i.V.m.	in Verbindung mit
KSchG	Kündigungsschutzgesetz
LAG	Landesarbeitsgericht
LSG	Landessozialgericht
MuSchG	Gesetz zum Schutz der erwerbstätigen Mutter (Mutterschutzgesetz)
MüArbR	Münchener Handbuch zum Arbeitsrecht
NJW	Neue Juristische Wochenschrift (Zeitschrift)

NZA	Neue Zeitschrift für Arbeitsrecht (Zeitschrift)
NZA-RR	NZA-Rechtsprechungs-Report Arbeitsrecht (Zeitschrift)
NZS	Neue Zeitschrift für Sozialrecht (Zeitschrift)
PersR	Der Personalrat (Zeitschrift)
SG	Sozialgericht
SGB	Sozialgesetzbuch
SozR	Sozialrecht, Rechtsprechung und Schrifttum (Loseblattsammlung)
StGB	Strafgesetzbuch
TzBfG	Teilzeit- und Befristungsgesetz
WSI	Wirtschafts- und Sozialwissenschaftliches Institut des Deutschen Gewerkschaftsbundes
ZPO	Zivilprozessordnung
ZTR	Zeitschrift für Tarif-, Arbeits- und Sozialrecht des öffentlichen Dienstes (Zeitschrift)

Stress

1

1.1 Definition

Stress

Das lateinische Verb *stringere* heißt *zusammendrücken* oder *zusammenziehen*. Der Begriff *Stress* in seiner heutigen Bedeutung stammt aus dem Englischen und bezeichnete ursprünglich das Testen von Materialien auf ihre Belastbarkeit. Der Biochemiker Selye (1907–1982) übertrug den Begriff in die Psychologie und Medizin. Selye stellte fest, dass der Organismus bei starken Umweltbelastungen, wie z.B. Hitze oder Kälte, eine unspezifische Alarmreaktion zeigt. Selye hat ein neutrales Stressverständnis. Er spricht von Stress, wenn der Körper auf einen Reiz mit Aktivierung reagiert. Das kann sowohl bei negativen als auch bei positiven Erlebnissen der Fall sein (Selye 1974).

Definition

Stress ist die Aktivierungsreaktion des Organismus auf Anforderungen und Bedrohungen – auf die sog. Stressoren.

Stressoren

Bei weiteren Untersuchungen wurde entdeckt, dass diese unspezifische Reaktion durch sehr verschiedene Ereignisse (= Stressoren) ausgelöst werden kann. Man unterscheidet folgende Stressoren (Bernhardt u. Wermuth 2011; Hillert u. Marwitz 2006; Rensing et al. 2006; Sonnentag u. Frese 2003):

- physische Stressoren wie beispielsweise Lärm, Hitze, Kälte, Schmutz, Nässe, Zugluft, Vibrationen, toxische Stoffe, Hunger, Infektionen, Verletzungen, Entzündungen, Strahlung, schwere körperliche Arbeit, Passivrauchen, nicht ergonomische Arbeitsplatzgestaltung,
- aufgabenbezogene Stressoren wie beispielsweise Zeitdruck, Arbeitsüberlastung, Aufgabenkomplexität, monotone Arbeit, ständige Unterbrechungen, unvollständige Information, widersprüchliche Arbeitsanweisungen,
- arbeitsbezogene Stressoren wie beispielsweise Schichtdienst, lange Arbeitszeiten, Überstunden,
- Rollenstressoren wie beispielsweise Rollenunklarheit, Rollenkonflikte, Rollenüberforderung,
- soziale Stressoren wie beispielsweise Isolation, Konflikte, Mobbing, sexuelle Belästigung, Umgang mit schwierigen Kunden,
- veränderungsbezogene Stressoren wie beispielsweise Fusionen, Übernahmen durch andere Unternehmen, Stellenabbau, Einführung neuer Technologien,
- traumatische Stressoren wie beispielsweise schwere Unfälle, Verletzungen, Vergewaltigung.

Ob ein Ereignis auf einen Menschen als Stressor wirkt, hängt auch von dem Menschen selbst ab. So wirken beispielsweise soziale Interaktionen häufig positiv, es macht Freude, mit anderen Menschen zusammenzuarbeiten. Der Wunsch nach Kooperation und Kontakt sowie nach sozialer Anerkennung kann im Kontakt mit Kollegen, Kunden oder Vorgesetzten befriedigt werden. Auf der anderen Seite können soziale Interaktionen auch belasten, und andere Menschen können zu sozialen Stressoren werden (Holz et al. 2004). Tagebuchstudien zeigen, dass negative emotionale Kommunikation mit Kollegen, Kunden und Vorgesetzten zu den häufigen belastenden Ereignissen gehören (Schwartz u. Stone 1993). Die Ausführungen von Skakon et al. (2010) belegen, dass ein unterstützendes Führungsverhalten den Stress bei Mitarbeitern reduzieren und zu deren Wohlbefinden beitragen kann. Die Übersicht im Kasten vermittelt einen exemplarischen Überblick über den Einfluss von Stressfaktoren auf den Menschen am Arbeitsplatz.

Stressfaktoren am Arbeitsplatz (adaptiert nach Allenspach u. Brechbühler 2005)

- **Organisation:**
  - Daueraufmerksamkeit
  - häufige Unterbrechungen
  - Nichtvorhersehbarkeit von Abläufen
  - Arbeitsschwierigkeit/Arbeitstempo/Arbeitsumfang
  - Schichtarbeit/Nachtarbeit/Überstunden
  - ständige Reisetätigkeit
  - Flüge mit Zeitzonenwechsel
- **Physische Belastungen:**
  - Beleuchtung
  - Temperatur
  - Lärm
  - Schadstoffe
- **Psychische Belastungen:**
  - Angst
  - Misserfolg
  - Arbeitsplatzunsicherheit
  - fehlende Anerkennung
  - Fremdbestimmtheit
  - Informationsmangel
  - Konkurrenzdruck/Zeitdruck/Termindruck
  - widersprüchliche Aufträge
  - Unterforderung/Überforderung
  - Verantwortungsdruck
- **Soziale Belastungen:**
  - unfaire Behandlung
  - Kooperationszwang
  - soziale Dichte/soziale Isolation
  - Konflikte
  - Mobbing

Stress ist subjektiv

Stress wird häufig als Außeneinfluss auf Menschen dargestellt, so auch in der vom Deutschen Institut für Normung e.V. (DIN) vorgenom-

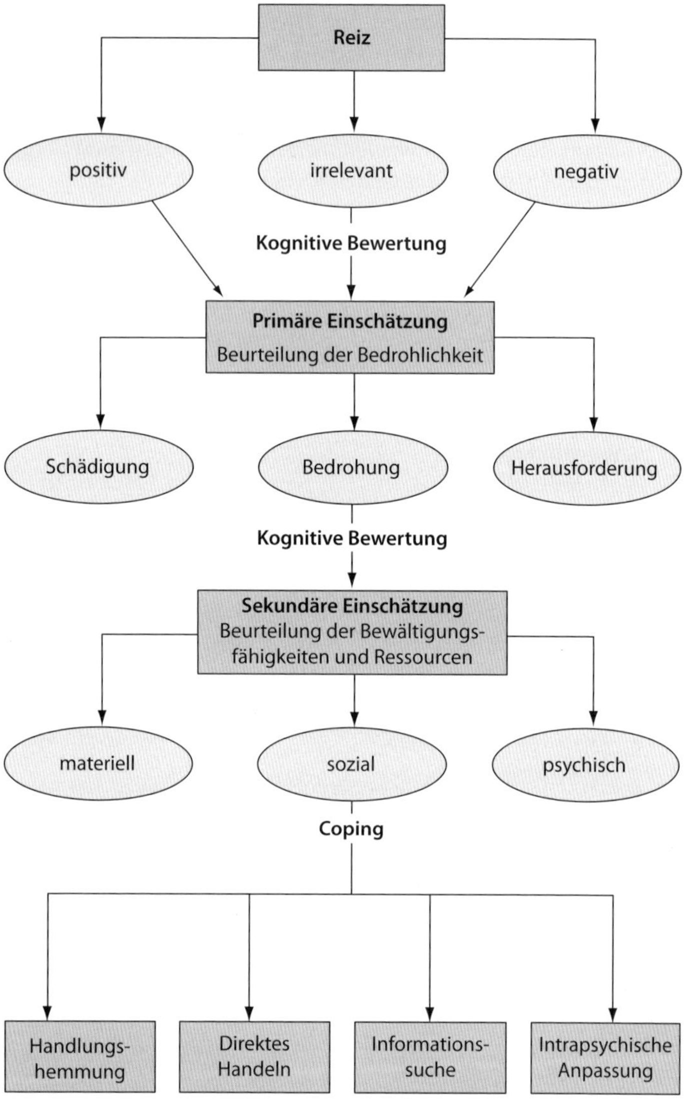

Abb. 1.1 Transaktionales Stressmodell (adaptiert nach Monat u. Lazarus 1991; Schild u. Heeren 2003)

menen Normung psychischer Belastungen (s. hierzu beispielsweise Nachreiner u. Schultetus 2002). Diese Sichtweise ist unvollständig. Nach dem transaktionalen Ansatz der Stressforschung entsteht Stress im Zusammenspiel zwischen situativen Anforderungen und individuellen Beurteilungen der eigenen Ressourcen und Fähigkeiten (Lazarus 1966; Lazarus u. Launier 1981; s. hierzu auch Abb. 1.1). Entscheidend ist die jeweils subjektive Bewertung der Anforderungen, nicht allein die »objektive« Stärke eines Stressors. Dabei finden zwei Bewertungen statt (Monat u. Lazarus 1991; Schwarzer 2000):

- primäre Einschätzung: Ist ein Ereignis bedrohlich und damit relevant?

- sekundäre Einschätzung: Wenn das Ereignis bedrohlich und relevant ist, folgt die sekundäre Einschätzung: Stehen Bewältigungsmöglichkeiten zur Verfügung oder nicht?

Bewertungen

Empfindet man ein Ereignis nicht als bedrohlich, löst es keinen Stress aus. Empfindet man ein Ereignis als bedrohlich und damit als relevant, entscheidet die sekundäre Einschätzung darüber, ob Stress ausgelöst wird oder nicht. Stehen Bewältigungsmöglichkeiten zur Verfügung, wird sich der Stress in erträglichem Maß halten. Je weniger Bewältigungsmöglichkeiten man wahrnimmt, desto mehr Stress empfindet man. Entscheidend ist die Selbstwirksamkeitserwartung, d.h., ob man sich selbst zutraut, ein anstehendes Problem bewältigen zu können. Aus diesen Bewertungen resultieren unterschiedliche Bewältigungsformen. So kann man vor einer Prüfung aufgrund mangelnder Selbstwirksamkeitserwartung auf eine aktive Auseinandersetzung mit dem Problem verzichten, indem man sich ablenkt oder betäubt. Allerdings löst das die Probleme nicht, sondern schiebt sie auf und vergrößert sie auf mittlere und lange Sicht. Ein solch dysfunktionales Verhalten erhöht die Wahrscheinlichkeit des Scheiterns.

Taxonomie Stressbewältigung

Für Bewältigungsstrategien gibt es eine Vielzahl von Klassifikationsvorschlägen. Besonders hilfreich ist die von Perrez u. Reicherts (1992) vorgeschlagene Taxonomie mit einer Unterteilung in:

- situationsbezogene Bewältigung: aktive Einflussnahme, Flucht/Rückzug, Passivität,
- repräsentationsorientierte Bewältigung: Informationssuche, Informationsunterdrückung,
- evaluationsorientierte Bewältigung: Umwertung/Sinngebung, Zieländerung.

In Situationen, die kontrollierbar sind und die eine geringe Eigendynamik zum Guten haben, ist eine aktive Einflussnahme auf den Stressor sinnvoll. In Situationen, die sich im Wandel befinden, kann Passivität sinnvoll sein. Flucht, wie beispielsweise ein Arbeitsplatzwechsel, ist dann empfehlenswert, wenn ein Stressor weder kontrollierbar noch wandelbar und gleichzeitig stark negativ ist. Die repräsentationsorientierte Bewältigung verändert durch Informationssuche oder Informationsunterdrückung die Wahrnehmung eines Stressors, während die evaluationsorientierte Bewältigung die Einstellung zum Stressor ändert. Die Ausführungen zeigen, dass ein spezieller Bewältigungsmechanismus nicht immer gut oder immer schlecht ist. Vielmehr hängt die Wirkung eines Bewältigungsmechanismus von der Stress auslösenden Situation (Folkman u. Moskowitz 2003) sowie von den individuellen Ressourcen ab. Besonders hilfreich für eine erfolgreiche Bewältigung ist deshalb Flexibilität in der Anwendung verschiedener Bewältigungsarten.

Je mehr Bewältigungsmechanismen ein Mensch beherrscht, desto flexibler kann er auf Stress reagieren.

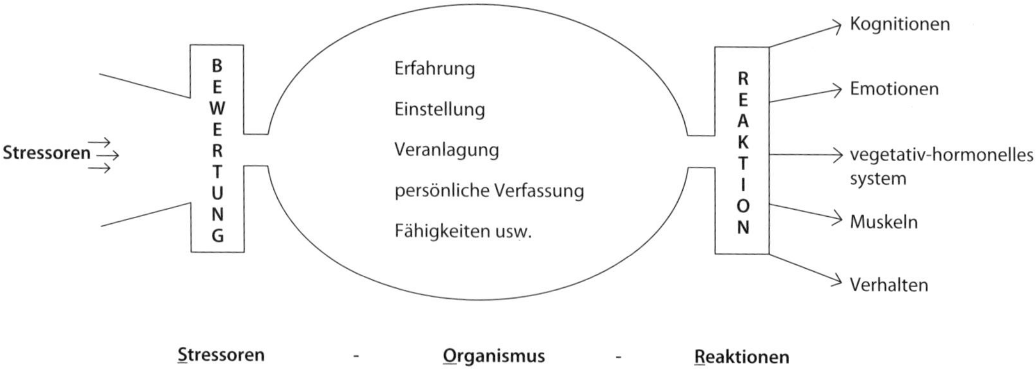

Abb. 1.2 S-O-R-Modell

S-O-R-Modell

Menschen können objektiv gleiche Belastungen subjektiv unterschiedlich empfinden, und auch ein und derselbe Mensch kann eine Belastung in unterschiedlichen Situationen unterschiedlich empfinden. Belastungen werden häufig als von außen auf einen Menschen einwirkende Größen, unabhängig von konkreten Auswirkungen auf den Einzelnen, definiert (beispielsweise hohe Temperaturen). Die Art und Intensität der Belastungsauswirkungen auf einzelne Menschen nennt man hingegen *Beanspruchungen* (Gerlmaier 2011). Nach dem *S-O-R-Modell* (Abb. 1.2) verarbeitet eine Person (= Organismus) Stressoren je nach Erfahrungen, Veranlagungen oder momentanen Stimmungen unterschiedlich.

Beispiel

Ein Kollege, der einem am Morgen schlecht gelaunt entgegentritt, kann den Tag nicht verderben, wenn man selbst gut gelaunt ist. Der gleiche Kollege kann an einem anderen Tag, an dem man sich selbst nicht gut fühlt, besonders anstrengend wirken, obwohl er nicht schlechter gelaunt ist als sonst.

Stressanalyse

Wirksame Stressbewältigung setzt die Analyse eigener Einstellungen und eigenen Verhaltens voraus. Nur wer seine persönlichen Belastungssituationen sowie die eigenen Stärken und Schwächen kennt, kann Stress gezielt bewältigen. Folgende Fragen haben sich bei der Analyse von Stresssituationen bewährt:

- Welches sind meine persönlichen Stressoren?
- Wie reagiere ich auf typische Belastungssituationen?
- Über welche Bewältigungsmöglichkeiten verfüge ich?

Selbsteinschätzung

Übung: Stressbereiche

Für einen ersten Überblick bearbeiten Sie bitte die folgende Übung: Gehen Sie die Bereiche in der linken Spalte von Tab. 1.1 durch, und überlegen Sie, welche Bereiche Stress bei Ihnen auslösen. Je häufiger oder regelmäßiger Sie auf einen Bereich mit

Tab. 1.1 Stressbereiche, eigene Reaktionen und Alternativreaktionen (adaptiert nach Stollreiter et al. 2000)

Bereich	Derzeitige Reaktion	Alternativreaktion
Beruf – Vorgesetzte – Mitarbeiter – Kollegen – Kunden – Organisation		
Mobilität – Beifahrer – andere Verkehrsteilnehmer – LKWs – Taxis – Verspätungen – Reisehäufigkeit – ungünstige Reisezeiten		
Partnerschaft – Tagesrhythmus – Einstellungen/Werte – Gewohnheiten – Nähe – Sexualität – Geld		
Kinder – zu wenig Zeit – Streitereien – Problemverhalten		
Freizeit – Verein – Ehrenamt – Sport – Lesen/Musik		
Organisatorisches – Haushalt – Wohnung – Garten – Erledigungen – Versicherungen – Steuern		
Sonstiges – – – –		

Stress reagieren, desto lohnenswerter ist es, sich mit diesem Bereich intensiv auseinanderzusetzen. Notieren Sie in der mittleren Spalte Ihre derzeitige Reaktion und in der rechten Spalte Alternativen zu dieser Reaktion. Sie haben nun einen ersten Anhaltspunkt, welche Bereiche für Sie besonders stressbelastet sind.

1.2 Erleben

Das persönliche Stresserleben hängt davon ab, mit welcher Häufigkeit, Vielfalt, Dauer und Intensität Stressoren wirken. Besonders wichtig ist die individuelle Bewertung einer Situation: Ist sie bedrohlich oder zu bewältigen?

Dauerstress

Lebensbedrohliche Konfrontationen sind in unserem Alltag selten, unterschwelliger Dauerstress hingegen häufig (Wagner-Link 2009): Die Arbeit ist abends nicht erledigt, in der Partnerschaft gibt es Probleme; statt zu schlafen, grübelt man über die Probleme nach – der Organismus bleibt angespannt. Andererseits beflügeln bewältigte Herausforderungen. Die Stressdosis und die wahrgenommenen Bewältigungschancen entscheiden darüber, ob Stress negativ oder positiv wirkt. Speziell psychische Belastungen nehmen im Alltag der meisten Menschen zu und wirken sich auf Produktivität und Fluktuationsraten aus (Menzel u. Sonntag 2009).

Mittlerer Stress

Ideal ist mittlerer Stress. Zu viel oder zu wenig Stress kann zu einem Leistungsabfall führen. Eine zu hohe Aktivierung ist erkennbar an Nervosität, Hektik und Konzentrationsschwäche; eine zu niedrige an Müdigkeit und Langeweile. Die richtige Stressdosis spornt an.

> **Jede körperliche und geistige Anstrengung benötigt ein Mindestmaß an Stressenergie. Spitzenleistungen sind ohne kontrollierten Stress nicht möglich.**

Flow

Im Idealfall stehen eigene Fähigkeiten und die Herausforderungen durch die Umwelt im Einklang. Dann kann es zu Flow-Erlebnissen (Csikszentmihalyi 1997) kommen.

Definition

Flow ist ein Zustand des Verschmelzens mit der Situation: Die Tätigkeit selbst ist Belohnung und wird als Glück erlebt.

Unterforderung/Überforderung

Stress wirkt zunächst positiv, erst das Übermaß schädigt und führt zu Ermüdung und schließlich zum Zusammenbruch. Wenn wir bei mittlerem Stress optimal leistungsfähig sind, stellen sowohl Unter- wie Überforderung ungünstige Rahmenbedingungen dar.

Wenn berufliche Anforderungen und soziale Belohnungen außer Balance geraten, stürzen Menschen in Krisen. Gefährdet sind Mitarbeiter mit übersteigerter beruflicher Verausgabungsneigung und Mitarbeiter, die – strategisch denkend – auf eine zukünftige Belohnung wie eine Beförderung hoffen oder die keine Arbeitsplatzalternative haben und sich zum Bleiben verdammt fühlen. Letztlich geht es auch hier um die Fähigkeit zur Selbstregulation. Menschen, die sich für ihren Beruf engagieren und das Gefühl haben, dafür geschätzt zu werden, fühlen sich der Organisation zugehörig und entwickeln auch unter hoher Belastung weniger Stresssymptome.

Gratifikationskrise

Gefährlich wird es, wenn Mitarbeiter enttäuscht sind oder sich ungerecht behandelt fühlen. Stresssymptome und – in weiterer Konsequenz – Krankheiten sind das Ergebnis einer gestörten Austauschbeziehung. Kosten und Nutzen stehen nicht mehr im Gleichgewicht. Menschen in solchen beruflichen Gratifikationskrisen leiden unter einer erhöhten Herzfrequenz, einem erhöhten Blutdruck, Herz-Kreislauf-Erkrankungen, depressiven Störungen und Veränderungen im Suchtverhalten. Es kann zum Burn-out kommen. Auch das Risiko einer Alkoholabhängigkeit steigt bei Menschen in beruflichen Gratifikationskrisen deutlich. Bei Männern steigt das Erkrankungsrisiko bei fehlender Aufstiegsmöglichkeit und bei fehlender Arbeitsplatzsicherheit, bei Frauen vor allem bei übersteigerter Verausgabungsneigung (Krumpholz-Reichel 2002).

1.3 Bewertung

Die persönliche Bewertung entscheidet darüber, ob ein Mensch Stress empfindet oder nicht. Dazu ein Beispiel (nach Wagner-Link 1996).

Beispiel
Herr Schneider und Herr Berg sollen einen Kurzvortrag halten. Beide sind fachlich kompetent. Herr Schneider ist ein verschlossener, sozial unsicherer Mensch, der zwar über einen guten Sprachstil verfügt, sich aber wenig zutraut. Ihm graut vor dem Vortrag. Herr Berg hingegen steht gerne im Mittelpunkt und hat kaum Lampenfieber. Objektiv sind beide fähig, die Situation zu meistern. Subjektiv fühlt sich Herr Schneider weniger befähigt, diese Aufgabe zu bewältigen. Während des Vortrags sagt der direkte Vorgesetzte etwas zu einem anderen Zuhörer und lacht kurz. Herr Schneider denkt: »Der hat sich über mich lustig gemacht.« Herr Schneider ist irritiert, wird noch nervöser und verspricht sich immer häufiger. Seine Befürchtung hat sich erfüllt, sein Vortrag ist tatsächlich schlecht. Herr Berg nimmt die gleiche Situation so wahr: »Bestimmt einer der üblichen unpassenden Witze. Zum Glück muss ich mir den gerade nicht anhören.« Herr Berg spricht gelassen und sicher weiter.

Stresserleben

Veranlagung, Erfahrungen, Einstellungen, Persönlichkeit und unsere Bewältigungsstrategien beeinflussen die Wahrnehmung von Stresssituationen. Selbst objektiv gefährliche Situationen lösen nur dann Stress aus, wenn man die Gefahr erkennt und glaubt, sie nicht bewältigen zu können. Umgekehrt können objektiv ungefährliche Situationen als bedrohlich erlebt werden und Stress erzeugen.

Menschen unterscheiden sich auch in der Bewertung ihrer eigenen Stressreaktion. Einige registrieren ihre Stressreaktion nüchtern, andere steigern sich in die Stressreaktion hinein. Im schlimmsten Fall wird die Stressreaktion selbst zum Stressor: Man stellt fest, dass man nervös wird, und diese Beobachtung macht noch nervöser. Viele

Menschen mit Prüfungsangst geraten in eine solche Stressfalle. Vor allem drei Merkmale entscheiden über die Wirkung von Stressoren (Smith et al. 2007):

- wahrgenommene Kontrollierbarkeit des Stressors,
- Vorhersagbarkeit des Stressors,
- Überlastung durch den Stressor.

Unkontrollierbarkeit

Wer glaubt, einer Situation hilflos ausgeliefert zu sein, zeigt eine stärkere Stressreaktion als jemand, der erwartet, eine Situation kontrollieren zu können. Menschen, die glauben, eine Anforderung aktiv steuern zu können, sind weniger gefährdet, Stressfolgeschäden zu erleiden. Menschen, die sich fremdbestimmt fühlen, verhalten sich passiv-resignativ, lassen Dinge schleifen und geraten gerade dadurch noch mehr unter Stress. Unkontrollierbare Ereignisse sind beispielsweise der Tod eines nahen Menschen, der Verlust des Arbeitsplatzes, eine schwere Erkrankung. Weniger dramatisch, aber noch immer unkontrollierbar ist es, wenn ein Freund die Entschuldigung für ein Fehlverhalten zurückweist oder wenn man einen Flug verpasst, weil er überbucht war. Dabei ist die subjektive Kontrollierbarkeit wichtiger als die tatsächliche.

Unvorhersehbarkeit

Wenn man ein belastendes Ereignis vorhersagen kann, reduziert das den resultierenden Stress, selbst wenn man das Ereignis nicht kontrollieren kann. Durch die Vorwarnzeit kann man sich auf das Ereignis einstellen: Man weiß beispielsweise, dass man gleich eine Spritze in den Oberschenkel bekommt, und kann sich gedanklich ablenken. Bei unvorhersehbaren Ereignissen ist dies nicht der Fall. Man muss gewissermaßen immer auf der Hut sein, und das erhöht den Stress dauerhaft.

Überlastung

Manche Situationen sind zwar kontrollierbar und vorhersehbar, wirken aber dennoch belastend, weil sie einen bis an die Grenzen der Belastbarkeit treiben. Typische Beispiele sind mehrere Abschlussklausuren oder mehrere wichtige Kundenpräsentationen innerhalb einer Woche. Eine solche Anstrengung wird von vielen Menschen als belastend erlebt, weil sie an die Grenzen ihres Wissens, ihrer emotionalen Stabilität oder ihrer intellektuellen Fähigkeiten stoßen. Ähnliches kann in einer festen Beziehung geschehen. Die Beteiligten können bis an die Grenzen ihrer Geduld und Toleranz getrieben werden, wenn sie sich an die Gewohnheiten und Eigenarten ihres Partners gewöhnen müssen oder wenn emotionale Bedürfnisse in der Beziehung dauerhaft nicht erfüllt werden. Streitigkeiten über wichtige Dinge, beispielsweise finanzielle Entscheidungen mit langfristigen Wirkungen, können nachhaltig die Überzeugung schwächen, den richtigen Partner gewählt zu haben.

Kritische Lebensereignisse

Nach Holmes u. Rahe (1967) können alle Veränderungen im Leben, die Umstellungen und Anpassungsleistungen erfordern, als belastend wahrgenommen werden. Um den Wirkungsgrad solcher Lebensveränderungen messbar zu machen, entwickelten Holmes u.

■ Tab. 1.2 Mittlerer Belastungswert kritischer Lebensereignisse (adaptiert nach Holmes u. Rahe 1967)

Stresspunkte	Lebensereignis	Stresspunkte	Lebensereignis
100	Tod des Lebenspartners	36	Berufswechsel
73	Scheidung	35	Ehestreit
63	Tod eines Familienangehörigen	31	Aufnahme eines größeren Kredits
53	Eigene Verletzung oder Krankheit (mittlere Schwere)	29	Neuer Verantwortungsbereich im Beruf
50	Heirat	29	Ärger mit der Verwandtschaft
47	Verlust des Arbeitsplatzes	23	Ärger mit dem Chef
45	Eheliche Aussöhnung, Ruhestand	20	Wohnungswechsel
44	Krankheit in der Familie	15	Änderung der Essgewohnheiten
40	Schwangerschaft	13	Urlaub
39	Familienzuwachs, Arbeitsplatzwechsel, sexuelle Schwierigkeiten	12	Weihnachten
38	Erhebliche Einkommensveränderung	11	Geringfügige Gesetzesübertretungen

Rahe (1967) die Lebensereignisskala. Sie untersuchten viele Menschen in verschiedenen Lebenslagen und bestimmten so den mittleren Stresswert von Ereignissen (■ Tab. 1.2). Die Skala stuft Lebensereignisse zwischen den Polen maximale Belastung (Tod des Lebenspartners) und minimale Belastung (geringfügige Gesetzesübertretung) ein. Für die Skalenentwicklung analysierten Holmes und Rahe Interviewergebnisse und Krankengeschichten, um herauszufinden, welche Ereignistypen als belastend empfunden werden. Die Eheschließung wurde als Skalenmittelpunkt gesetzt und mit dem Wert 50 versehen. Die Autoren ließen rund 400 Männer und Frauen das Ereignis »Heirat« mit den anderen Lebensereignissen vergleichen, z.B.: »Erfordert Ereignis X mehr oder weniger Umstellung als eine Heirat?« Dann mussten die Personen jedem Ereignis einen Punktwert zuordnen, der zum Ausdruck bringt, wie hoch sie die mit dem Ereignis verbundenen Anpassungsleistungen und den dafür notwendigen Zeitaufwand einschätzten. Obwohl auch positiv bewertete Ereignisse Anpassungen erfordern und deshalb mitunter als belastend erlebt werden, zeigte sich, dass negativ bewertete Ereignisse stärkere Auswirkungen auf die Gesundheit haben.

Groborientierung

Der Ansatz ist umstritten, weil Stressoren letztlich individuell und subjektiv erlebt werden. Daher sind die Mittelwerte nicht direkt auf einen einzelnen Menschen übertragbar, aber pragmatisch gesehen kann man mithilfe der ■ Tab. 1.2 einen ersten groben Eindruck von der aktuellen Belastungssituation gewinnen.

1

Übung: Kritische Lebensereignisse
Gehen Sie ◻ Tab. 1.2 Zeile für Zeile durch, und kreuzen Sie diejenigen Ereignisse an, von denen Sie in den letzten zwölf Monaten betroffen waren. Am Ende zählen Sie die Punkte zusammen. Je höher die Punktzahl ausfällt, desto sinnvoller ist es für Sie, sich aktiv mit Ihrer Stressverarbeitung auseinanderzusetzen, und desto dringender müssen Sie etwas für sich tun. Sollte Ihre Stressbilanz mehr als 150 Punkte betragen, sind Sie möglicherweise gefährdet, Überlastungssymptome oder gesundheitliche Störungen zu erleiden. Die Mischung aus Arbeits- und Partnerschaftsstress ist besonders brisant, weil in einem solchen Fall keine Ruheräume mehr existieren.

Psychotherapie

Sollten Sie sich aufgrund eines oder mehrerer kritischer Lebensereignisse in einer akuten Lebenskrise befinden, empfiehlt es sich, professionelle therapeutische Hilfe in Anspruch zu nehmen. Orientierung bei der Suche nach der richtigen Psychotherapie und qualifizierten Psychotherapeuten bietet der Psychotherapie-Informations-Dienst (PID). Details hierzu finden Sie im Adressteil dieses Buches (▶ Kap. 5).

Persönlichkeit

Nicht nur die Lebenssituation beeinflusst das Stresserleben, sondern auch die Persönlichkeit des Einzelnen. Wie schwer man es sich selbst machen kann, zeigt folgendes Beispiel.

Beispiel
Herr Konz verbringt seinen Urlaub in einem fremden Land. Während seine Familie badet, verfolgt er online die Börsenentwicklung und ärgert sich über fallende Kurse. Kurze Zeit später blickt Herr Konz auf den nahe gelegenen Parkplatz und erkennt, dass die Stellplätze nicht optimal genutzt werden. Aufgebracht spricht er seinen Liegestuhlnachbarn auf diese unerhörte Verschwendung an. Der erkennt das Problem nicht. Über diese Ignoranz ärgert sich Herr Konz. Am nächsten Tag dirigiert Herr Konz mit hochrotem Kopf die Autofahrer in die Parkplätze. Dabei denkt er: »Höchste Zeit, dass hier einer was tut. So kann das nicht weitergehen!«

Typ A

Herr Konz ist nur zufrieden, wenn er aktiv ist und Leistung zeigt. Er hat weder Geduld mit sich noch mit anderen. Herr Konz zeigt ein sog. Typ-A-Verhalten. Der Begriff stammt aus der Forschung zu Herzerkrankungen. Danach sind Menschen, die Typ-A-Verhalten zeigen, besonders anfällig für Herzinfarkte (Friedman u. Rosenman 1974). Das Gegenstück sind Menschen, die Typ-B-Verhalten zeigen; sie reagieren gelassener auf Stress.

Definition

Als *Typ-A-Muster* wird die Kombination von hohem Leistungsstreben, Konkurrenzdenken, Ungeduld, Perfektionismus, hohem Verantwortungsbewusstsein, Hektik, Aggressionsbereitschaft und starker Zielorientierung bezeichnet (Wagner-Link 2009).

Da Menschen mit solchen Verhaltensmustern zunächst oft erfolgreich sind, erhalten sie Anerkennung für ihre Leistung. Im zwischenmenschlichen Bereich rufen sie durch ihre Kämpfernatur und Ungeduld jedoch Konflikte hervor. Besonders kritisch für Typ-A-Menschen sind Situationen, in denen ein hohes Maß an Anstrengung und Leistung erforderlich und zugleich ein Misserfolg wahrscheinlich ist. Menschen mit Typ-A-Verhalten verausgaben sich in solchen Situation leicht, allerdings bei zunächst geringem Leidensdruck. Der Leidensdruck wächst erst allmählich und in Verbindung mit Misserfolgen. Bei Typ-A-Verhalten ist das Risiko für Herzerkrankungen höher als bei Typ-B-Verhalten (Matthews et al. 2003). Es besteht auch ein erhöhtes Risiko für Burn-out.

Beispiel

Gehring u. Klein (2008) beschreiben überspitzt einen typischen A-Vertreter so: Er geht schnell, sein Auftreten ist energisch, fordernd bis aggressiv, der Blick unruhig wandernd. Die Finger müssen sich ständig beschäftigen, z.B. mit Zigaretten, Stiften, Zeitungen oder einem Mobiltelefon. Oft steht ihm der Schweiß auf der Stirn.

Das Typ-A-Verhaltensmuster ist zugleich eine Bewältigungsstrategie. Personen des A-Typs sind meist im Stress. Sie wollen ihr Leben aktiv beeinflussen und etwas bewirken. Sie erleben die Umwelt als grundsätzlich kontrollierbar und glauben, durch vermehrte Anstrengung bessere Ergebnisse erzielen zu können.

Feindseligkeit

In mehreren Untersuchungen zeigte sich, dass das Ausmaß der Feindseligkeit einer Person mehr Vorhersagekraft für eine Herzerkrankung besitzt als das allgemeine Typ-A-Niveau. Bei Menschen mit hohen Feindseligkeitswerten lag im Vergleich zu nicht feindseligen Menschen ein fünfmal so hohes Risiko vor, bereits vor dem 50. Lebensjahr zu sterben (Messbeginn war im Alter von 25 Jahren). Das Nervensystem (Sympathikus) scheint bei feindseligen Menschen übersensibel auf Belastungen zu reagieren (Smith et al. 2007).

Was tun?

Was kann man tun, wenn man starkes Typ-A-Verhalten zeigt? Man sollte sich in Richtung B-Typ entwickeln. Das klingt leicht, ist es aber nicht. Viele A-Typen wollen sich gar nicht ändern, sondern sind der Ansicht, dass alles in Ordnung sein könnte, wenn die anderen nicht so ineffizient wären. Diese Einstellung zeigt, wo das Problem liegt.

Typ A: Ansatzpunkte zur Verhaltensänderung (adaptiert nach Fontana 1991)

- Humor: Typ-A-Menschen sollten mehr lachen – vor allem über sich selbst –, Abstand nehmen und die komische Seite ihres engagierten Strebens wahrnehmen.
- Horizont weiten: Typ-A-Menschen neigen dazu, sehr stark mit ihrer Arbeit verbunden zu sein. Es ist wichtig, mehr Zeit für die Entwicklung anderer Interessen einzusetzen.
- Verständnis für andere entwickeln: erkennen und anerkennen, dass andere Menschen andere Werte, Ziele und Einstellungen haben.
- Delegieren: nicht alles selbst tun, sondern manche Dinge an andere abgeben, auch wenn diese nicht perfekt arbeiten.
- Geduld entwickeln mit sich und mit anderen: mehr zuhören, mehr beobachten, anstatt fortwährend Forderungen an andere zu stellen.
- Langsamer werden, Termindruck verringern, langsamer sprechen und gehen, sich bewusst entspannen.

Selbstwertgefühl

Neben dem Typ-A-Verhalten spielt das Selbstwertgefühl eine wichtige Rolle für das Stresserleben. Ein negativer Selbstwert führt langfristig häufig zu psychischen und psychosomatischen Störungen. Ein gestörtes Selbstwertgefühl bezeichnen Lückert u. Lückert (2004) knapp und einprägsam als LAU-Syndrom:

- Emotionale Labilität: Menschen mit gestörtem Selbstwertgefühl sind emotional überempfindlich. Bereits leichte berufliche oder familiäre Belastungen bringen sie aus dem Gleichgewicht.
- Erhöhte Angst- und Stressbereitschaft: Schon bei alltäglichen Frustrationen und Belastungen geraten solche Menschen in Erregung, entwickeln Befürchtungen und Bedrohungsvorstellungen.
- Unsicherheit: Solche Menschen sind in ihrer Lebensführung unsicher. Sie verzögern fällige Entscheidungen, weichen der Verantwortung aus und haben nur eine geringe Bereitschaft, sich für eine Sache zu engagieren.

Emotionale Labilität

Das Konzept des LAU-Syndroms entspricht weitgehend der Persönlichkeitsdimension *emotionale Labilität*, die auch als *Neurotizismus* bezeichnet wird (Borkenau u. Ostendorf 2007). Wie Matthews et al. (2003) zeigen, ist die emotionale Labilität bei Personen mit Mehrfacherkrankungen höher als bei gesunden Menschen oder bei Menschen mit nur einer Erkrankung. Emotionale Labilität ist ein Risikofaktor für spätere Erkrankungen.

Resilienz

Zunehmend beachtet wird ein Faktor, der vor Stressfolgeschäden schützt: die sog. *Resilienz*. Resilienz kann man mit *Widerstandsfähigkeit* übersetzen. Resilienz besitzt eine konzeptionelle Nähe zu *emotionaler*

■ Tab. 1.3 Ursachenzuschreibung von Erfolgserwartern und Misserfolgserwartern

	Internalität: in der Person liegend	Externalität: in der Situation liegend
Stabilität	Begabung	Aufgabenschwierigkeit
Variabilität	Anstrengung	Zufall

Stabilität. Es wird angenommen, dass positive emotionale Prozesse der Schlüssel zu Resilienz darstellen. Weniger resiliente Personen tragen länger und schwerer an negativen Emotionen als hoch resiliente Personen (Ong et al. 2006).

Selbstwertgefühl

Die Qualität des Selbstwertgefühls hängt davon ab, wie Menschen ihre Handlungen und die hieraus resultierenden Folgen erklären. Personen mit hohem Selbstwertgefühl sind meist Erfolgserwarter. Sie unterscheiden sich in der Suche nach Verhaltensursachen deutlich von den Misserfolgserwartern (Hoberg u. Vollmer 1988). Eigene und fremde Handlungen sowie Handlungsfolgen können im Leistungskontext in der Regel auf vier Ursachen zurückgeführt werden: Begabung, Anstrengung, Schwierigkeit der Aufgaben und Zufall. In ■ Tab. 1.3 werden diese Ursachen anhand zweier Dimensionen geordnet:
1. Stabilität – Variabilität
2. Internalität – Externalität

Begabung und *Anstrengung* sind Merkmale der Person, sog. internale Faktoren. Begabung ist über die Zeit stabil, während die Anstrengung variieren kann. *Aufgabenschwierigkeit* und *Zufall* (Glück/Pech) hängen von der Situation ab, also von externalen Faktoren. Die Schwierigkeit einer Aufgabe bleibt stabil, Zufallsfaktoren sind variabel. Angenommen, jemand ist durch eine Prüfung gefallen, so hat er vier Möglichkeiten, den Misserfolg zu erklären:
- Begabung: »Mir fehlen wichtige Fähigkeiten, ich war überfordert.«
- Aufgabenschwierigkeit: »Die Aufgaben waren in der kurzen Zeit einfach nicht zu schaffen.«
- Anstrengung: »Ich habe mich heute nicht genug angestrengt. Das Thema hat mich nicht interessiert.«
- Zufall: »Ich hatte einfach Pech.«

Erfolgserwarter

Die Art der Misserfolgs- oder Erfolgszuschreibung beeinflusst das Selbstbewusstsein erheblich. Erfolgserwarter gehen mit Handlungsfolgen so um: Erfolge werden der eigenen Leistungsfähigkeit zugeschrieben. Misserfolge werden auf mangelnde Anstrengung, mitunter auf schwierige Aufgaben geschoben. Keinesfalls werden Misserfolge auf mangelnde Begabung zurückgeführt. Damit verringern Misserfolge das Selbstwertgefühl von Erfolgserwartern nicht. Hingegen machen Erfolge Erfolgserwarter noch sicherer: Der Erfolg beruht auf

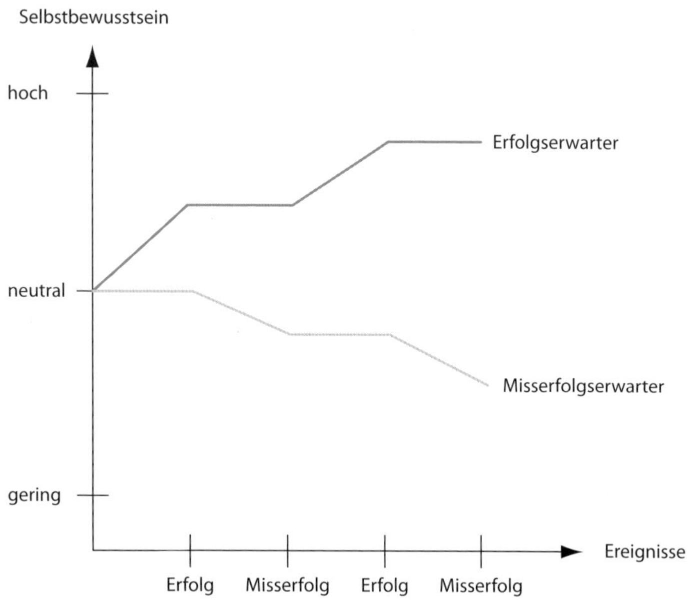

Abb. 1.3 Erfolgserwarter und Misserfolgserwarter: Dieselben Erfahrungen haben bei Erfolgserwartern andere Konsequenzen als bei Misserfolgserwartern

der eigenen Leistung. Misserfolge überwinden Erfolgserwarter leicht oder sehen sich nicht dafür verantwortlich. Damit haben Erfolgserwarter eine sehr praktische Grundausstattung: Unabhängig davon, ob Erfolg oder Misserfolg eintritt, bleibt deren Selbstwertgefühl hoch. Das gilt jedoch nur bis zu einer bestimmten Grenze. Bei dauerhaftem Misserfolg knickt irgendwann auch ein Erfolgserwarter ein.

Misserfolgserwarter

Anders die Misserfolgserwarter. Handlungsfolgen erklären sie so: Für Erfolge wird der Zufall verantwortlich gemacht (»Glück gehabt«), Misserfolge werden mangelnder Begabung zugeschrieben. Dadurch bestätigen Misserfolgserwarter ihre negative Selbsteinschätzung. Über Erfolge können sie sich nicht freuen, Misserfolge bestätigen die eigene Unzulänglichkeit, wodurch ein Teufelskreis in Gang gesetzt wird (Hansch 2003, 2011). Für die Zukunft rechnen sie mit weiteren Misserfolgen (Abb. 1.3). Ihr Vertrauen in die eigene Leistungskompetenz ist gering. Aus diesen Gründen führt mangelndes Selbstwertgefühl häufig zu Stressanfälligkeit. Situationen, die Erfolgserwarter gelassen oder freudig angehen, lösen bei Misserfolgserwartern Angst und damit eine Stressreaktion aus. Wood et al. (2005) zeigen, dass Menschen mit geringer Selbstachtung von Erfolg nicht profitieren.

Angenommen, zwei Personen – ein Erfolgs- und ein Misserfolgserwarter – starten mit einem mittleren Selbstwertgefühl. Beide haben Erfolg und Misserfolg im Wechsel – wie in Abb. 1.3 beschrieben. Bei dem Erfolgserwarter steigt das Selbstwertgefühl mit jedem Erfolg, bei einem Misserfolg bleibt es stabil. Mit der Zeit wächst so sein Selbstwertgefühl. Bei der zweiten Person, dem Misserfolgserwarter, bleibt das Selbstwertgefühl bei Erfolg stabil, bei einem Misserfolg sinkt es.

Allmählich nimmt das Selbstwertgefühl ab. Kurz: Unter denselben Bedingungen wächst bei Erfolgserwartern das Selbstwertgefühl, bei Misserfolgserwartern sinkt es. Das hat Folgen für die Selbstwirksamkeitserwartung, also für das Vertrauen in die eigenen Fähigkeiten, auch schwierige Handlungen in Gang setzen und zu Ende führen zu können. Die Selbstwirksamkeitserwartung beeinflusst Kognition, Emotion und Verhalten von Menschen (Schwarzer u. Schmitz 1999).

1.4 Reaktion

Stressenergie

Die Stressreaktion liefert Energie, um auf Gefahr und Bedrohung schnell reagieren zu können, sei es durch Angriff oder durch Flucht, wie das folgende Beispiel verdeutlicht (nach Olschewski 1995b).

Beispiel

Stellen Sie sich den Steinzeitmenschen Urs vor: In Felle gehüllt liegt er an einem Feuer in der Savanne und erholt sich von der Jagd. Plötzlich knackt es. Urs sieht den Schatten eines Raubtiers und nimmt einen scharfen Geruch wahr – eine Hyäne! Ohne nachzudenken springt er auf, packt blitzschnell seinen Speer, greift die Hyäne an und vertreibt sie. Nach dieser Aufregung zieht sich Urs in seine Höhle zurück, wo er sich erschöpft hinlegt.

Urs hatte Stress. An seinem Beispiel lässt sich der Ablauf einer Stressreaktion idealtypisch nachvollziehen. Durch den bedrohlichen Reiz (Raubtier) wird eine Alarmreaktion ausgelöst. Ohne Nachdenken trifft Urs unwillkürlich die Entscheidung zum Angriff. Nach der körperlichen Anstrengung ist eine Ruhepause notwendig, in der sich der Organismus regeneriert.

Automatik

Da Nachdenken in urmenschlichen Bedrohungssituationen Zeitvergeudung gewesen wäre, reagiert der Organismus blitzschnell und automatisch. Erst später kommt man zur Besinnung und realisiert, was genau geschehen ist. Während der Stressreaktion ist der Organismus zu körperlichen Höchstleistungen fähig – zu geistigen nicht. Der Ablauf einer Stressreaktion ist heute derselbe wie in der Steinzeit, wie das Beispiel Birgit zeigt.

Beispiel

Birgit steht an der Fußgängerampel. Als die Ampel auf Grün springt, beginnt sie die Straße zu überqueren. Ein BMW-Fahrer, der von der Sonne geblendet wird, übersieht, dass sein Ampelsignal auf Rot steht. Birgit erkennt aus den Augenwinkeln, dass ein schwarzer BMW mit unvermindertem Tempo auf sie zufährt. Blitzschnell springt sie zurück auf den Gehweg. Das Auto rast haarscharf an ihr vorbei. Nimmt sich Birgit etwas Zeit, um sich vom Schrecken zu erholen, so läuft auch bei ihr die Stressreaktion ohne schädliche Spätfolgen ab (nach Olschewski 1995b).

Energieableitung

Wenn die Stressreaktion und ihre Folgen so normal sind, wo liegt dann das Problem? Wir können in heutigen Stresssituationen oft weder fliehen noch kämpfen, unser Stressmechanismus ist nicht auf das heutige Leben eingerichtet (Allenspach u. Brechbühler 2005; Allmann 1999). Die bereitgestellten Energien werden nicht abgerufen. So ist es im Straßenverkehr sinnvoller, mit einem geschickten Ausweichmanöver die Situation zu meistern und weiterzufahren, statt in Steinzeitmanier brüllend und fuchtelnd auf Kollisionskurs zu gehen. So verschieden die Stress auslösenden Situationen sind, die Stressreaktion ist dieselbe. Eine punktuelle Stressreaktion kann der Körper gut verkraften. Bei Dauerstress, z.B. durch ständigen Straßenlärm oder einen schwelenden sozialen Konflikt, wird der Körper jedoch überfordert. Dauerstress wird oft durch unterschwellige Stressoren wie Lärm, Reizüberflutung oder psychische Konstellationen wie Frustration, Ärger oder Angst ausgelöst. Die Stressoren setzen einen biologischen Mechanismus in Gang. Im Wesentlichen sind das vegetative Nervensystem und das Hormonsystem beteiligt.

Stressreaktion

Zur Veranschaulichung wird die Stressreaktion in fünf Bereiche eingeteilt (vgl. das S-O-R-Modell in ◘ Abb. 1.2):
- Kognitionen,
- Emotionen,
- vegetativ-hormonelles System,
- Muskeln,
- Verhalten.

Die kognitive Ebene beschreibt geistige Vorgänge wie Denk- und Wahrnehmungsprozesse, die emotionale umfasst Gefühle und Befindlichkeiten. Reaktionen des vegetativen Nervensystems und daran angeschlossener Organe gehören zur vegetativ-hormonellen Ebene. Die muskuläre Ebene umfasst Reaktionen der Skelettmuskulatur. Sichtbares Verhalten, beispielsweise Fliehen oder Zittern, gehört zur Verhaltensebene. Ein Stressor kann auf jeder der fünf Ebenen Reaktionen auslösen. Die Ebenen beeinflussen sich gegenseitig und können sich verstärken. So kann man beispielsweise muskuläre Veränderungen wie Anspannung an sich feststellen und darauf mit der Kognition reagieren: Ich werde schon wieder nervös. Immer wenn ich nervös bin, zeige ich schlechte Leistung. Furchtbar, es geht schon wieder schief.

1.4.1 Kognitionen

Die Wahrnehmung verengt sich auf diejenigen Reize, die in einer Stresssituation wichtig erscheinen. Kognitive Reaktionen können sein: Denkblockade, Grübeleien und Bewertungen wie »Das schaff ich nie!«, »Auch das noch!«, »Das geht schief!«

Kognitive Auswirkungen von zu viel Stress

- Die Kreativität nimmt ab. Dieser Prozess setzt früh ein: Noch bevor Stress zur Beeinträchtigung des allgemeinen Denkvermögens führt, lässt die Kreativitätsleistung nach.
- Die Fähigkeit zu langfristigem Denken nimmt ab. Die gegenwärtige Situation und die zukünftigen Folgen können nicht adäquat eingeschätzt werden.
- Denkstörungen nehmen zu. Die Einschätzung der Realität ist weniger effizient, Objektivität und Kritikfähigkeit sind vermindert, Denkmuster werden irrational.
- Abnahme der Konzentrationsfähigkeit und der Aufmerksamkeit. Die Beobachtungsfähigkeit nimmt ab.
- Die Ablenkbarkeit nimmt zu. Beim Denken und Sprechen verliert man den roten Faden, im Extremfall sogar mitten im Satz. Es kann zu Wortfindungsstörungen kommen (Allenspach u. Brechbühler 2005).
- Kurz- und Langzeitgedächtnis werden schlechter. Die Gedächtnisspanne nimmt ab, das Erinnern und Wiedererkennen von Bekanntem verschlechtert sich.

Leistungseinbußen

Stress setzt das kognitive Leistungsniveau herab. Infolgedessen kommt es vor allem bei komplexen Aufgaben zu Leistungseinbußen. Höhere kognitive Funktionen wie Kreativität und analytisches Denkvermögen, die man in Stresssituationen besonders dringend benötigen würde, fallen zuerst aus.

Ursachen

Die Beeinträchtigung kann zwei Ursachen haben: Erstens kann eine hohe emotionale Erregung die Informationsverarbeitung grundsätzlich stören. Je ängstlicher, wütender oder deprimierter man ist, desto wahrscheinlicher sind das Denken, die Konzentration und die Aufmerksamkeit beeinträchtigt. Zweitens können kognitive Einbußen durch ablenkende Gedanken entstehen, die im Kopf umherschwirren. Man grübelt über die Ursachen von Geschehnissen, bedauert die Folgen des eigenen Handelns, beschimpft sich selbst. Spontan könnte man denken, dass grübelnde Menschen ein Problem eher lösen als andere. Tatsächlich ist es umgekehrt. Personen mit starker Grübelneigung können sich bei Konfrontation mit einem Stressor seltener zu einer aktiven Problemlösung durchringen. Im Gegensatz dazu gelingt es Menschen, die sich zunächst angenehmen Aktivitäten zuwenden und sich damit von der schlechten Stimmungslage erholen, mit größerer Wahrscheinlichkeit, sich mit etwas Abstand aktiv und konstruktiv mit Stressoren auseinanderzusetzen (Smith et al. 2007).

Grübeln

Menschen, die zum Grübeln über Ärger oder Angst auslösende Ereignisse neigen, haben ein gesteigertes Risiko für Bluthochdruck und damit für Organschädigungen (Gerin et al. 2006). Ablenkung kann hier eine hilfreiche Gegenstrategie sein. Wie Gerin et al. (2006) zeigen, führt die gedankliche Beschäftigung mit einem belastenden

Ereignis zur Erhöhung von Blutdruck und Herzfrequenz. Wenn man sich hingegen ablenkt, fallen die Kennwerte schneller wieder auf ein Normalmaß zurück. Die von Kivimäki et al. (2006) vorgelegte Metaanalyse zeigt, dass mit zunehmendem Stress das Risiko einer Herzerkrankung wächst.

Rigidität

Eine kognitive Beeinträchtigung kann dazu führen, dass Menschen an rigiden Verhaltensweisen festhalten, weil es ihnen nicht mehr gelingt, Handlungsalternativen auch nur in Erwägung zu ziehen. Ein vorsichtiger Mensch wird noch vorsichtiger, ein aggressiver Mensch verliert möglicherweise völlig die Kontrolle (Smith et al. 2007).

1.4.2 Emotionen

Kampf – Flucht

Aus dem Grundmuster Aggression/Angriff und Angst/Flucht können Panik, Versagensgefühle, Nervosität, Ärger, Gereiztheit etc. resultieren. Bei Dauerstress entstehen entlang des Grundmusters *Aggression – Angst* Symptome wie generalisierte Aggressionsbereitschaft, Unsicherheit, Unausgeglichenheit, Gefühlsschwankungen, Depression, Apathie. Dabei ist Folgendes zu beobachten:
- Hypochondrie nimmt zu. Eingebildete Beschwerden fügen sich nahtlos in tatsächlich vorhandene Stresssymptome ein.
- Die moralische und die emotionale Selbstkontrolle schwächen sich ab. Verhaltensnormen und Kontrolle der Sexualimpulse werden schwächer oder im Einzelfall auch unrealistisch starr. Gefühlsausbrüche werden häufiger.
- Das Selbstwertgefühl sinkt.
- Depression und Hilflosigkeit können entstehen. Das Gefühl, Einfluss auf eine Situation zu haben, wird schwächer.

Leistungsangst

Angst tritt auf, wenn eine Situation als bedrohlich erlebt wird. Im Berufsalltag ist die Leistungsangst besonders relevant.

Definition

Nach Schwarzer (2000) versteht man unter *Leistungsangst* die Besorgtheit und Aufgeregtheit angesichts von Leistungsanforderungen, die als selbstwertbedrohlich eingeschätzt werden.

In der hier zitierten Definition von Leistungsangst wird auf Merkmale der Auslösesituation verwiesen – auf Leistungsanforderungen, die subjektive Einschätzung der Selbstwertbedrohung und auf sich anschließende Kognitionsinhalte wie Besorgtheit oder Aufgeregtheit.

Soziale Angst

Eine weitere berufsrelevante Angst ist die soziale Angst. Wenn man vor einer Gruppe reden, mit einem Vorgesetzten verhandeln oder sich für einen Fehler entschuldigen will, handelt es sich um soziale Situationen. Soziale Situationen können zum Stressor werden, weil das Selbstbild bedroht ist.

> **Definition**
>
> Unter *sozialer Angst* versteht man (Schwarzer 2000) die Besorgtheit und Aufgeregtheit angesichts sozialer Situationen, die als selbstwertbedrohlich erlebt werden. Man muss mit anderen kommunizieren und riskiert sein Ansehen, man kann sich lächerlich machen, sich bloßstellen oder sich dumm anstellen.

Ärger

Neben Angst ist Ärger, der in Aggression umschlagen kann, eine typische Reaktion auf Stress. Da direkte Aggressionen gegen die Quelle der Frustration nicht immer möglich oder vernünftig sind, kann die Aggression verschoben werden. Die aggressive Handlung richtet sich dann gegen unschuldige Personen oder ein Objekt statt gegen die Aggressionsursache.

1.4.3 Vegetativ-hormonelles System

Aktivierung

Durch Stress erfolgt eine vegetative und hormonelle Aktivierung. Der Sympathikus wirkt auf die Nebennieren und das Nebennierenmark und veranlasst dort die Freisetzung von Stresshormonen, z.B. Kortisol, Adrenalin und Noradrenalin. Dadurch wird die Atmung beschleunigt, Herz und Kreislauf arbeiten stärker, die Pupillen weiten sich, die Blutgefäße verengen sich. Kortisol erhöht die Gerinnungsfähigkeit des Bluts für den Fall einer Verletzung und senkt die Schmerzempfindung. Die Leber gibt Glukose als Energielieferant für die Muskeln frei. Zur Vorbereitung auf den erwarteten erheblichen Energieverbrauch durch eine Kampf- oder Flucht-Reaktion wird der Grundumsatz angehoben. Endorphine, die natürlichen »Schmerzkiller« des Körpers, werden ausgeschüttet, die Schweißproduktion steigt usw. Die meisten physiologischen Veränderungen resultieren aus der Aktivierung zweier neuroendokriner Systeme, die vom Hypothalamus gesteuert werden: Sympathikus und Nebennierenrindensystem. Der Hypothalamus wird wegen seiner Doppelfunktion auch als *Stresszentrum* bezeichnet.

Sympathikus

Der Sympathikus wirkt direkt auf die Muskeln und die inneren Organe ein. Über den Sympathikus wird auch das Nebennierenmark zur Ausschüttung der Hormone Adrenalin und Noradrenalin in den Blutstrom angeregt. Adrenalin hat denselben Effekt auf die Muskeln wie der Sympathikus. Noradrenalin setzt über die Hypophyse indirekt zusätzlichen Zucker aus der Leber frei.

Nebennierenrinde

Die zweite Funktion des Hypothalamus ist die Aktivierung des Nebennierenrindensystems, was durch die Anregung der Hypophyse zur Freisetzung des adrenocorticotropen Hormons (ACTH) realisiert wird. ACTH stimuliert die äußere Schicht der Nebennierenrinde. Dadurch werden Hormone ausgeschüttet, unter anderem Kortisol, die den Blutzuckerspiegel und den Mineraliengehalt im Blut regulieren. ACTH signalisiert ferner weiteren Hormondrüsen, weitere Hormo-

Tab. 1.4 Sympathikus und Parasympathikus wirken entgegengesetzt (adaptiert nach Nitsch 1981)

	Sympathikus	Parasympathikus
Herz	Frequenz, Kontraktionskraft und Erregbarkeit steigen. Folge: Blutfördermenge steigt	Frequenz, Kontraktionskraft und Erregbarkeit sinken. Folge: Blutfördermenge sinkt
Atmung	Erweiterung der Bronchien	Verengung der Bronchien
Durchblutung	Durchblutung der Haut und der Verdauungsorgane wird gedrosselt, Durchblutung der Skelettmuskulatur und des Herzens steigt	Nur geringe direkte Wirkung auf die Durchblutung
Stoffwechsel	Anstieg des Stoffwechsels	Abfall des Stoffwechsels
Magen/Darm	Darmtätigkeit und Magensaftproduktion werden gehemmt	Darmtätigkeit und Magensaftproduktion werden gefördert
Bauchspeicheldrüse	Hemmung der Sekretion	Steigerung der Sekretion
Auge	Pupillenerweiterung	Pupillenverengung
Schweißdrüsen	Verstärktes Schwitzen	–
Haare	Haare richten sich auf (durch Anspannung der Haarmuskeln)	–
Temperatur	Kerntemperatur erhöht, Hauttemperatur vermindert (kalte Hände)	Kerntemperatur vermindert, Hauttemperatur erhöht

ne freizusetzen, die bei der Ausrichtung des Körpers auf Gefahrensituationen eine Rolle spielen (Smith et al. 2007). Gleichzeitig wird durch das Hormon Hydrocortison die Immunabwehr des Körpers geschwächt. Magen und Darm reduzieren ihre Aktivität, die Sexualfunktion wird eingeschränkt. Auch Folgereaktionen wie Erbrechen, Durchfall und Übelkeit können auftreten.

Automatik

Das somatische Nervensystem steuert die Skelettmuskulatur; dies geschieht willentlich. Hingegen ist das vegetative Nervensystem der willentlichen Kontrolle entzogen; es regelt die Organfunktionen des Körpers und sorgt dafür, dass sich der Körper automatisch an veränderte Außenbedingungen anpasst. Das vegetative Nervensystem versorgt die glatte Muskulatur, die Blutgefäße, das Herz, die Drüsen und die inneren Organe. Es besteht aus zwei Teilen, dem Sympathikus und dem Parasympathikus (Hoberg u. Vollmer 1988). Die meisten Organe werden von Sympathikus und Parasympathikus angesprochen, allerdings auf entgegengesetzte Weise (Tab. 1.4): Der Sympathikus bewirkt eine Bereitschaft zur Leistung, der Parasympathikus dient der Schonung und Erholung. Hölzel et al. (2010) zeigen, dass Stress sogar zu strukturellen Änderungen im Gehirn führt (Amygdala).

Limbisches System

Die zentrale Rolle im vegetativen Nervensystem spielen der Hypothalamus und das limbische System. Im limbischen System wird geprüft, ob ein Reiz besondere Aufmerksamkeit verdient. Ist das der Fall, schaltet der Hypothalamus über den Sympathikus die Organe auf höhere Leistungsbereitschaft.

Psychosomatische Beschwerden

Aus Dauerstress können psychosomatische Beschwerden resultieren: Herz-Kreislauf-Störungen, Bluthochdruck, Gastritis, Magen- und Darmgeschwüre, Verdauungsbeschwerden, Schlafstörungen, chronische Müdigkeit, Verschiebung des Hormonhaushalts, Zyklusstörungen, Verminderung der Samenproduktion, sexuelle Funktionsstörungen, Hautveränderungen, Schwindelanfälle, Atembeschwerden, Migräne.

1.4.4 Muskeln

Die Skelettmuskulatur wird bei Stress »vorgespannt«, der Körper ist auf Flucht oder Angriff optimal eingestellt. Diese Aktivierungsreaktion kann man nutzen, um
- Stress im Anfangsstadium zu erkennen,
- individuelle Stressoren zu diagnostizieren,
- Stress im Anfangsstadium entgegenzuwirken.

Folgen

Kurzfristige muskuläre Reaktionen können sein: starre Mimik, Fingertrommeln, Zittern, Zähneknirschen, Fußwippen, Zucken, Spannungskopfschmerz, Rückenschmerzen. Langfristig verbraucht die ständige Anspannung Energie. Man ermüdet rasch. Chronische Verspannungen sind eine weitere Folge. Durch einseitige Belastung werden die in den Muskeln liegenden Blutgefäße zusammengepresst. Dadurch wird die Blutzufuhr gedrosselt, es gelangen nur wenig Sauerstoff und Nährstoffe in die Muskeln, Abfallprodukte wie Kohlen- und Milchsäure werden nicht ausreichend abtransportiert. Das erzeugt Schmerzen. Die Schmerzen können sich verselbstständigen und später ohne direkte Auslöser auftreten.

1.4.5 Verhalten

Die physiologische Reaktion läuft bei allen Menschen in ähnlicher Weise ab, in den psychologischen Aspekten unterscheiden sich Menschen jedoch – und damit auch in den konkreten Verhaltensreaktionen auf Stress. Welche Reaktionen sind grundsätzlich auf Stressoren möglich?
- Kontrollieren: aktive Reaktion mit Veränderung eines Stressors, sich noch mehr anstrengen oder vor dem Stressor fliehen.
- Tolerieren: Stressor zulassen, Frustrationstoleranz erhöhen. Im Gegensatz zum Resignieren hat der Betroffene hier noch Hoffnung auf eine Veränderung.
- Resignieren: passives Ertragen des Stressors oder die psychologische Variante des Nicht-mehr-zur-Kenntnis-Nehmens eines Stressors.

Aggressivität

Jede dieser Verhaltensweisen kann hilfreich sein, jede kann aber auch negative Folgen haben. Eine aktive Reaktion kann umschlagen in Aggressivität und Gereiztheit. Das kann sich darin ausdrücken, dass man dem Partner gegenüber ärgerlich und kurz angebunden ist, ohne es wirklich zu wollen, und dass man bereits bei »Kleinigkeiten« gereizt reagiert.

Passivität

Eine passive Reaktion kann umschlagen in allgemeine Passivität und Hilflosigkeit. Wer nicht oder ständig erfolglos versucht, sich zu wehren, wird unter Selbstzweifeln, negativer Selbsteinschätzung und Traurigkeit leiden; im Extremfall entwickelt sich eine Depression. Eine Abwehrreaktion kann in Realitätsverlust umschlagen. Missverhältnisse zwischen Realität und Wahrnehmung werden nicht mehr zur Kenntnis genommen.

Ängstlichkeit

Eine Fluchtreaktion kann in generelle Ängstlichkeit umschlagen. Wenderlein (2003) zeigt am Vergleich examinierter Krankenpfleger mit Krankpflegeschülern, dass eine hohe Absentismusrate bei den Schülern im Vergleich zu den Examinierten mit dem Gefühl starken Stresses korrespondiert. Das Fernbleiben vom Arbeitsplatz kann man in solchen Fällen als Rückzugsreaktion betrachten.

Mögliche Auswirkungen von starkem Stress auf das Verhalten

Bei zu viel Stress sind beispielsweise folgende Verhaltensauswirkungen zu beobachten:

- Sprechprobleme nehmen zu. Bestehendes Stammeln, Stottern und stockendes Sprechen verstärken sich und können auch bei ansonsten nicht betroffenen Personen vorkommen.
- Interessen und Begeisterungsfähigkeit verringern sich. Früher wichtige Kontakte werden vernachlässigt.
- Abwesenheiten vom Arbeitsplatz häufen sich.
- Der Konsum von Alkohol, Koffein, Nikotin, Medikamenten nimmt zu.
- Das Energieniveau sinkt, oder es schwankt ohne ersichtlichen Grund von Tag zu Tag.
- Schlafmuster sind gestört. Das Einschlafen oder das Durchschlafen wird schwierig.
- Zynismus und Schuldzuweisungen an andere nehmen zu.
- Neue Informationen werden nicht wahrgenommen. Sogar hilfreiche neue Entwicklungen werden nicht mehr registriert.
- Probleme werden oberflächlich »gelöst«. Notlösungen und kurzfristige Lösungen werden gewählt. Versuche, Dinge tiefer zu ergründen oder zu verändern, werden aufgegeben.

Verhaltensänderungen wie die im Kasten genannten bleiben nicht folgenlos. Je länger und je kontinuierlicher der Stress einwirkt, desto einschneidender sind die Folgen.

1.5 Daueranspannung

Positive Folgen

Stress erhöht die Überlebenswahrscheinlichkeit in Ausnahmesituationen. Positive Folgen von Stress (Stollreiter et al. 2000) sind:
- Stress ermöglicht schnelle Entscheidungen – nicht reflektierte. In Gefahrensituationen ist die Fähigkeit zu schnellem Handeln oft hilfreich.
- Stress mobilisiert die letzten Kraftreserven.
- Stress schützt in gewisser Weise auch vor Überlastung, weil ein Übermaß von Stress zu Ermüdung führt. Folgt man diesem Signal, legt man eine Pause ein und verhindert eine weitere Überlastung.
- Stress kurbelt Lernprozesse an. Wären die Menschen von alters her »zufrieden« gewesen (kein Stress), gäbe es keinen Fortschritt.

Negative Folgen

Neben diesen positiven hat Stress besonders dann negative Folgen, wenn die Ermüdungssignale übersehen werden und punktueller Stress zu Dauerstress wird. Wachsende Anspannung und fehlende Entspannung gehen Hand in Hand. Je stärker die Anspannung wird, desto mehr verkneift man sich Dinge, die entspannen. Dadurch wird die Abwärtsspirale beschleunigt. Fritz u. Sonnentag (2005) zeigen, dass soziale Aktivitäten und positives Nachdenken über die eigene Tätigkeit an Wochenenden positiv wirken. Hingegen wirken zusätzliche private Stressoren an Wochenenden negativ auf die Gesamtstresssituation.

1.5.1 Wachsende Anspannung

Menschen sind geprägt durch ihre Auseinandersetzung mit der Umwelt. Betrachten wir unsere Vorfahren: Ihr Leben hing davon ab, im Falle einer Gefahr blitzschnell alle Energie für Kampf oder Flucht mobilisieren zu können. Die Jagd, der Kampf mit wilden Tieren etc. erforderten eine sofortige Alarm- und Aktionsbereitschaft des Körpers.

Handeln vor Denken

Diese Anlage zur Alarmbereitschaft tragen wir in uns. Wer in eine bedrohliche Situation gerät, muss blitzschnell reagieren. Dafür ist die Stressreaktion lebenswichtig, sie sorgt für die sofortige Anspannung der Muskulatur, für den Anstieg von Blutdruck und Pulsfrequenz und einiges mehr. Ohne langes Überlegen sofort handeln zu können ist die positive Seite stressverursachter Reaktionen. Die Stressreaktion blockiert zugleich das Denken. Das ist grundsätzlich sinnvoll: Denken braucht Zeit, und die steht in solchen Ausnahmesituationen nicht zur Verfügung. Ist die Gefahr vorüber, kann der Organismus wieder entspannen. Die in der Stressreaktion mobilisierten Körperfunktionen fallen auf ihr Ausgangsniveau zurück – bis zur nächsten Stressreaktion. ◻ Abb. 1.4 veranschaulicht den zyklischen Verlauf von Spannung und Entspannung.

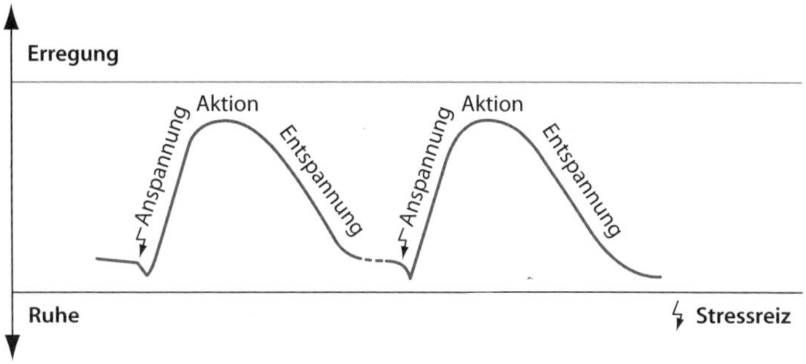

Abb. 1.4 Wechsel zwischen Anspannung und Entspannung bei Normalstress

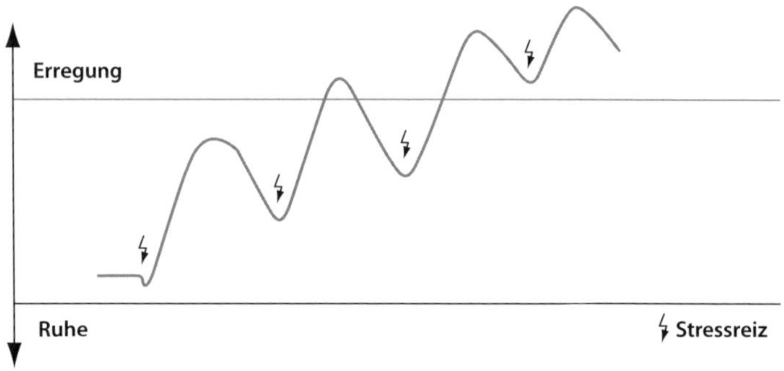

Abb. 1.5 Wachsende Erregung bei Dauerstress

Eine Stressreaktion ist nicht nur die Antwort des Körpers auf die heute selten gewordenen physischen Bedrohungen. Auch psychische Belastungen lösen eine Stressreaktion aus, vor allem, wenn man sich in seiner Selbstachtung oder seinem Selbstwert bedroht fühlt. Dabei spielt es keine Rolle, ob die Stressreaktion von außen oder durch eigene Gedanken und Vorstellungen ausgelöst wird. All dieser Stress bleibt ohne nachteilige Folgen, sofern der Anspannung die notwendige Entspannung und Erholung folgen. Erst wenn die »Stresseinschläge« dichter werden und die Stressreaktion über eine lange Zeit andauert, wird aus einer vorübergehenden Anspannung eine Daueranspannung. Aus normalem Stress wird Dauerstress. Die Fähigkeit zur wirksamen Entspannung, zur Regeneration, geht allmählich verloren. Abb. 1.5 veranschaulicht die Wirkung von Dauerstress.

Dauerstress

Bei Dauerstress bleibt man nervös, ist innerlich unruhig, kann sich nicht mehr entspannen. Abends ist man müde, erschöpft und abgespannt. Man fühlt sich urlaubsreif und zerschlagen. Die geistige Leistungsfähigkeit nimmt ab, da durch Stress zunächst die höheren geistigen Prozesse beeinträchtigt werden. Mit zunehmender Stresswirkung bereitet selbst die Konzentration auf eine einfache Aufgabe Schwierigkeiten; die Gedanken schweifen immer wieder ab. Die Merkfähigkeit wird in Mitleidenschaft gezogen: Wer mit seinen Gedanken woanders ist, übersieht und überhört leicht etwas und vergisst auch leicht.

Solcher Dauerstress führt nicht nur zur Abnahme der Leistungsfähigkeit, sondern auch zur Verschlechterung des physischen und psychischen Gesamtzustands (Oppolzer 2010). Die Gesundheit wird in Mitleidenschaft gezogen. Allerdings kann auch Unterforderung Stress erzeugen. Ein starker Stressor ist beispielsweise das Gefühl, seine tatsächliche Leistungsfähigkeit nicht unter Beweis stellen zu können (Vester 2003).

Selbsteinschätzung: Wie hoch ist Ihr derzeitiger Stresspegel?
Anhand der folgenden Selbsteinschätzung (adaptiert nach Blankenstein et al., o.J.) können Sie prüfen, wie hoch ihr derzeitiger Stresspegel ist:

- Ich fühle mich abends oft abgespannt oder erschöpft.
- Ich kann mich oft nicht gut auf eine Sache konzentrieren.
- Ich verspüre oft eine innere Unruhe, die ich nicht abschütteln kann.
- Es fällt mir schwer, mich einer Sache intensiv über längere Zeit zu widmen.
- Manchmal habe ich den Eindruck, dass meine Freizeit zur Erholung nicht mehr ausreicht.
- Ich kann nicht mehr richtig abschalten.
- Ich kann mir vieles nicht mehr so gut merken wie früher.

Je häufiger Sie mit »Ja« geantwortet haben, desto angespannter sind Sie, und desto mehr lohnt es sich für Sie, dieses Thema ausführlich zu bearbeiten.

Berufliche Überlastung führt häufig zu Folgekonflikten in der Familie. Diese familiären Folgekonflikte werden ihrerseits zu Stressoren (Jacobshagen et al. 2005), die die Gesamtbelastung weiter erhöhen.

1.5.2 Fehlende Entspannung

Auf Anspannung sollte Entspannung folgen. Biologisch ist die Entspannungsreaktion das Gegenstück zur Stressreaktion. Dauerstress schlägt sich in einer Störung des vegetativen Gleichgewichts nieder. Gelingt es, dieses Missverhältnis zu beseitigen, kann die notwendige Entspannung erreicht werden. Drei Faktoren sind auf diesem Weg besonders hilfreich (Bamberg 2004; Frese 1991): Handlungsspielraum, Sinngebung und Unterstützung.

Handlungsspielraum

Veränderungsmöglichkeiten sind z.B.: Lärmquellen beseitigen, sich von Kollegen auch einmal abschotten können, bestimmte Arbeiten nicht tun müssen (Handlungsspielraum).

Sinngebung

Wenn man der Arbeit und seinem Leben einen Sinn zu geben vermag, der über die tägliche Bedürfnisbefriedigung hinausgeht, sind Stressbedingungen leichter auszuhalten; sie können in einen größeren Zusammenhang gestellt werden (Sinngebung). Die Fähigkeit, den Lebensbedingungen einen subjektiven Sinn zu geben, gilt auch als Teil des Kohärenzgefühls (Dill u. Straus 2010), das einen Schutzfaktor gegenüber widrigen Lebensumständen darstellt.

Unterstützung

Direkte Hilfe von Kollegen, Vorgesetzten oder Mitarbeitern (soziale Unterstützung) lässt ein Problem eher lösbar erscheinen und senkt Stress unmittelbar. Emotionale Unterstützung durch Partner und Freunde vermindert die Wucht, mit der Stress auf die Gesundheit durchschlägt. Man wird widerstandsfähiger.

Beispiele

Speziell die Kombination von geringem Handlungsspielraum mit hoher Verantwortung kann zu starken psychischen Belastungen führen (Karasek 1979). Ein großer Tätigkeitsspielraum geht in der Regel mit hoher Kontrolle über die Arbeitssituation einher und gilt als eine *Flow* begünstigende Bedingung. Flow kann man mit *tätigkeitsbezogene Freude* übersetzen (Rau u. Riedel 2004).

Sinngebung ist nicht auf religiöse oder spirituelle Themen begrenzt. Gut illustriert wird dies durch ein Beispiel, das Jaeggi (2005, S. 72) in einem Interview mit dem Nachrichtenmagazin *Der Spiegel* gibt: Ein begabter junger Wissenschaftler tritt seine erste Stelle an. Zum selben Zeitpunkt beschließen er und seine Freundin zu heiraten, schon wegen der Steuern. Als das erste Kind geboren wird, bezieht die Familie ein Haus in einem Vorort, wo Immobilien noch erschwinglich sind und das Kind im Garten herumtollen kann. Der Mann hat früher ein wildes Leben zwischen besessener Arbeit und exzessivem Nachtleben geführt. Er hätte sich niemals vorstellen können, dass er eines Tages jeden Samstag mit dem Kombi ins Einkaufszentrum fährt, die Vorräte für die Woche in der Tiefkühltruhe verstaut, sich abends bemüht, rechtzeitig von der Arbeit nach Hause zu kommen, weil der Rasen vor der Grillparty noch gemäht werden muss. Mit seiner Frau spricht er vor allem über Organisatorisches. Manchmal kommt ihm das unwirklich vor: Alles ist mit einer gewissen Zwangsläufigkeit geschehen, und trotzdem erscheint ihm sein Leben fremd, so als wäre es nicht sein eigenes (Jaeggi 2005, S. 72). Wie das Beispiel zeigt, ist der Gegenbegriff zu *Sinngebung* die *Entfremdung*, speziell die Entfremdung von den eigenen Lebensentwürfen.

Realismus

Wenn Fähigkeiten und Anforderungen so weit auseinanderklaffen, dass ein Mensch bei realistischer Betrachtung einer Herausforderung nicht gewachsen sein kann, muss man das offen aussprechen und entweder die Anforderungen reduzieren oder die Fähigkeiten erweitern. Ansonsten wird das Nichterreichen eines unrealistischen Ziels oder das dauerhafte Vorbeileben an eigenen Bedürfnissen zum Dauerstressor.

■ Tab. 1.5 Gereiztheit und Belastung: Fragebogen zur Selbsteinschätzung (adaptiert nach Mohr 1986)

Sie haben bei den folgenden Aussagen fünf Antwortmöglichkeiten von »trifft nicht zu« bis »trifft zu«.	Trifft nicht zu (1)	Trifft selten zu (2)	Trifft mittel zu (3)	Trifft oft zu (4)	Trifft zu (5)
Kleinigkeiten können mich sehr verärgern.					
Es passiert mir hin und wieder, dass ich gegenüber anderen unbeherrscht bin.					
Mitunter reagiere ich mürrisch, wenn andere mich ansprechen.					
Ich bin verärgert über Menschen, die mich gar nicht ärgern wollen.					
Ich fühle mich ab und zu wie ein Nervenbündel.					
Ich bin schnell verärgert.					
Ich reagiere gereizt, obwohl ich es gar nicht will.					

1.6 Gesundheitsrisiko

Selbsteinschätzung

Bevor Sie im Text weiterlesen, können Sie mithilfe der folgenden Fragebögen feststellen, wie sehr Sie bereits gereizt und belastet sind und ob Sie bereits psychosomatische Beschwerden entwickelt haben (■ Tab. 1.5 und ■ Tab. 1.6). Je öfter Sie hohe Werte angekreuzt haben, desto wichtiger ist es für Sie, etwas gegen Ihre Beschwerden zu unternehmen.

Stressschäden sind keine Erfindung der letzten Jahrzehnte. Der Leibeigene im 14. Jahrhundert war ebenso Stress ausgesetzt wie ein Workaholic des 21. Jahrhunderts, der sich auch nach dem zweiten Herzinfarkt noch voll in die Arbeit stürzt. Allerdings unterscheiden sich die Stress auslösenden Situationen und die verfügbaren Bewältigungsmechanismen erheblich. Das Risiko des Stresses liegt in seiner langfristig negativen Wirkung.

Dauerstress

Wilhelm Busch (1832–1908) hat die mögliche Folge von Dauerstress so ausgedrückt (Busch 1960, S. 502):

» Wirklich, er war unentbehrlich! Überall, wo was geschahzu dem Wohle der Gemeinde, Er war tätig, er war da.

Schützenfest, Kasinobälle, Pferderennen, Preisgericht,Liedertafel, Spritzenprobe, Ohne ihn da ging es nicht.

Ohne ihn war nichts zu machen, Keine Stunde hatt' er frei.Gestern, als sie ihn begruben, War er richtig auch dabei. «

Statussymbol

Dieses Gedicht nimmt die – kurzfristig positiven – Stressfolgen aufs Korn, die auf der Funktion des Stresses als Statussymbol beruhen. Können Sie sich einen erfolgreichen Manager vorstellen, der spontan Zeit hat, in dessen Terminkalender nur hin und wieder ein Termin markiert ist? Wohl eher nicht. Stress steigert das Image – so weit,

Tab. 1.6 Psychosomatische Beschwerden: Fragebogen zur Selbsteinschätzung (adaptiert nach Mohr 1986)

Nachfolgend finden Sie eine Reihe von körperlichen Beschwerden. Kreuzen Sie bitte an, welche Beschwerden bei Ihnen im letzten Jahr auftraten oder jetzt noch auftreten.	**Trifft nicht zu (1)**	**Trifft selten zu (2)**	**Trifft mittel zu (3)**	**Trifft oft zu (4)**	**Trifft zu (5)**
Schnelles Ermüden					
Kopfschmerzen					
Herzklopfen bei geringer Anstrengung					
Atemnot bei geringer Anstrengung					
Empfindlicher Magen					
Schwindelgefühle					
Rückenschmerzen					
Plötzliche Schweißausbrüche					
Schmerzen in der Herzgegend					
Sodbrennen					
Konzentrationsstörungen					
Schlafstörungen: Einschlafschwierigkeiten, Durchschlafstörungen					
Mattigkeit und Abgespanntheit ohne ersichtlichen Grund					

so gut. Problematisch ist die langfristig negative Wirkung. Die Umgangssprache spiegelt den Zusammenhang zwischen Dauerstress und körperlichen Reaktionen: Bei einem Schrecken »stockt uns der Atem«, ein Problem »bereitet uns Kopfschmerzen«, Ärger »schlägt uns auf den Magen«, Misserfolg nehmen wir uns »zu Herzen«, der schwere Unfall eines Freundes »geht uns unter die Haut«. Natürlich führen solche Reaktionen nicht unmittelbar zu einer Krankheit. Erst Dauerbelastung löst im Körper Organstörungen aus. Dabei ist es für den Körper irrelevant, ob die Stress auslösenden Reize physischer Art sind, z.B. Schmerzen durch eine Verbrennung, oder ob Stress aus seelischen Konflikten resultiert (Vester 2003).

Risikofaktoren

Langzeitfolgen von Stress fallen nach Vester (2003) dann besonders gravierend aus, wenn folgende drei Bedingungen vorliegen:

- Man hat keine oder zu kurze Erholungsphasen.
- Die erzeugte Alarmbereitschaft kann nicht in Flucht (z.B. Lärmquelle meiden) oder Angriff (z.B. Lärmquelle abstellen) überführt werden.
- Selbst eine symbolische Umsetzung der Alarmbereitschaft, z.B. durch Umwandlung in Interesse, Neugier oder die symbolische Verarbeitung durch Spiele, Lachen oder Weinen, ist unmöglich.

Pathologische Prozesse

Vielen Krankheiten gehen Langzeitschädigungen voraus, die aus der Summe kleiner, aber ständig einwirkender und nicht abgebauter Stressoren resultieren. Dieser Prozess zieht sich meist jahrelang unbemerkt hin. Über biologische Regelkreise werden pathologische Prozesse angestoßen, die je nach Konstitution zu verschiedenen Krankheiten führen (Vester 2003):

- Freigesetzte Fette erhöhen den Blutfettspiegel und werden zum Risikofaktor für Arterienverkalkung und Kreislaufschäden.
- Durch Schwächung des Immunsystems sinkt die Abwehr gegen Infektionen und gegen Fehlfunktionen des Zellwachstums (Krebs). Eine Schwächung des Immunsystems ist vor allem bei chronischem Stress zu erwarten (Rensing et al. 2006; Segerstrom u. Miller 2004).
- Eine Dauererregung des vegetativen Nervensystems führt zu einer Fehlregulation der Drüsen und des Verdauungssystems.
- Sexuelle Funktionen und der weibliche Zyklus werden gestört.
- Die Nieren werden durch ständige Erregung geschädigt. Dadurch wird die Blutreinigung vermindert, das Risiko von Schäden am Gefäß- und Kreislaufsystem wächst.

Selbsteinschätzung: Wie stark sind Ihre derzeitigen Stresssymptome?

Schätzen Sie mithilfe der folgenden Fragen (adaptiert nach Blankenstein et al., o.J.) Ihre Situation ein. Je öfter Sie »Ja« angekreuzt haben, desto angespannter sind Sie und desto hilfreicher sind Maßnahmen zur Stressbewältigung (► Kap. 2).

- Ich neige zu Muskelverspannungen.
- Ich habe Schwierigkeiten, mein Gewicht zu halten.
- Ich habe Verdauungs-/Magenprobleme.
- Ich habe Bluthochdruck.
- Ich habe häufig Kopfschmerzen.
- Ich trinke oft Alkohol zur Entspannung.
- Ich habe Schlafprobleme.

Rhythmen

Wir unterliegen dem Atemrhythmus, dem Schlaf-Wach-Rhythmus etc. Tagesperiodische Schwankungen sind für Körpertemperatur und Blutdruck ebenso nachgewiesen wie für viele andere Messgrößen. Rhythmen kennzeichnen unser Leben. Ebenso natürlich ist der Wechsel von Hunger und Sattheit, von Durst und Nichtdurst. Grundbedürfnisse dieser Art treten in unser Bewusstsein und bestimmen unser Verhalten. Wenn sie befriedigt sind, verschwinden sie – um später wieder in Erscheinung zu treten. Ein solcher Rhythmus ist auch der Wechsel von Anspannung und Entspannung. Viele Rhythmen sind mit Anspannung und Entspannung gekoppelt. So wird verständlich, weshalb anhaltender Stress und die damit verbundene Daueranspannung zu gesundheitlichen Schäden führen (zur Wirkung von

Arbeitsstress auf die Entstehung psychosomatischer Beschwerden s. beispielsweise Frese 1985).

Indirekte Schädigung

Dauerstress verursacht neben direkten Schäden auch indirekt Erkrankungen: Viele Menschen verhalten sich in Stresssituationen gesundheitsschädigend. Sie essen z.B. über den Sättigungspunkt hinaus, zum einen, weil das Sättigungsgefühl von der inneren Anspannung überlagert wird, zum anderen, weil im Essen Entspannung gesucht wird. Gewichtsprobleme sind die Folge. Auch die entspannende Wirkung des Alkohols ist bekannt. Alkohol wirkt in höherer Konzentration beruhigend. Gerade die entspannende und Schlaf bringende Wirkung des Alkohols wird oft zum Abbau von Stress und Spannungen gesucht. Ein riskanter Weg, der zu Gewöhnung und Sucht führen kann. Wer sein natürliches Schlafbedürfnis ständig missachtet, braucht sich nicht über Schlafstörungen zu wundern. Raucher schreiben der Zigarette Entspannung zu; das ist physiologisch betrachtet paradox. Nikotin wirkt anregend. Bei Überdosierung ruft es im Körper regelrechte Stressreaktionen hervor mit Gefäßverengung, Schwitzen, innerer Unruhe. Wer in Stresssituationen zur Zigarette greift, mag sich subjektiv beruhigen; von den organischen Konsequenzen her betrachtet, verstärkt der Griff zur Zigarette die körperliche Stressreaktion aber noch. Koffein und Tein wirken ähnlich: Beim Genuss größerer Mengen kommt es zu innerer Unruhe, Schwitzen und Zittern der Hände – Symptome, wie sie für starke Stresssituationen typisch sind.

Dauerstress ist also ein Gesundheitsrisiko. Da Stress eine Vielzahl physiologischer Folgen hat und sich eine Schädigung in der Regel an der jeweils individuellen Schwachstelle zeigt, kann man nicht von *der* Stresskrankheit sprechen. Wenn beispielsweise das Herz-Kreislauf-System die persönliche Schwachstelle ist, wird Dauerstress am ehesten dieses schädigen. Tatsächlich sind Herz-Kreislauf-Erkrankungen eine häufige Stressfolge. Nachfolgend werden exemplarisch verbreitete Stressfolgeerkrankungen kurz erläutert.

▪ Bluthochdruck

Durch eine Stressreaktion steigt die Pulsfrequenz, der Gefäßwiderstand erhöht sich. Beide Effekte führen zu einer Blutdruckerhöhung. Das ist zunächst vorübergehend und daher unbedenklich. Erst dauernde blutdrucksteigernde Kreislaufreaktionen führen bei ausbleibender Entspannung zur Hypertonie (Bluthochdruck). Hypertonie ist eine Ursache für Gefäßverkalkung (Arteriosklerose), die zu Verengungen in den Blutgefäßen und damit zu einer schlechten Blutversorgung der Organe führt. Mit einer Blutdruckerhöhung steigt das Risiko, einen Herzinfarkt oder einen Schlaganfall zu erleiden.

In vielen Fällen ist die Ursache der Hypertonie unbekannt; man spricht dann von einer essenziellen Hypertonie (Hoberg u. Vollmer 1988).

Nach einer Empfehlung der Weltgesundheitsorganisation (WHO) liegen optimale Blutdruckwerte unabhängig vom Alter unter 120/80 mmHg.

Von normalen Blutdruckwerten spricht man, wenn diese 120/85 mmHg nicht überschreiten. Als hochnormal werden Werte bis 139/89 mmHg bezeichnet. Bis 159/99 mmHg spricht man von milder, bis 179/109 mmHg von mittlerer und ab 180/110 von schwerer Hypertonie. Etwa 12 Prozent der Bevölkerung in Deutschland leiden unter Bluthochdruck. Nur 5 Prozent aller Hochdruckpatienten leiden an einer Organkrankheit, die den Hochdruck verursacht (Gehring u. Klein 2008); beispielsweise an einer Nierenentzündung. Bei einer essenziellen Hypertonie sind außer den erhöhten Blutdruckwerten keine krankhaften Organbefunde feststellbar.

Behandlung

Gerade bei essenzieller Hypertonie spielt Stress neben Faktoren wie Übergewicht, salzreicher Kost und Rauchen eine wesentliche Rolle. Bluthochdruck wiederum ist ein wesentlicher Risikofaktor für Koronarerkrankungen und Herzinfarkte. Die Basisbehandlung des Bluthochdrucks besteht in folgenden Maßnahmen (Gehring u. Klein 2008):

- Normalisierung des Körpergewichts,
- Umstellung auf eine kochsalz- und fettarme, kalium-, vitamin- und ballaststoffreiche Ernährung,
- Mäßigung des Alkohol- und Kaffeekonsums,
- Einstellung des Rauchens,
- mehr Bewegung,
- Stressvermeidung.

Koronarerkrankung und Herzinfarkt

Das Herz ist zur Sauerstoffversorgung auf spezielle Blutbahnen angewiesen: die Herzkranzgefäße (Koronargefäße). Erkrankungen an diesen Arterien sind in erster Linie durch eine Verhärtung oder Verkalkung der Gefäßwand (Arteriosklerose) bedingt. Sie führen zu einer Blutunterversorgung des Herzmuskels. Bei erhöhtem Sauerstoffbedarf, z.B. bei körperlicher Anstrengung, treten Schmerzen in der Herzgegend auf, die in den linken Arm und in den Halsbereich ausstrahlen können. Man spricht dann von Angina pectoris (= Enge der Brust). Ein Blutgerinnsel oder ein Muskelkrampf der Gefäßwand kann zu einem völligen Verschluss führen. Folge ist ein Herzinfarkt, ein Teil des Herzmuskelgewebes stirbt ab. Heftige Brustschmerzen, Erstickungsgefühl und Todesangst sind die Symptome.

Risikofaktoren

Da Herz-Kreislauf-Erkrankungen in unserem Kulturkreis die Todesursache Nummer eins sind (Vester 2003), lohnt sich die Suche nach den Krankheitsursachen. Die wichtigsten Risikofaktoren für einen Herzinfarkt sind:

- Rauchen,
- Fettstoffwechselstörungen,
- Bluthochdruck,
- Diabetes,

- Übergewicht,
- Bewegungsmangel,
- Stress.

Stress

Auch psychische Belastungen am Arbeitsplatz erhöhen das Risiko für Herz-Kreislauf-Erkrankungen. In der Untersuchung von Stark et al. (1998) führen monotone Arbeit, geringe Qualifikationserfordernisse und eingeschränkte Handlungs- und Entscheidungsspielräume in Verbindung mit ständigem Zeitdruck zu einer Erhöhung des Herzinfarktrisikos. Aber auch anspruchsvolle Tätigkeiten, die sich durch hohen Entscheidungsspielraum, hohe Komplexität und Aufgabenvielfalt auszeichnen, führen in Kombination mit hohen Ansprüchen an die Handlungszuverlässigkeit und ständigem Zeitdruck zu einer Erhöhung des Herzinfarktrisikos. Zudem erhöhen regelmäßige Arbeitszeiten von mehr als 48 Wochenstunden das Infarktrisiko (Stark et al. 1998).

Stresswirkung

Stress steht nicht an erster Stelle der Risikofaktoren für einen Herzinfarkt, beeinflusst aber erheblich die anderen Risikofaktoren wie Rauchen, Bluthochdruck, Essverhalten und Übergewicht. Bei Personen mit Typ-A-Verhaltensmuster liegt das Herzinfarktrisiko doppelt so hoch wie bei anderen, auch die Persönlichkeitsfaktoren emotionale Labilität und Verhaltenskontrolle erhöhen das Risiko von kardiovaskulären Erkrankungen (Amelang et al. 2004). Der Zusammenhang zwischen Rauchen, Gefäßerkrankung und Krebs ist so überzeugend, dass die Zigarettenindustrie auf jeder Zigarettenschachtel eine Warnung vor dem Konsum anbringen muss (Gehring u. Klein 2008). Nach Fischer (2003) beeinflussen arbeitsbezogene psychosoziale Stressoren, wie hoher Arbeitsdruck, geringer Entscheidungsspielraum oder Mangel an kollegialer Unterstützung, die anderen Risikofaktoren erheblich. Unter Druck raucht man beispielsweise mehr, isst mehr, verhält sich insgesamt ungesünder. Wiegand (2002) untersuchte Patienten, die bereits an psychischen und psychosomatischen Erkrankungen leiden, und stellt zusammenfassend fest, dass Stressoren am Arbeitsplatz mit einer Verschlechterung des psychischen Befindens in Zusammenhang stehen.

Risikokumulation

Nach Gehring u. Klein (2008) erhalten die Risikofaktoren je nach Person und Kombination ein unterschiedliches Gewicht. Bei zwei oder mehr Risikofaktoren steigt das Gesamtrisiko stärker, als es der Summe der Einzelfaktoren entsprechen würde. Beispielsweise steigt das von einem erhöhten Cholesterinspiegel ausgehende Risiko durch einen zusätzlich erhöhten Blutdruck drastisch. Renner u. Schupp (2005) weisen auf einen Befund der WHO hin, dass rund 60 Prozent aller weltweiten Todesfälle durch Krankheiten verursacht werden, deren Genese überwiegend auf individuelles Risikoverhalten und seine Folgen zurückzuführen ist. Hierzu gehören beispielsweise Tabak- und Alkoholkonsum, Übergewicht und erhöhtes Cholesterin. Diese Risikofaktoren sind deshalb so gefährlich, weil sie dauerhaft wirken. Die meisten schädlichen Verhaltensweisen beinhalten, solange sie selten auftreten, nur ein geringes Risiko: Eine Tüte Chips im Jahr ist ungefährlich, jeden Tag eine Tüte Chips ist hingegen gesundheitsschädlich.

▪ Funktionelle Herzbeschwerden

Herzangst und Panikattacken

Auch Menschen mit gesundem Herz können unter Symptomen leiden wie Herzklopfen, Herzrhythmusstörungen, Engegefühl oder Stechen in der Brust. Diese Symptome rufen eine »Herzangst« hervor, die ihrerseits die Krankheitsanzeichen verstärkt. Die Betroffenen haben Angst vor der Angst. Im Extremfall führt das zu sog. Panikattacken: der Angst, häufig Todesangst, an Herzversagen zu sterben, obwohl kein organischer Befund vorliegt. Statistische Untersuchungen zeigen, dass gerade Patienten mit funktionellen Herzbeschwerden eher selten an einer Herzkrankheit sterben oder sich ein organisches Herzleiden zuziehen. Trotzdem leiden diese Menschen außerordentlich unter ihren Beschwerden. Ursache ist meist eine starke nervliche Anspannung. Charakteristischerweise treten die Symptome in Ruhe auf, praktisch nie nach körperlichen Belastungen. Andere funktionelle Störungen können den Magen-Darm-Bereich oder das Bewegungssystem betreffen (Hansch 2003).

▪ Störungen des Immunsystems

Das menschliche Immunsystem hat zwei wesentliche Aufgaben:

- Es unterstützt den Körper bei der Auseinandersetzung mit fremden Mikroorganismen, z.B. Bakterien und Viren,
- es behebt Störungen innerhalb des Organismus, z.B. bei fehlerhafter Zellteilung (Krebs).

Infekte und Krebs

Inzwischen gilt als gesichert: Chronischer Stress schwächt das Immunsystem (Rensing et al. 2006; Sonnentag u. Frese 2003). Akuter Stress fördert Teile des Immunsystems kurzfristig, Dauerstress beeinträchtig das Immunsystem (Segerstrom u. Miller 2004). Es kommt häufiger zu Infekten; die Infekte verlaufen schwerer und dauern länger. Stress allein ruft keinen bösartigen Tumor hervor. Aber das Risiko, an Krebs zu erkranken, erhöht sich, wenn die körpereigenen Reparaturmechanismen nicht mehr wirksam arbeiten. Dieser Effekt ist vergleichbar mit dem Nachlassen des Immunsystems im Alter. Auch dann steigt das Risiko von Krebserkrankungen.

▪ Depression

Chronischer Stress kann zu affektiven Störungen (Depressionen) führen (Chen et al. 2009; Rensing et al. 2006). Das Lebenszeitrisiko für eine schwere Depression liegt bei Frauen zwischen 10 und 25 Prozent, bei Männern zwischen 5 und 12 Prozent (Saß et al. 2003).

1.7 Rechtliche Aspekte

Die rechtlichen Problemfelder im Zusammenhang mit Stress und seinen Folgen werden unter zwei Gesichtspunkten erörtert. Zum einen wird der Frage nachgegangen, inwieweit der Arbeitgeber verpflichtet ist, seine Mitarbeiter vor übermäßigem Stress zu schützen. In diesem Zusammenhang werden auch die Einflussmöglichkeiten der betrieblichen Interessenvertretungen dargestellt. Zum anderen wird diskutiert, ob der Arbeitgeber für stressbedingte Gesundheitsschäden haften muss.

1.7.1 Arbeitsschutz

Ausgangspunkt der arbeitsschutzrechtlichen Betrachtung sind psychische Belastungen am Arbeitsplatz, die je nach individuellen Leistungsvoraussetzungen und Ressourcen der Beschäftigten zu unterschiedlich starken Beanspruchungen führen können. Folgen der Beanspruchung können neben Ermüdung und mangelnder Arbeitszufriedenheit auch chronischer Stress und im Extremfall Burn-out sein. Im Arbeitsschutzrecht wird ein präventiver Ansatz verfolgt, um psychische Fehlbelastungen zu vermeiden.

1.7.2 Gefährdungsbeurteilung nach § 5 ArbSchG

Arbeitsschutzgesetz

Das Arbeitsschutzgesetz (ArbSchG) verpflichtet gemäß § 3 den Arbeitgeber, die erforderlichen Maßnahmen des Arbeitsschutzes zu treffen und dabei »eine Verbesserung von Sicherheit und Gesundheitsschutz der Beschäftigten anzustreben«. § 5 ArbSchG gibt dem Arbeitgeber auf, durch eine sog. Gefährdungsbeurteilung zu ermitteln, welchen Gefährdungen die Arbeitnehmer ausgesetzt und welche Maßnahmen des Arbeitsschutzes erforderlich sind. In § 5 ArbSchG sind ausdrücklich die Belastungsfaktoren Arbeitsorganisation, Arbeitsinhalte, Arbeitszeit und Qualifizierung genannt, die bei der Beurteilung zu berücksichtigen sind.

Die Gefährdungsbeurteilung hat sich auch auf psychische Belastungen am Arbeitsplatz und damit auch auf mögliche Stressoren zu erstrecken (Satzer 2008, S. 463; BAuA 2008, S. 13; Pieper (2012), ArbSchR, Rn. 13a zu § 5 ArbSchG).

Grobanalyse

Für eine Grobanalyse psychischer Belastungen werden in der Praxis häufig anonyme Mitarbeiterbefragungen eingesetzt, mit denen ein Überblick über die Belastungssituation der Betroffenen gewonnen werden kann (BAuA, 2008, S. 25f.).

Feinanalyse

Wenn aus der Grobanalyse noch keine Maßnahmen abgeleitet werden können, bieten sich feinere und damit auch aufwendigere Verfahren an. Hierzu gehören beispielsweise:

- Beobachtungen von Arbeitssituation, Arbeitsbedingungen und Arbeitsabläufen,
- (Beobachtungs-)Interviews mit Arbeitnehmern und Vorgesetzten,
- Gruppengespräche,
- Workshops,
- Gesundheitszirkel,
- Auswertung von (anonymisierten) Fehlzeitendaten.

Anspruch auf Durchführung

Die Arbeitnehmer haben gemäß § 5 Abs. 1 ArbSchG i.V.m. § 618 Abs. 1 BGB einen individualrechtlichen Anspruch darauf, dass eine Gefährdungsbeurteilung für ihren Arbeitsplatz durchgeführt wird. Das Bundesarbeitsgericht (BAG) leitet diesen Anspruch daraus ab, dass § 5 ArbSchG gerade auch den Schutz der einzelnen Arbeitnehmer zum Ziel hat (BAG v. 12.8.08, NZA 2009, S. 102; Satzer 2011, S. 607). Die Arbeitnehmer können jedoch keine bestimmten Überprüfungskriterien und Überprüfungsmethoden für die Durchführung vorgeben (BAG v. 12.8.08, NZA 2009, S. 102). Dem Arbeitgeber steht hinsichtlich der Art und Weise der Durchführung ein weiter Handlungsspielraum zu.

Mitbestimmungsrechte des Betriebsrats

Der Betriebsrat hat nach der Rechtsprechung des Bundesarbeitsgerichts bei der Gefährdungsbeurteilung ein Mitbestimmungsrecht nach § 87 Abs. 1 Nr. 7 BetrVG (BAG v. 8.6.04, NZA 2004, S. 1175; Pieper (2012), ArbSchR, Rn. 17 zu § 5 ArbSchG). Damit kann der Betriebsrat bereits Einfluss darauf nehmen, welche Methoden zur Gefährdungsbeurteilung eingesetzt werden. Dem Betriebsrat steht ein Initiativrecht zu. Er kann beispielsweise konkret verlangen, dass zum Zweck der Gefährdungsbeurteilung eine Mitarbeiterbefragung durchgeführt wird (Schoof 2008, S. 459). Kommt es diesbezüglich zu keiner Einigung mit dem Arbeitgeber, kann der Betriebsrat die Einigungsstelle anrufen (§ 87 Abs. 2 BetrVG). Der Spruch der Einigungsstelle ersetzt die Einigung zwischen Arbeitgeber und Betriebsrat.

Betriebsvereinbarung

Zur Gewährleistung eines systematischen Vorgehens bei der Gefährdungsbeurteilung unter Berücksichtigung von psychischen Belastungen bietet sich der Abschluss einer Betriebsvereinbarung an. Eckpunkte einer solchen Vereinbarung können etwa sein (BAuA 2008, S. 32; Kölbach u. Zapf 2008, S. 62f.):
- Festlegung einer Steuerungsgruppe,
- Unterrichtung und Einbeziehung der Beschäftigten,
- Auswahl und Konkretisierung zu beurteilender Gegenstände,
- Vereinbarung von Instrumenten und Methoden,
- Verfahrensablauf,
- Auswertung und Beurteilung,
- Maßnahmenplanung und Umsetzung,
- Dokumentation,
- Wirksamkeitskontrolle,
- erneute Beurteilung,
- Verfahren zur Schlichtung.

Mitbestimmungsrecht des Personalrats

Nach der Rechtsprechung des Bundesverwaltungsgerichts besteht bei der Gefährdungsbeurteilung kein Mitbestimmungsrecht des Personalrats nach § 75 Abs. 3 Nr. 11 BPersVG (BVerwG v. 14.10.2002, PersR 2003, S. 113). Dem Personalrat stünden nur »Informations- und Anhörungsrechte« zu, da die Gefährdungsbeurteilung lediglich eine Vorbereitungshandlung für Maßnahmen zum Gesundheitsschutz sei. Ein Mitbestimmungsrecht besteht demnach erst bei Entscheidungen über konkrete technische, organisatorische und personenbezogene Maßnahmen. In diesem Verfahren kann der Personalrat dann mögliche Bedenken gegen das Vorgehen bei der Gefährdungsbeurteilung einbringen, um etwa die Forderung nach weiteren Schutzmaßnahmen zu begründen.

Vollzugsdefizite

Obwohl die Durchführung einer Gefährdungsbeurteilung für jeden Arbeitgeber verpflichtend ist, bestehen in der Praxis gravierende Vollzugsdefizite. Nach der WSI-Betriebsrätebefragung 2008/09, an der sich 1700 Betriebsräte beteiligt haben, werden lediglich in 46 Prozent der Betriebe Gefährdungsbeurteilungen nach dem Arbeitsschutzgesetz durchgeführt. In nur 16 Prozent der Betriebe werden auch psychische Belastungen in die Gefährdungsbeurteilung einbezogen (Ahlers 2011, S. 13). Die befragten Betriebsräte haben verschiedene Gründe angegeben, warum eine ganzheitliche Gefährdungsbeurteilung unter Einschluss auch psychischer Arbeitsbelastungen unterbleibt. Am häufigsten wurden genannt:

- Das Thema »psychische Arbeitsbelastungen« sei schwierig zu handhaben (89 Prozent).
- Kaum einer wisse, wie eine Gefährdungsbeurteilung durchzuführen sei (69 Prozent).
- Das Thema »Gesundheit« falle hinter anderen betrieblichen Erfordernissen immer wieder zurück (64 Prozent).
- Unklare Verantwortlichkeiten beim Arbeitgeber (54 Prozent).

Die Befragungsergebnisse machen deutlich, dass es den Betriebsakteuren im Hinblick auf die Erhebung psychischer Arbeitsbelastungen häufig an ausreichenden Kompetenzen mangelt. Diese Schwierigkeiten setzen sich nach Erfahrungsberichten aus der Praxis auch bei der Bewertung der Ermittlungsergebnisse und bei der Maßnahmenableitung und Maßnahmenumsetzung zur Minderung der psychischen Fehlbelastungen fort (Satzer u. Langhoff 2010, S. 16). Danach fehlt es an Gesamtkonzepten und erprobten Verfahren.

Hilfen zur Erfassung psychischer Belastungen am Arbeitsplatz

Die Bundesanstalt für Arbeitsschutz und Arbeitsmedizin (BAuA) hat auf ihrer Internetseite eine sog. Toolbox eingerichtet, in der verschiedene Instrumente zur Erfassung psychischer Belastungen am Arbeitsplatz vorgestellt werden und teilweise auch heruntergeladen werden können (http://www.baua.de/de/Informationen-fuer-die-Praxis/Handlungshilfen-und-Praxisbeispiele/Toolbox/Toolbox.html).

Eine Handlungshilfe zur Integration der psychischen Belastungen in die Gefährdungsbeurteilung bietet die Initiative Neue Qualität der Arbeit (INQA) zum kostenlosen Download an (http://www.inqa.de/SharedDocs/PDFs/DE/Publikationen/integration-pdf.pdf?__blob=publicationFile).

1.7.3 Weitere relevante Gesetze und Verordnungen

In einigen Gesetzen und Verordnungen finden sich noch weitere Regelungen im Hinblick auf psychische Belastungen am Arbeitsplatz:

- Die Bildschirmarbeitsverordnung schreibt in § 3 vor, dass bei der Beurteilung der Arbeitsbedingungen nach § 5 ArbSchG die Sicherheits- und Gesundheitsbedingungen auch hinsichtlich psychischer Belastungen zu ermitteln und zu beurteilen sind.
- Das Arbeitssicherheitsgesetz überträgt den Betriebsärzten die Aufgabe, den Arbeitgeber auch in arbeitspsychologischen Fragen und insbesondere in Bezug auf den Arbeitsrhythmus, die Arbeitszeit, den Arbeitsablauf und die Arbeitsumgebung zu beraten (§ 3 ASiG).
- § 3 der Maschinenverordnung zum Gerätesicherheitsgesetz verweist auf Anhang I der EG-Richtlinie für Maschinen (2006/42/EG). Dort wird bei der Konstruktion von Maschinen auch die Berücksichtigung ergonomischer Aspekte gefordert: »Bei bestimmungsgemäßer Verwendung müssen Belästigung, Ermüdung sowie körperliche und psychische Fehlbeanspruchungen des Bedienungspersonals auf das mögliche Mindestmaß reduziert sein«. In der alten Fassung der Maschinenrichtlinie (1998/37/EG) wurden noch ausdrücklich »psychische Belastungen (Stress)« erwähnt.

Einen freiwilligen Charakter weist die Rahmenvereinbarung der europäischen Dachverbände der Arbeitgeber und Gewerkschaften zum Schutz vor arbeitsbedingtem Stress aus dem Jahr 2004 auf. Während in anderen europäischen Ländern in der Folge der Vereinbarung gesetzliche Regelungen zum Schutz der Arbeitnehmer verabschiedet wurden (z.B. in Belgien und Dänemark), fehlt es in Deutschland weiterhin an verbindlichen Regelungen. Im Rahmen eines Berichts der EU-Kommission zur Umsetzung der europäischen Vereinbarung ist Deutschland zu einem konsequenteren Vorgehen gegen arbeitsbedingten Stress aufgefordert worden (European Commission 2011, S. 43f.; de Paoli 2012, S. 67).

1

1.7.4 Überwachungspflicht des Betriebsrats

Der Betriebsrat ist gemäß § 80 BetrVG verpflichtet, die Einhaltung von Rechtsvorschriften durch den Arbeitgeber zu überwachen. Hierzu zählen auch die Regelungen zum Gesundheitsschutz. Exemplarisch erwähnt sei hier das Arbeitszeitgesetz, das eine Höchstarbeitszeit von 48 Stunden pro Woche bei maximal 10 Arbeitsstunden am Tag vorsieht und für alle Mitarbeiter mit Ausnahme der leitenden Angestellten gilt (Fitting 2010, Rn. 6 zu § 80 BetrVG). Gerade im Bereich der außertariflich beschäftigten Mitarbeiter sind jedoch durchschnittliche Arbeitszeiten von 55 oder gar 60 Stunden pro Woche nicht selten (Pletke u. Wieczoreck-Haubus 2003, S. 59). Der Betriebsrat kann die Einhaltung der Schutznormen jedoch nicht gerichtlich erzwingen. Er ist gehalten, den Arbeitgeber auf die Missstände hinzuweisen und auf Abhilfe zu drängen. Kommt der Arbeitgeber dem nicht nach, kann sich der Betriebsrat an die entsprechenden Aufsichtsbehörden wenden (H/W/K-Schrader, Rn. 19 zu § 80 BetrVG). Auch den Personalrat trifft eine entsprechende Überwachungspflicht gemäß § Abs. 1 Nr. 2 des BPersVG.

1.7.5 Überlastungsanzeige

Gemäß §§ 15 und 16 des Arbeitsschutzgesetzes sind Arbeitnehmer verpflichtet, ihrem Arbeitgeber eine Arbeitsüberlastung anzuzeigen, wenn daraus eine Gefährdung der eigenen Gesundheit bzw. Sicherheit oder der von anderen Personen folgen kann. Durch die Regelung im Arbeitsschutzgesetz wird eine allgemeine Nebenpflicht des Arbeitnehmers aus § 242 BGB konkretisiert, den Arbeitgeber auf drohende Schäden hinzuweisen bzw. ihn davor zu bewahren (Bell 2011, S. 601). Die Überlastungsanzeige, auch Gefährdungsanzeige genannt, dient u.a. der Haftungsfreistellung gegenüber dem Arbeitgeber für den Fall, dass aufgrund der Überlastung des Arbeitnehmers der Arbeitgeber oder Dritte geschädigt werden. Eine besondere Relevanz hat die Überlastungsanzeige in Pflegeheimen und Krankenhäusern, da hier ein hohes Gefährdungspotenzial vorhanden ist und Überlastungen insbesondere aufgrund chronischer Unterbesetzungen auf den Pflege- und Krankenstationen häufig vorkommen. Adressat der Überlastungsanzeige ist der Arbeitgeber. Die Anzeige sollte schriftlich erfolgen und folgende Inhalte haben (vgl. Bell 2011, S. 601):

Inhalte

- Datum,
- Name des Arbeitnehmers,
- betroffene Abteilung,
- präzise Beschreibung der Überlastungssituation,
- mögliche Folgen für den Betrieb, den Arbeitnehmer und ggf. Dritte,
- Aufforderung an den Arbeitgeber, für Abhilfe zu sorgen,
- Unterschrift.

Alternativ oder ergänzend kann auch eine Beschwerde gemäß §§ 84 f. BetrVG sinnvoll sein.

1.7.6 Beschwerderecht des Arbeitnehmers

Arbeitsüberlastung

Ein Arbeitnehmer kann sich unter anderem auch wegen Arbeitsüberlastung beim Arbeitgeber (§ 84 BetrVG) oder beim Betriebsrat (§ 85 BetrVG) beschweren (BAG v. 22.11.05, NZA 2006, S. 803; LAG Düsseldorf v. 21.12.93, NZA 1994, S. 767; Fitting, Rn. 6 zu § 85 BetrVG). Im Rahmen des Beschwerdeverfahrens nach § 85 BetrVG (s. hierzu auch ► Kap. 3, Abschn. 3.7.4) kann der Betriebsrat die Einigungsstelle anrufen, wenn der Arbeitgeber nicht zu einer Abhilfe bereit ist. Stellt die Einigungsstelle die Berechtigung der Beschwerde fest, wird der Arbeitgeber verpflichtet, geeignete Maßnahmen zur Abhilfe zu ergreifen. Im Zusammenhang mit psychischen Belastungen am Arbeitsplatz ist eine jüngere Entscheidung des Bundesarbeitsgerichts relevant. Der Entscheidung lag der Sachverhalt zugrunde, dass sich mehrere Arbeitnehmer, die bei einer Tochterfirma der Deutschen Post AG beschäftigt waren, über die hohe Arbeitsbelastung durch Unterbesetzung von Schalterplätzen in einer Filiale beschwert hatten (BAG v. 22.11.05, NZA 2006, S. 803). Die Einigungsstelle sah die Beschwerde als berechtigt an. Das BAG hob den Spruch der Einigungsstelle zwar auf, da dieser nicht hinreichend bestimmt war. Es kann jedoch der Entscheidung entnommen werden, dass der Arbeitgeber durch den Spruch der Einigungsstelle hätte verpflichtet werden können, der Arbeitsüberlastung der Schaltermitarbeiter abzuhelfen. Ein Betriebsrat kann danach im Rahmen des Beschwerdeverfahrens nach § 85 BetrVG ggf. auch gegen den Willen des Arbeitgebers die Reduzierung übermäßiger psychischer Belastungen von Arbeitnehmern erreichen.

1.7.7 Haftung des Arbeitgebers bei stressbedingten Gesundheitsschäden

Die Fragestellung, ob ein Arbeitgeber für stressbedingte Gesundheitsschäden seiner Arbeitnehmer haften muss, ist in Literatur und Rechtsprechung bisher ein nur wenig beachtetes Thema (Podehl 2007, S. 2091). Etwas mehr Aufmerksamkeit hat dieses Problem in jüngerer Zeit vor allem durch die Rechtsprechung in Großbritannien erfahren. In mehreren Entscheidungen wurden Arbeitnehmern dort erhebliche Schadensersatzleistungen zugesprochen. So erhielt ein Sozialarbeiter, der einer ständigen Arbeitsüberlastung ausgesetzt war und der in der Folge mehrere Nervenzusammenbrüche erlitt und schließlich krankheitsbedingt entlassen wurde, Schadensersatz in Höhe von 175.000 GBP (Walker ./. Northumberland County Council – 1995 IRLR 35).

Haftung selten

Die Haftung für Gesundheitsschäden des Arbeitgebers ist im deutschen Recht grundsätzlich deshalb selten, weil diese gemäß § 104 SGB VII weitgehend ausgeschlossen und auf die Unfallversicherungsträger (Berufsgenossenschaften) verlagert ist. Dies betrifft jedoch nur Arbeitsunfälle und Berufskrankheiten. Da stressbedingte Gesundheitsschäden in der Regel weder als Arbeitsunfall noch als Berufskrankheit anzusehen sind, ist eine unmittelbare Haftung des Arbeitgebers gegenüber dem geschädigten Arbeitnehmer nicht ausgeschlossen (Podehl 2007, S. 2092).

Der Arbeitgeber ist zum Schutz der Gesundheit der Arbeitnehmer verpflichtet. Diese allgemeine Verpflichtung, die eine vertragliche Nebenpflicht aus § 241 Abs. 2 BGB darstellt, wird durch § 618 BGB und zahlreiche Spezialgesetze (etwa §§ 3–5 ArbSchG) konkretisiert.

Bundesarbeitsgericht

Bereits in einer frühen Entscheidung hat das Bundesarbeitsgericht (BAG) festgestellt, dass der Arbeitgeber gemäß § 618 Abs. 1 BGB verpflichtet ist, den Arbeitnehmer auch vor gesundheitsbeeinträchtigenden Überanstrengungen zu bewahren (BAG v. 13.3.67, NJW 1967, S. 1631). In dem vom BAG entschiedenen Fall hatte ein Prokurist auf Schadensersatz wegen Nichtgewährung von Urlaub und Überbeanspruchung geklagt. Hierzu hatte der Mitarbeiter vorgetragen, dass er täglich 14 bis 16 Stunden und auch an jedem Wochenende arbeiten musste. In einem weiteren Urteil hat das Bundesarbeitsgericht festgestellt, dass der Arbeitgeber auch bei einem leitenden Angestellten, der schwerbeschädigt ist, einer Gesundheitsschädigung durch Überarbeitung entgegenwirken muss (BAG v. 27.2.70, AP Nr. 16 zu § 618 BGB; H/W/K-Krause, Rn. 21 zu § 618 BGB; ErfK-Wank, Rn. 13 zu § 618 BGB).

Die Entscheidungen des BAG lassen sich insoweit mit der Haftung aufgrund stressbedingter Gesundheitsschäden in Zusammenhang bringen, als überzogene Arbeitszeitvorgaben zu den Stressoren gehören können. Allerdings ist dies nur ein Teilaspekt der Stressproblematik, da eine Vielzahl von Faktoren auf den Menschen am Arbeitsplatz einwirken (► Abschn. 1.1). Hinzu kommt, dass Stress nicht nur am Arbeitsplatz entsteht. Weiterhin ist zu beachten, dass Stress durch ein Zusammenspiel von situativen Anforderungen und individuellen Beurteilungen der eigenen Ressourcen und Fähigkeiten erzeugt wird. Stress hat daher eine subjektive Komponente, weshalb die Stressfolgen trotz objektiv gleicher Belastung unterschiedlich ausfallen. Für den Arbeitnehmer ist es daher schwer zu beweisen, dass er einen arbeitsbedingten Gesundheitsschaden erlitten hat.

Schutzpflichtverletzung

Ein solcher Gesundheitsschaden muss weiterhin auf einer Schutzpflichtverletzung des Arbeitgebers beruhen. Eine Haftung dürfte nur in Betracht kommen, wenn es für den Arbeitgeber deutlich erkennbar war, dass stressbedingte Gesundheitsbeeinträchtigungen bei einem Mitarbeiter drohten. Der Arbeitgeber hat in diesem Fall eine Handlungspflicht, entsprechende Schutzmaßnahmen zu ergreifen. Ungünstig dürfte die Rechtslage für den Arbeitgeber sein, wenn ihn der betreffende Arbeitnehmer über stressbedingte Probleme rechtzeitig informiert hatte (von Trotha 2009, S. 136; s. hierzu auch den nachstehenden ▶ Praxistipp). Auch eine besonders belastende Arbeitssituation und Arbeitsumgebung sowie erhöhte Krankheitsraten des Mitarbeiters oder der Abteilungsangehörigen können als belastende Indizien gewertet werden (von Trotha 2009, S. 139f.). Weiterhin könnte die Gefährdungsbeurteilung nach § 5 ArbSchG in diesem Zusammenhang eine Rolle spielen. Ergibt die Beurteilung eine besondere Stressbelastung für einen Arbeitnehmer, ist der Arbeitgeber gemäß § 3 ArbSchG verpflichtet, geeignete Schutzmaßnahmen zu ergreifen. Hat der Arbeitgeber die Gefährdungsbeurteilung unterlassen, wird er sich kaum auf die Nichtkenntnis besonderer Stressbelastungen berufen können.

Personenschaden

Der Arbeitnehmer muss also beweisen, dass er durch eine Schutzpflichtverletzung des Arbeitgebers einen Personenschaden erlitten hat. Es ist dann Sache des Arbeitgebers, zu beweisen, dass ihn kein Verschulden trifft (BAG v. 14.12.06 – 8 AZR 628/05; ErfK-Wank, Rn. 31 zu § 618 BGB). Zu prüfen ist in diesem Zusammenhang auch, ob dem betroffenen Arbeitnehmer ein Mitverschulden angelastet werden könnte. Das Bundesarbeitsgericht hat ein mitwirkendes Verschulden im Fall des überlasteten Prokuristen damit begründet, dass er eine Stelle übernommen habe, der er gesundheitlich nicht gewachsen war. Auch hätte er sich nach Auffassung des Gerichts um eine Entlastung bemühen müssen (BAG v. 13.3.67, NJW 1967, S. 1631).

Hohe Hürden

Zusammenfassend kann festgestellt werden, dass für eine Haftung des Arbeitgebers aufgrund stressbedingter Gesundheitsschäden eines Arbeitnehmers hohe Hürden bestehen. Dies gilt unabhängig von der Schwierigkeit, die Haftung rechtsdogmatisch zu begründen (als Haftungsnormen kommen unter anderem § 280 Abs. 1 BGB, § 618 Abs. 1 BGB und § 823 Abs. 2 BGB i.V.m. der Verletzung eines Schutzgesetzes in Betracht).

Stressklagen

Es bleibt abzuwarten, ob »Stressklagen« zukünftig auch in Deutschland an Bedeutung gewinnen werden. Podehl (2007, S. 2093) vermutet dies aufgrund der übermäßigen und steigenden Stressbelastung der Arbeitnehmer am Arbeitsplatz.

Praxistipp

Die Strategie, übermäßige Stressbelastungen am Arbeitsplatz klaglos zu ertragen, um nicht als »wenig belastbar« abgestempelt zu werden, kann langfristig nicht zum Erfolg führen. Gerade auch bei starken Dauerbelastungen riskiert jeder Arbeitnehmer sein höchstes Gut, nämlich seine Gesundheit. Im Übrigen ist eine zunehmende Sensibilität für dieses Thema in den Unternehmen auszumachen. Ob dies aus ethischen Überzeugungen geschieht oder aus betriebswirtschaftlichem Kalkül aufgrund der stark steigenden Fehlzeiten wegen psychischer Erkrankungen, kann dahinstehen. Ein Arbeitnehmer sollte daher seine psychische Belastungssituation offen ansprechen. Er verbessert damit auch seine Chancen für eine mögliche Schadensersatzklage bei stressbedingten Gesundheitsschäden, falls der Arbeitgeber trotz Kenntnisnahme untätig bleibt.

Stressbewältigung

2

Selbsteinschätzung: Wie gehen Sie mit Stress um?
Wie gehen Sie mit Stress um? Notieren Sie Ihre Stressbewältigungsstrategien bitte auf einem Blatt Papier. Vergleichen Sie Ihre Strategien mit den nachfolgend vorgestellten Methoden der Stressbewältigung. Erweitern Sie dann Ihr Repertoire. Je mehr Stressbewältigungsstrategien Ihnen vertraut sind, desto flexibler können Sie auf Stress reagieren.

Kein Patentrezept

Verschiedene Stresssituationen erfordern verschiedene Methoden der Bewältigung, Patentrezepte gibt es nicht (van der Klink et al. 2001). Was für den einen gut geeignet ist, hilft dem anderen nicht. Eine im Berufsleben geeignete Methode zur Stressbewältigung kann im privaten Bereich versagen. Man braucht deshalb einen breiten Fundus an Bewältigungsstrategien, sodass man für verschiedene Belastungen gewappnet ist (Bamberg 2005). Wie die Studie von Kaluza (1999) zeigt, verbessert ein systematisches Stressbewältigungstraining, in dem verschiedene Stressbewältigungselemente trainiert werden, die Stressbewältigung nachhaltig. Ein gutes Stressbewältigungstraining fördert die Fähigkeit zur Selbstorganisation. Selbstorganisation wird allein schon deshalb an Bedeutung gewinnen, weil stabile und kontinuierliche äußere Rahmenbedingen abnehmen – so werden beispielsweise Lebensarbeitszeitverhältnisse seltener, und prekäre Arbeitsverhältnisse nehmen zu. Die Außenorientierung, die ein stabiles Lebensarbeitszeitverhältnis bietet, muss in solchen Fällen durch Selbstorganisation ersetzt werden. Zur Selbstorganisation gehören sowohl einzelne Handlungen wie auch die Systematisierung und Koordinierung verschiedener Tätigkeiten und Handlungsbereiche (Bamberg et al. 2003).

2.1 Grundlagen

Ansatzpunkte

Effektive Stressbewältigung kann ansetzen:
- bei den Stressoren,
- beim Menschen selbst oder
- bei der Stressreaktion (vgl. das S-O-R-Modell in ▶ Abb. 1.2, ▶ Kap. 1).

Die Zahl der Stressoren kann verringert werden, indem man einige ausschaltet oder reduziert. Man kann sich selbst durch langfristige Stressbewältigungsmethoden stabiler machen, indem man die Belastbarkeit durch aktive Entspannung erhöht, positives Verhalten aufbaut oder die Bewertung einer Stresssituation verändert. Auch wenn weder der Stressor noch das eigene aktive Verhalten beeinflusst werden können, gibt es Techniken der kurzfristigen Erleichterung, die eine Stressreaktion so beeinflussen, dass Erregungsspitzen gekappt werden und ein Aufschaukeln verhindert wird, z.B. durch Ablenkung von den

■ Tab. 2.1 Stressbewältigungsansätze

Kurzfristige Wirkung	Langfristige Wirkung
Abreaktion	Opferrolle ablegen
Ablenkung	Einstellungsänderung
Gedankenstopp	Verhaltensänderung
Zufriedenheitserlebnisse	Soziale Unterstützung
Positive Selbstinstruktion	Zeitmanagement
Spontane Entspannung	Systematische Entspannung
Entschleunigung	Lebensstil

Stressoren. Einige Stressbewältigungsstrategien wirken kurzfristig Stress reduzierend, langfristig aber Stress erhöhend, wie beispielsweise Vermeidung und Bagatellisierung (Janke et al. 1985). In ■ Tab. 2.1 sind Beispiele für mögliche Stressbewältigungsstrategien aufgelistet.

Vorgehen

Stressoren bewältigen heißt, Stress auslösende Bedingungen zu verändern, z.B., indem man Probleme löst, ungerechtfertigte Kritik zurückweist, Gespräche mit Konfliktpartnern führt, Arbeit delegiert etc. Bei Stress unterlaufen vielen Menschen immer wieder dieselben Fehler. Haben Sie schon einmal bemerkt, dass Sie unter Stress in gewohnte Verhaltensmuster zurückfallen? Das ist normal. Lassen Sie sich nicht entmutigen! Die kontinuierliche Übung in konkreten Situationen führt langfristig zum Erfolg. Eine problemorientierte langfristige Stressbewältigung beeinflusst die Stressursachen. Belastungen werden direkt angegangen, grundsätzlich verändert, oder der Organismus wird stressresistenter gemacht.

Langfristige Maßnahmen

Maßnahmen der langfristigen Stressbewältigung sind besonders wirksam, wenn
- man Ursachen der Belastung verändern, beseitigen oder reduzieren will und kann,
- eine Belastung vorhersehbar ist und man sich darauf vorbereiten will.

Kurzfristige Maßnahmen

Mit Maßnahmen zur kurzfristigen Erleichterung kann man Auswirkungen bereits angelaufener Stressreaktionen mildern und Stressspitzen kappen. Maßnahmen zur kurzfristigen Erleichterung sind sinnvoll, wenn man
- die Ursache einer Belastung nicht verändern will oder kann,
- sich in einer akuten Stresssituation befindet und wieder einen kühlen Kopf gewinnen will,
- bemerkt, dass die eigene Erregung zu hoch ist und man sie senken möchte,
- einen Aufschaukelungsprozess vermeiden möchte.

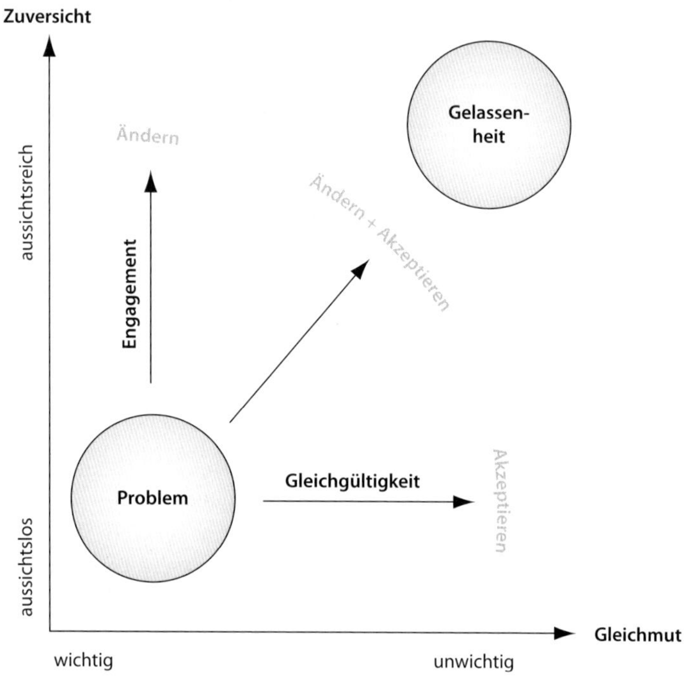

Abb. 2.1 Gleichmut und Zuversicht als Bestimmungsfaktoren für Gelassenheit: Von links nach rechts nimmt die subjektive Wichtigkeit ab (Gleichmut); von unten nach oben wird eine Lösung des Problems aussichtsreicher (Zuversicht)

Gelassenheit

Gelassenheit besteht nach einem unveröffentlichten Konzept von Gassner aus den Faktoren *Gleichmut* und *Zuversicht*. Abb. 2.1 veranschaulicht das Konzept.

Ein Problem liegt vor, wenn eine Sache wichtig, aber wenig aussichtsreich erscheint. Erscheint ein Sachverhalt hingegen unwichtig und die Bewältigung aussichtsreich, sind wir ohne besondere Anstrengung gelassen. Für die Faktoren *Gleichmut* und *Zuversicht* heißt das: Je unwichtiger eine Sache ist, desto gleichgültiger stehen wir ihr gegenüber, und je aussichtsreicher unsere Anstrengungen sind, desto mehr engagieren wir uns. Gleichmut führt zum Akzeptieren von Dingen. Engagement und Anstrengung führen zum Ändern von Dingen. Je nach Sachverhalt kann Ändern oder Akzeptieren erfolgreicher sein. Gelassenheit erreicht man auf einem Mittelweg bedingten Änderns und Akzeptierens.

Beispiel

Herr Daber ist Sachbearbeiter im Vertrieb einer Versicherung. Seine direkte Vorgesetzte ist Frau Scholz. Frau Scholz wird in einem Jahr in den Außendienst wechseln, und Herr Daber hofft, Nachfolger von Frau Scholz zu werden. Allerdings weiß er, dass er erst seit Kurzem im Sachgebiet arbeitet und ihm noch wichtige Kompetenzen für die Position des Sachgebietsleiters fehlen. Wenn er sein Ziel erreichen will, muss sich Herr Daber anstrengen. Das ist so lange sinnvoll, wie er seine Chancen durch Anstrengung verbessern kann. Grundhaltung: Dinge durch Engagement ändern. Ist hingegen bereits sicher, dass ein anderer Mitarbeiter Frau Scholz nachfolgen wird, ist es für Herrn Daber sinnvoll, das Ziel durch *inneres Distanzieren* zu relativieren, z.B.: »Dann wird es eben später was, jetzt hätte es mir privat eh nicht gepasst.«

Gelassenheit hilft, Unerwünschtes zu ertragen und Sachverhalte hinzunehmen, die sich nicht ändern lassen (Pieper 2004). Damit bleibt die eigene Energie verfügbar für Dinge, die sich durch eigenen Einsatz tatsächlich ändern lassen. Zutreffend weisen Linneweh et al. (2010) auf die positive Wirkung von Humor hin. Humor ist ein Baustein von Gelassenheit.

2.2 Kurzfristig wirkende Maßnahmen

Oft muss unter Stress schnell Abhilfe geschaffen werden. Nachfolgend werden Maßnahmen vorgestellt, die kurzfristig wirken.

2.2.1 Abreaktion

Methode mit Risiken

Kurzfristig baut man durch Abreaktion – soweit man körperlich aktiv wird – Stresshormone ab. Durch Abreagieren fühlt man sich rasch besser, d.h., Abreagieren wird belohnt. Langfristig verbaut man sich durch sozial unangemessene Abreaktionen wie beispielsweise Wutausbrüche jedoch eher Lösungen, als dass man sie fördert. Man gerät wegen des Belohnungseffekts immer häufiger in Rage, weil man sich an das Ausleben gewöhnt. Die Wahl der Art des Abreagierens spielt daher eine zentrale Rolle. So ist beispielsweise Joggen (sozial angemessen) empfehlenswerter als das Niederbrüllen einer anderen Person (sozial nicht angemessen), denn die bei letzterer Methode geschlagenen Wunden heilen nur langsam. Insgesamt spricht daher mehr gegen ein Abreagieren als dafür (Stollreiter et al. 2000).

Wenn schon Abreagieren, dann richtig: Hilfreich ist es, sich durch körperliche Aktivität ohne Beeinträchtigung anderer und ohne weiteren Aggressionsaufbau – beim Wettkampf- oder Kampfsport häufig der Fall – abzureagieren. Vermeiden Sie lautes Schimpfen, mit der Faust auf den Tisch zu hauen oder mit dem Fuß aufzustampfen. Rennen Sie lieber die Treppe hoch, hacken Sie Holz, oder graben Sie Ihren Garten um.

2.2.2 Ablenkung

Wahrnehmung lenken

Ablenkungen sind gezielte Aktivitäten, die eine Belastung vorübergehend vergessen lassen (Wagner-Link 2009). Man macht etwas anderes, z.B. einen Spaziergang, und konzentriert sich voll darauf. Ablenken ist einfach und bewährt sich beim Kappen von Erregungsspitzen. Die gewählten Aktivitäten dürfen keinen neuen Stress erzeugen, wie das bei der sog. Entspannungszigarette der Fall ist. Positive Beispiele sind: am Computer spielen, zum Kopieren gehen, mit Freunden telefonieren, den Schreibtisch aufräumen, spazieren gehen oder Blumen gießen. Meist helfen auch kurzfristige »Beruhiger«: bewusst aus dem Fenster blicken oder ein Bild anschauen. Dabei wird die innere Wahrnehmung auf einen anderen Reiz als den Stressor gelenkt, z.B. auf einen Gegenstand in der Umgebung, ein Bild, Musik oder auf innere Bilder wie eine Berglandschaft, einen See, eine Wiese (Wagner-Link 2009).

Körperübungen zum Stressabbau

Hilfreich können auch kurze körperliche Übungen sein, beispielsweise:

- Kopf langsam nach links drehen. Kopf langsam nach rechts drehen. Kopf langsam nach vorne beugen. Kopf langsam nach hinten beugen.
- Im Stehen die Arme in Schulterhöhe zur Seite strecken. Dann mehrfach die Hände zur Faust ballen und spreizen.
- Im Stehen abwechselnd den linken und den rechten Arm so hoch recken wie möglich. Mehrmals durchführen und jedes Mal etwas höher strecken.
- Auf den Boden setzen. Beine strecken und knapp vom Boden heben. Langsam abwechselnd die gestreckten Beine anheben.

Verfolgt Sie eine belastende Situation hartnäckig, hilft Ablenkung nicht mehr. Sie müssen aktiver werden, z.B. mit dem *Gedankenstopp.*

2.2.3 Gedankenstopp

Übung: Gedankenstopp und Unsinnsformel

Ein Gedankenstopp hilft, sich von quälenden Grübeleien zu befreien. Ziel ist es, den quälenden Gedanken beim Auftreten so früh wie möglich abzubrechen. Dabei hilft das Wort »Stopp!«, das man laut vor sich hin spricht. Man beschäftigt sich dadurch mit einer Aktivität, die quälende Gedanken auf ein anderes Gebiet lenkt als auf die eigenen Grübeleien.

Das Wiederkehren unerwünschter Gedanken kann man auch mit der Unsinnsformel (Stollreiter et al. 2000) unterbinden: Sobald Sie Ihre Gedanken mit dem Gedankenstopp unterbrochen haben, erfinden Sie ein sinnloses zwei- oder dreisilbiges Wort wie »Lagulö«. Sie dürfen keinerlei Assoziationen zu diesem Wort haben. Sagen Sie sich dann dieses Wort immer wieder vor: »Lagulö, Lagulö, Lagulö …« Die Unsinnsformel funktioniert, weil das sinnlose Wort Ihren Kopf füllt und weil es zu keinen weiteren Assoziationen führt – allerdings nur, wenn Sie sich voll und ganz auf das sinnlose Wort konzentrieren. Sollten Sie »Lagulö« lustlos vor sich hin murmeln, werden sich die quälenden Grübeleien in Ihr Denken zurückschleichen.

Teufelskreis

Ließe man quälenden Gedanken freien Lauf, käme es zu einem Teufelskreis. Beispiel: »Warum fällt es mir so schwer, mich auf diese Lernaufgabe zu konzentrieren? Ich habe einfach keine Selbstdisziplin. Wenn ich es nicht bald schaffe, läuft mir die Zeit davon. Es ist wie immer, ich schaffe es einfach nicht. Ich bin ein Versager, andere schaffen es immer und müssen sich viel weniger anstrengen.«

Grübeln

Je mehr man in einen solchen Gedankensog gerät, desto düsterer wird die Stimmung. Nach Nolen-Hoeksema (2004) grübeln Frauen häufiger als Männer. Grübeln kann selbst zum Stressor werden. Ständiges Grübeln kann zwischenmenschliche Beziehungen beeinträchtigen und das Entstehen psychischer Störungen fördern (Nolen-Hoeksema 2004).

Selbsteinschätzung: Neige ich zum Grübeln?

Nolen-Hoeksema (2004) hat einen Fragebogen entwickelt, mit dem man die eigene Grübelneigung prüfen kann. Antworten Sie auf die folgenden Fragen (adaptiert nach Nolen-Hoeksama 2004) mit *nie*, *selten*, *oft* oder *immer*.

- Ich denke darüber nach, wie allein ich mich fühle.
- Ich denke darüber nach, wie erschöpft ich mich fühle.
- Ich denke immer wieder über ein bestimmtes Ereignis nach und wünsche mir, dass es besser gelaufen wäre.
- Ich denke über meine Traurigkeit nach.
- Ich denke über meine Ängstlichkeit nach.
- Ich denke über meine Schwächen nach.
- Ich denke daran, dass ich antriebslos bin.

Je öfter Sie mit *oft* oder *immer* geantwortet haben, desto höher ist das Risiko, dass Sie zu viel grübeln.

Notbremse

Durch einen Gedankenstopp wird der gedankliche Teufelskreis unterbrochen, Grübeln und Angst werden verhindert oder abgebaut. Das Risiko, sich in die Vorstellung hineinzusteigern und die Kontrolle über das eigene Denken zu verlieren, sinkt. Ein Gedankenstopp ist eine Notbremse. Die Methode kann in Überlastungssituationen helfen (Hoberg u. Vollmer 1988), eine dauerhafte Problemlösung bietet sie jedoch nicht.

2.2.4 Zufriedenheitserlebnisse

Freiraum

Bei Dauerbelastung schränkt man meist Hobbys und andere angenehme Freizeitaktivitäten ein. Gerade für Typ-A-Personen ist jeder Augenblick kostbar, und sie betreiben mehrere Dinge gleichzeitig oder versuchen es zumindest. Zeit für Muße bleibt nicht. Viele Menschen glauben, keine Zeit mehr für Hobbys zu haben, und empfinden Dinge, die ihnen früher Spaß gemacht haben, als überflüssig. Ihre Aufmerksamkeit wird von belastenden Situationen aufgesogen. Wenn sie sich tatsächlich einmal Zeit nehmen, werden sie schnell ungeduldig und fühlen sich unwohl. Auch Nichtstun kann ein Stressor werden, z.B., wenn man Nichtstun als Faulheit betrachtet und abwertet. Erlauben Sie sich Zufriedenheitserlebnisse, genießen Sie ohne schlechtes Gewissen. Versuchen Sie, sich einen persönlichen Freiraum zu schaffen. Empfehlenswert sind Erlebnisse, die

Empfehlungen

- Ihren Neigungen entsprechen, statt Nützlichkeitserwägungen zu folgen,
- ohne großen Aufwand durchführbar sind,
- regelmäßig praktiziert werden können,
- gemeinsam mit vertrauten Menschen durchgeführt werden können, für die Sie sonst zu wenig Zeit haben (Wagner-Link 1996).

2.2.5 Positive Selbstinstruktion

Stellen Sie sich vor, Sie besuchen ein Fest, und ein guter Bekannter geht an Ihnen vorbei, ohne Sie zu grüßen, obwohl er Sie gesehen hat (Hoberg u. Vollmer 1988). Was empfinden Sie? Vermutlich würden Sie sich fragen: »Was ist denn mit dem los? Der hat bestimmt was gegen mich.« Und, je nach Selbstbild: »Was habe ich getan, dass er beleidigt ist?«

Innerer Monolog

Wir bewerten, vergleichen, denken, beobachten unsere Gefühle. Dieser innere Monolog ist eine ständige Auseinandersetzung mit dem, was in uns vorgeht. Dabei ist wichtig: Nicht das Ereignis selbst führt zu negativen Gedanken und Gefühlen, sondern die negativen inneren Monologe, in denen wir unsere Wahrnehmungen und Gefühle verarbeiten. Leider zieht man in solchen Selbstgesprächen häufig voreilige Schlussfolgerungen, deutet Situationen einseitig oder ärgert sich über Dinge, die nicht zu ändern sind. Je stärker man solchen Gedanken nachhängt, desto wahrscheinlicher ist es, dass man Situationen falsch einschätzt und sich unnötig unter Druck setzt (Hoberg u. Vollmer 1988).

Negativkette

Gefährlich sind Negativketten wie die folgende:

- Ereignis in der Umwelt (z.B. eine nicht bestandene Prüfung),
- Gedanken über das Ereignis (z.B.: »Das ist eine Katastrophe!«),
- Verhalten/Gefühl (z.B. Minderwertigkeitsgefühl).

■ **Tab. 2.2** Positive Selbstinstruktion am Beispiel eines Vortrags (adaptiert nach Wagner-Link 1996)

	Negative Selbstaussagen	Positive Selbstaussagen
Vor der Stresssituation	Das wird schiefgehen … Ich weiß nicht, wie ich das schaffen soll.	Erst mal probieren … Ich beginne langsam und deutlich zu sprechen.
In der Stresssituation	Ich werde schon wieder nervös. Die Angst wird mich überwältigen.	Nur ruhig, entspanne dich. Ich kann Erregung nicht verhindern, aber ich werde sie steuern.
Nach der Stresssituation	Ich habe versagt. Das kann ich nie.	Es war besser als befürchtet. Jedes Mal, wenn ich es mache, wird es besser werden.

Positive Selbstinstruktionen können selbstabwertende und Stress erzeugende Gedanken kontrollieren (Meichenbaum 1991). Damit kann man in akuten Situationen impulsive Reaktionen eher kontrollieren und die Handlungsfähigkeit erhalten (Bengel u. Riedl 2004). In ■ Tab. 2.2 finden Sie konkrete Formulierungsbeispiele für eine Vortragssituation.

Anleitung für positive Selbstinstruktionen

- Schreiben Sie Selbstgespräche auf, die Ihnen in Stresssituationen durch den Kopf gehen. Stellen Sie fest, welche Gedanken auftreten.
- Teilen Sie diese Gedanken in positive und negative ein.
- Unterscheiden Sie zwischen dem, was in einer Situation wirklich geschieht, Ihren Gedanken über das Ereignis und Ihren Gefühlen bzw. Ihrem Verhalten.
- Überlegen Sie sich positive Selbstgespräche für die negativen Gedanken. Sie müssen die neuen Formulierungen akzeptieren können. Den Gedanken »Ich mache sicher Fehler« nicht in »Ich mache nie Fehler«, sondern beispielsweise in »Wenn ich einen Fehler mache, ist das nicht so schlimm« umwandeln.
- Wählen Sie für jede vorhersehbare Stresssituation passende Selbstinstruktionen. Gehen Sie dabei verschiedene Situationen nacheinander an. Versuchen Sie nicht, alles auf einmal zu ändern.
- Setzen Sie die positiven Selbstinstruktionen vor, während und nach der Stress auslösenden Situation ein. Sprechen Sie je nach Situation und Neigung laut oder in Gedanken vor sich hin.

Beispiel

Ein abschließendes Beispiel (Hoberg u. Vollmer 1988) zur Macht von Selbstgesprächen: Es ist später Abend, 23.55 Uhr. Herr Schlurig ist noch nicht nach Hause zurückgekehrt. Frau Schlurig ist schon zu Bett gegangen, liegt aber noch wach. Abhängig von ihrer Persönlichkeit und ihren Vorerfahrungen könnten ihr folgende Gedanken durch den Kopf gehen:

- »Dieser unzuverlässige Kerl! Denkt nicht darüber nach, dass ich hier alleine rumsitze, während er Spaß mit irgendwelchen Leuten hat. Wenn der kommt, werde ich es ihm geben ...«
- »Ohne mich fühlt er sich wohl. Er lässt mich immer häufiger alleine. Da muss eine Frau dahinterstecken. Unsere Beziehung ist angeknackst. Hoffentlich ist sie noch zu retten ...«
- »Er müsste schon lange hier sein. Bestimmt ist ein Unglück passiert. Sonst hätte er sich doch gemeldet. In letzter Zeit geht so vieles schief.«
- »Wie schön es ist, mal wieder ungestört allein zu sein. Endlich kann man so richtig in Ruhe ein Buch lesen. Mal sehen, was mein Mann heute Abend gemacht hat. Wenn es ihm gut geht, vergisst er glatt die Uhr. Wahrscheinlich hat sich da wieder einmal die richtige Runde getroffen.«
- »Mein Gott, wie spät es schon ist! Wahrscheinlich haben sie im Büro einen Geburtstag gefeiert. Anschließend ist er wohl wieder mit Kollegen in die Kneipe gegangen. Bestimmt hat er zu viel getrunken. Männer werden schnell brutal, wenn sie besoffen sind ...«

Wie der restliche Abend verlaufen wird? Das hängt davon ab, wann und in welchem Zustand Herr Schlurig nach Hause kommt, und davon, welche Gedanken Frau Schlurig durch den Kopf gegangen sind.

Realistischer Optimismus

Positive Selbstinstruktion hat nichts mit unrealistischem Optimismus zu tun (Hansch 2003). Unrealistischer Optimismus führt dazu, dass man eigene Risiken unterschätzt und sich dadurch gesundheitsschädlich verhält. So leugnen auch Raucher meist nicht, dass Zigaretten Menschen im Allgemeinen schädigen – nur bei sich selbst sehen sie keine negativen Wirkungen. Typischerweise behaupten sie, dass ihr Erkrankungsrisiko geringer sei als das anderer Raucher und nur wenig über dem von Nichtrauchern liege. Als Begründung findet man häufig irrationale Argumente wie »Meine Zigaretten haben einen geringeren Teergehalt«, »Ich inhaliere nicht« oder »Ich treibe zur Kompensation viel Sport«. Das Risiko eines unrealistischen Optimismus besteht in der mangelnden Vorbeugung gegen mögliche Schäden.

2.2.6 Spontane Entspannung

Setzt man Entspannungstechniken punktuell ein, um eine aktuelle Erregung zu minimieren, spricht man von spontaner Entspannung. Spontane Entspannung gelingt nur, wenn man zuvor eine Entspannungstechnik systematisch erlernt hat. Wie dies geht, wird in ► Abschn. 2.3.6 beschrieben.

Es gibt eine Vielzahl von Entspannungsverfahren. Alle bedürfen der Übung. Zu den bekannteren gehören die Muskelentspannung, das autogene Training und die Atementspannung. Jedes Verfahren braucht ein Objekt, auf das man sich während der Entspannungsübung konzentriert. Bei der Muskelentspannung sind das die Muskeln, bei anderen Verfahren die Atmung etc. Alle Entspannungsverfahren auszuprobieren dürfte in der Praxis kaum möglich sein; darüber hinaus mangelt es einigen Verfahren auch an Seriosität. Deshalb werden in ► Abschn. 2.3.6 die gängigsten und solidesten Verfahren vorgestellt. Die Prüffragen für die Auswahl (in Anlehnung an Gerlach u. Gerlach 1995) lauten: Ist die Technik ideologiefrei? Und: Ist die Technik einfach und praktikabel?

Vorbehalte

Regelmäßige Entspannungsübungen steigern das Wohlbefinden. Diese Erkenntnis ist manchen Menschen nur schwer zu vermitteln, mitunter wird sie sogar bestritten. Gründe für die Ablehnung sind (Gerlach u. Gerlach 1995):

- Entspannung bedeutet das Aufgeben bewusster Kontrolle über sich selbst und eine Veränderung des normalen Bewusstseinszustandes. Das ist, sofern die Bewusstseinsveränderung nicht zum Schlaf führt, vielen Menschen suspekt.
- In esoterischen Medien wird vielfach für nicht geprüfte Entspannungstechniken geworben; darunter leiden auch die seriösen Verfahren.

Ausgleich

Über die Entspannungsverfahren hinaus gilt es, Einseitigkeit im Alltag aufzuspüren und durch eine Gegenstrategie auszugleichen. Wer eine überwiegend sitzende Tätigkeit ausübt, braucht den körperlichen Ausgleich durch Sport und Bewegung. Wer täglich dem Diktat seines Terminkalenders unterworfen ist, sollte versuchen, Urlaub und Freizeit von zusätzlichen Zwängen frei zu halten. Dabei sind für alle Entspannungsverfahren zwei Aspekte wichtig:

1. ein mentaler Fokus: Man muss seine Aufmerksamkeit lenken, z.B. auf den eigenen Atem, die Muskeln, einen Ton, ein Wort. Ziel ist es, den Strom der Alltagsgedanken zu unterbrechen und den Kopf frei zu bekommen.
2. eine akzeptierende Haltung gegenüber ablenkenden oder eindringenden Gedanken. So sollte man sich beispielsweise keine Sorgen machen, ob man alles richtig macht. Wenn man während einer Entspannungsübung abgelenkt wird, lenkt man den Fokus sanft zurück, ohne sich für die Ablenkung zu tadeln.

Kurzübung zur Schnellentspannung

Im Alltag kann die folgende Kurzübung zur Schnellentspannung hilfreich sein:

- Bequem hinsetzen und die Augen schließen.
- Hände bequem auf die Oberschenkel legen.

- Füße etwa schulterbreit bequem auf den Boden stellen.
- Konzentriert einatmen. Konzentriert ausatmen.
- Locker lassen. Entspannt bleiben, ruhig durchatmen.
- Langsam aufstehen und die Arme strecken.

Möglichst!

Auch tut man gut daran, sich mit dem Anteil des Stresses auseinanderzusetzen, der selbst verursacht ist. Vor allem *ein* Wort ist es, das beruflich wie privat Stress hervorruft: *möglichst!* Möglichst viel, möglichst oft, möglichst schnell! Das sind innere Vorschriften, die auf Dauer zermürben. Nun kann man beruflich auf das Wort *möglichst* oft nicht verzichten. Umso wichtiger ist es, sich privat einen Freiraum zu schaffen (s. hierzu im Detail ► Abschn. 2.3.2 sowie den folgenden Abschnitt).

2.2.7 Entschleunigung

Weniger ist mehr

Unter Stress verfallen viele Menschen in hektische Aktivität. Da starker Stress als unangenehm empfunden wird, will man ihm zügig entkommen. Die Erhöhung der Aktivitätsschlagzahl ist eine moderne Variante des steinzeitlichen Fluchtversuchs. Was in der Steinzeit sinnvoll gewesen sein mag, führt heute jedoch in die Sackgasse. Wir können nicht vor uns selbst, unseren Ängsten und unserem Ärger davonlaufen, auch wenn es immer wieder versucht wird – mit Alkohol, Kaffee, Medikamenten, Arbeit. Die Taktzahlerhöhung führt dazu, dass wir zugunsten von Handlungszeit an Denkzeit sparen. Statt über die Richtung nachzudenken, erhöhen wir die Geschwindigkeit unserer Bewegung. Praktisch führt das zur »Mehr-desselben«-Strategie (Watzlawick 1992) und in einen Beschleunigungsteufelskreis: Je nervöser wir werden, desto schneller arbeiten wir, desto mehr Fehler machen wir, und desto nervöser werden wir.

Beispiel

Angenommen, Sie sind auf dem Weg zu einer Besprechung und spät dran. Die anderen warten nur noch auf Sie. Ohne Sie kann die Besprechung nicht beginnen (Stollreiter et al. 2000). Die meisten von uns werden in dieser Situation zur Besprechung hetzen oder zumindest deutlich schneller gehen als üblich. Wie viel Zeit gewinnt man durch die Hetze? 10 Sekunden oder, wenn man rennt, vielleicht sogar 20 Sekunden? Um welchen Preis? Man kommt außer Atem an und benötigt mehr als die gesparten 20 Sekunden, um sich wieder ruhig und ausgeglichen zu fühlen. Außer der Beruhigung des schlechten Gewissens hat man nichts erreicht. Wenn Sie wieder einmal etwas spät dran sind, behalten Sie Ihr übliches Tempo bei. Sagen Sie sich: »Ich gehe zügig, aber ich hetze nicht.« Sie werden kaum später, dafür aber im Vollbesitz Ihrer Kräfte zu der Besprechung kommen.

In Gesprächen gilt die Regel: *Sprich leise, langsam und tief.* Durch langsames Sprechen bleibt der Atemrhythmus erhalten, durch leises Sprechen vermeidet man Gegenreaktionen, wie sie bei zu lautem Sprechen entstehen. Tiefes Sprechen beruhigt, weil man hohe Töne mit Aufgeregtheit und Hysterie assoziiert. Allein auf individueller Ebene ist das Beschleunigungsproblem jedoch nicht in den Griff zu bekommen.

Gesellschaft

Wie Rosa (2005) zeigt, beschleunigt sich das Lebens insgesamt. Subjektiv führt das zu dem Eindruck, immer mehr tun zu müssen und den Anforderungen immer weniger gerecht zu werden. In einem Interview mit der Süddeutschen Zeitung (11.12.2008) stellt Rosa dem Interviewer zur Verdeutlichung seiner Thesen folgende Frage: »Haben Sie sich genug um Ihre Rente gekümmert, um die Fitness, um den Handy- oder Stromtarif, die Steuererklärung, die Eltern, die Abgeltungssteuern, die Kinder, um die Freunde, die Hardware, die Software, den Garten, den Urlaub?« Rosa legt den Finger in die Wunde, weil wir nie alle Erwartungen erfüllen können, die an uns gerichtet werden – nicht einmal unsere eigenen Erwartungen und schon gar nicht die Erwartung anderer Menschen. Der Versuch, immer mehr in derselben Zeit zu erledigen, führt in eine Beschleunigung, die überfordert. Am Ende steht die Frage: Was ist für den einzelnen ein lebenswertes Leben? Stress reduzierend ist eine bewusste Entscheidung, d.h., sich entweder der Beschleunigungsfalle zu entziehen oder sie für eine bestimmte Zeit zu akzeptieren. Tun wir das nicht, geraten wir laut Rosa (2005) in die Angst, ständig etwas zu verpassen. Während wir das eine tun, befürchten wir, in vielen anderen Dingen den Anschluss zu verlieren. In einem solchen Zustand ist man immer unzufrieden, weil man grundsätzlich mehr Dinge verpasst, als man Dinge tun kann.

2.3 Langfristige Wirkung

Wenn man Stress dauerhaft verringern will, muss man lieb gewonnene Gewohnheiten ablegen. Man muss sich neue Wege bahnen. Das ist zunächst anstrengend, aber es lohnt sich. Manche Maßnahmen haben eine kurz- und langfristige Wirkung, beispielsweise Entspannungstechniken und Entschleunigung. Andere Maßnahmen brauchen eine längere Übungs- und Wirkzeit, beispielsweise Einstellungsänderung und Verhaltensänderung.

2.3.1 Opferrolle ablegen

Kontrolle zurückgewinnen

Wer sich als Opfer widriger Umstände oder eigener Unzulänglichkeiten erlebt, fühlt sich hilflos. Opfer sein ist das Gegenteil von Kontrolle ausüben. Das Gefühl von Kontrollverlust löst eine Stressreaktion aus. Umgekehrt führt Kontrolle zu einer Abmilderung von Stress (Shultz et al. 2010). Die Stressreaktion erschwert eine rationale zielorientierte Problemlösung und festigt damit den Opferstatus.

Begehen Sie nicht den umgekehrten Fehler, der Illusion der Machbarkeit zu erliegen. Sie können Ereignisse nicht rückgängig machen, und Sie können Ihre Persönlichkeit nicht verändern, aber Sie können aus der Situation und aus Ihrer Persönlichkeit sowie aus Ihren Fähigkeiten das Beste machen. Wo positives Denken kurzfristig ansetzt, ist das Loslassen von der Opferrolle ein langer, zäher Prozess, weil es auch bedeutet, Abschied von der eigenen Bequemlichkeit und Verantwortungsscheu zu nehmen.

Jammerstopp

Der erste Schritt ist das Beenden des Jammerns. Warum ist Jammern so beliebt? Nach Stollreiter et al. (2000) wird Jammern belohnt:

- Über Jammern wird Gemeinsamkeit hergestellt. Man kann sich zusammen mit anderen Mühseligen und Beladenen »einjammern«. Damit schwindet der Änderungsimpuls, der im Normalfall mit Unzufriedenheit einhergeht. Die Leidensenergie wird durch Jammern verplempert statt in Handlungsenergie umgewandelt.
- Jammern führt zum Mitgefühl nahestehender Personen und wird mit psychologischen Streicheleinheiten belohnt, zumindest eine Zeit lang. Man erhält Aufmerksamkeit, Zuneigung, Anteilnahme. Jammern enthält so viele positive Aspekte, dass der Abschied vom Jammern schwerfällt.
- Durch Jammern gibt man die Verantwortung für sich selbst ab und muss nicht mehr handeln. Jammern ist schlicht und einfach bequem.

Hilflosigkeit

Holen Sie sich Verantwortung zurück. Das Gefühl der Hilflosigkeit ist gelernt und kann wieder verlernt werden. Durch Jammern verfestigen Sie das Gefühl der Hilflosigkeit. Man ist den eigenen Ängsten und anderen Emotionen aber nicht ausgeliefert, sondern kann durch Gedanken und Verhalten Einfluss nehmen.

So legen Sie die Opferrolle ab

Schützen Sie Ihr Selbstvertrauen, und legen Sie Ihre Opferrolle ab (Stollreiter et al. 2000):

- Seien Sie fair zu sich. Erkennen Sie bei Erfolg Ihre Eigenanteile an.
- Hüten Sie sich bei Misserfolg vor Verallgemeinerungen. Sie haben in *einem konkreten Fall* keinen Erfolg gehabt, nicht ein für alle Mal.
- Finden Sie bei Misserfolgen heraus, welche spezielle Fähigkeit Ihnen noch fehlt, und erwerben Sie diese.
- Begrenzen Sie Situationen, in denen Sie sich ausgeliefert fühlen, räumlich, zeitlich und gedanklich.
- Halten Sie Ausschau nach Beeinflussungsmöglichkeiten. Suchen Sie Ansatzpunkte für eigenes Handeln.

2.3.2 Einstellungsänderung

Selbstschädigung

Eine wichtige Ursache für Stress liegt in eigenen Gedanken, Erwartungen und Einstellungen. Hinterfragt man die Bewertung von Stresssituationen, so erkennt man die zugrunde liegenden Einstellungen. Häufig stellt man fest, dass diese Bewertungsmuster die Bewältigung der Situation erschweren und für die Stressentstehung mitverantwortlich sind. Typische selbstschädigende Bewertungen sind (Wagner-Link 1996):

- Man glaubt subjektiv, eine Situation nicht bewältigen zu können, obwohl man das objektiv könnte.
- Man ist überzeugt, dass es immer eine perfekte Lösung gibt, und ist deshalb mit einer guten unzufrieden.
- Man übersteigert Anforderungen. Wenn man wegen eines Staus zu spät zu einer wichtigen Besprechung kommt, ist das unangenehm, möglicherweise ärgerlich, aber eine Katastrophe ist es nicht. Eine hilfreiche Kontrollfrage lautet: »Werde ich mich in einem Jahr noch an das Ereignis erinnern?« Wenn nicht, lohnt es nicht, sich darüber aufzuregen.
- Man malt schwarz-weiß: »Alle sind gegen mich!« oder »Niemand hilft mir!« Das stimmt selten. Möglicherweise sind viele gegen mich, aber nicht alle. Es ist zutreffender, *oft* zu sagen statt *immer*, *selten* statt *nie*, *viele* statt *alle*, *wahrscheinlich* statt *sicher*.

Ein übersteigertes Anspruchsniveau erzeugt Stress. Fordert man zu viel von sich, nimmt der Aufwand, ein Ziel zu erreichen, stark zu; Misserfolge häufen sich. Ein mittleres Anspruchsniveau bewährt sich eher, es hat mehr Realitätsbezug. Überprüfen Sie von Zeit zu Zeit, ob Ihr Anspruchsniveau, Ihre Fähigkeiten und Ihre Belastbarkeit zusammenpassen. Liegen große Abweichungen vor, wird das zu Dauerstress führen. Je nach Fall können Sie zur Abhilfe

- Fähigkeiten und Fertigkeiten ausbauen,
- die Belastbarkeit erhöhen,
- das Anspruchsniveau senken,
- neue Lebensziele entwickeln (Wagner-Link 1996).

Schutzfaktoren

Eine hohe Schutzwirkung gegen Stress haben die sog. Hardiness-Faktoren (Flannery 1993; Kobasa 1979, 1982; Maddi 1990): *Engagement*, *Kontrolle* und *Herausforderung*. Engagierte Personen halten die Welt für bedeutungsvoll und interessant. Personen mit hoher Kontrolle schreiben sich einen Einfluss auf Ereignisse zu und glauben, dass es lediglich genügend Anstrengung bedarf, um diesen geltend zu machen (Selbstwirksamkeitserwartung). Personen mit hohen Ausprägungen auf der Dimension *Herausforderung* sind überzeugt, dass sie durch immer neue Lernprozesse persönliches Wachstum erfahren und ihr Leben verbessern. Man hält belastende Situationen umso länger unbeschadet aus, je mehr man Ereignisse des Lebens für vorhersagbar und erklärbar hält, je höher die Selbstwirksamkeitserwartung ist und je mehr man der Ansicht ist, die Welt sei es wert, sich zu engagieren (Bastian 2000).

Die Änderung der eigenen Einstellung ist besonders sinnvoll, wenn die Stress auslösende Situation nicht beeinflusst werden kann und durch eine Umbewertung erträglicher wird oder wenn eine Einstellung selbst Stress produziert (Wagner-Link 2009).

Unbedingte Erwartung

Ärger und Stress werden häufig durch eigene unbedingte Erwartungen erzeugt. Man hat feste Vorstellungen, wie etwas zu sein hat, und ärgert oder ängstigt sich, wenn man selbst oder andere diesen Vorstellungen nicht entsprechen. So meint man, dass Vorgesetzte, Mitarbeiter und Kollegen unbedingt immer höflich und entgegenkommend zu sein haben. Wenn sie es einmal nicht sind, aus welchen Gründen auch immer, ärgert einen das. Viele Menschen sind darauf fixiert, unbedingt bei nächster Gelegenheit auf der Karriereleiter einen Schritt weiterkommen zu müssen. Sie sind enttäuscht oder verärgert, wenn dieser Schritt ausbleibt. Viele Menschen meinen, sie müssten alles richtig machen, sei es in Prüfungssituationen oder bei einem Vortrag. Da Perfektion unmöglich ist, werden solche Menschen dem überhöhten Anspruch nicht gerecht und entwickeln Ängste. Wer meint, bei einem Vortrag unbedingt alles perfekt machen zu müssen, und doch genau weiß, dass er diesem überhöhten Anspruch nicht gerecht wird, wird Sprechangst entwickeln und angespannt und verkrampft sein (Schuh u. Watzke 1994).

Innere Antreiber

Unbedingte Ansprüche und Erwartungen sind verantwortlich für unnötigen Ärger und überflüssige Ängste. Unbedingte Erwartungen wirken sich destruktiv aus. Sie äußern sich oft in Leitsätzen, die Stress erzeugen und krank machen können (s. die Übersicht im Kasten).

Stress erzeugende Glaubenssätze

Zu den häufigsten Stress erzeugenden Leitsätzen gehören die folgenden Beispiele (Gerlach u. Gerlach 1995; Girdano et al. 2005; Hansch 2003; Nuber 2002; Wagner-Link 1996, 2009):

- Starke Menschen brauchen keine Hilfe.
- Keiner hat das Recht, mich zu kritisieren.
- Ich muss besser sein als alle anderen.
- Ich darf keine Fehler machen.
- Ich habe immer Pech.
- Ich werde es nie schaffen, mich zu ändern.
- Nur wenn ich absolut sicher bin, kann ich Entscheidungen treffen.
- Es ist wichtig, dass mich alle akzeptieren.
- Ich bin nur etwas wert, wenn ich eine perfekte Leistung bringe.
- Je weniger ich offen von mir zeige, desto besser.
- Es ist wichtig, immer Recht zu haben.
- Probleme verschwinden, wenn man ihnen nur lange genug aus dem Weg geht.

- Man kann sich auf niemanden verlassen.
- Die Welt muss absolut gerecht sein.

Gegenmaßnahmen

Wird man durch unbedingte Erwartungen getrieben, kann man Abhilfe durch *bedingte Erlauber* schaffen. Die Erfahrung zeigt, dass Wunsch und Wirklichkeit bis zu einem bestimmten Grad immer auseinanderklaffen. Die Realität fügt sich nicht unbedingt den eigenen Erwartungen. Was andere Menschen tun oder nicht tun, entspricht oft nicht unseren Erwartungen. Auch unser Verhalten muss umgekehrt nicht immer den Vorstellungen anderer entsprechen (Schuh u. Watzke 1994). Zwar kann man auf vieles hinwirken, einiges sogar verändern, doch einen Großteil der nicht mit den eigenen Vorstellungen harmonierenden Dinge muss man hinnehmen. Entscheidend ist, eine sinnvolle Balance zwischen Akzeptieren und Verändern zu finden; so vermeidet man unnötigen Stress. Dabei helfen bedingte Erlauber: Andere dürfen auch mal kurz angebunden sein, wenn sie einen harten Arbeitstag hinter sich haben – kein Grund, sich zu ärgern. Der nächste Schritt auf der Karriereleiter muss nicht unbedingt sofort erfolgen, wenn die derzeitige Aufgabe interessant genug ist. Ein Mitarbeiter darf auch mal einen Fehler machen, wenn er sonst gute Arbeit leistet. Der Anspruch an die eigene Leistung sollte nicht derart hoch sein, dass man sich jede Schwäche und jeden Fehler strikt verbietet.

Man mag es Gelassenheit, Bescheidenheit, Klugheit, Pragmatismus oder gar Weisheit nennen: Die Realität unter bestimmten Voraussetzungen hinzunehmen senkt Ärger und Ängste auf ein erträgliches oder sogar produktives Maß.

Mithilfe der Übung »Bedingte Erlauber« können Sie feststellen, ob Sie unbedingte Erwartungen haben (Punkt 1 und 4) und was Sie stattdessen gerne machen würden. Prüfen Sie auch, was passieren würde, wenn Sie etwas täten, was Sie Ihrer Ansicht nach auf gar keinen Fall tun dürfen. Meist stellt man fest, dass eine Katastrophe nur im eigenen Kopf existiert.

Übung: Bedingte Erlauber (adaptiert nach Schuh u. Watzke 1994)

1. Ich muss und will unbedingt …
   - a.
   - b.
   - c.
2. Ich möchte gern …
   - a.
   - b.
   - c.

3. Ich kann ruhig mal ...
   - a.
   - b.
   - c.
4. Ich darf auf keinen Fall ...
   - a.
   - b.
   - c.
5. Was könnte im schlimmsten Fall passieren, wenn es nicht so liefe wie vorgesehen?
   - a.
   - b.
   - c.

Unbedingte Erwartungen ändern

Was kann man tun, wenn man unbedingte Erwartungen hat? Man kann sie ändern. Erfolg versprechend ist ein mehrstufiges Vorgehen (Wagner-Link 1996):

1. belastende Einstellung erkennen,
2. Realität prüfen,
3. Denken ändern,
4. Verhalten ändern.

Erkennen

Mögliche Vorgehensweisen zum Erkennen der belastenden Einstellung (Schritt 1) sind:

- Die konkrete Stresssituation neutral beschreiben, ohne Bewertung und Interpretation.
- Die eigene Bewertung hinterfragen: Wie erlebe ich die Situation? Was schießt mir durch den Kopf? Worauf achte ich? Was fühle ich?
- Mit guten Freunden sprechen: Wie siehst du mich? Womit mache ich mir aus deiner Sicht das Leben schwer?
- Beobachten, wie andere mit ähnlichen Situationen umgehen.

Realität prüfen

Welchen Schaden eine Einstellung anrichtet, hängt von deren Realitätsbezug ab und von den Konsequenzen, zu denen sie führen kann. Dazu wird geprüft, ob die Stress erzeugende Einstellung realistisch ist (Schritt 2). Hilfreiche Fragen sind z.B.:

- Habe ich zu hohe oder falsche Erwartungen?
- Führe ich durch meine Befürchtungen unangenehme Situationen selbst herbei?
- Schreibe ich meine Probleme anderen zu?
- Dramatisiere und übertreibe ich?
- Was würde ein anderer zu meiner Einstellung sagen?

Im nächsten Schritt werden mögliche Konsequenzen der Einstellung festgestellt. Die Einstellung »Starke Menschen brauchen keine Hilfe«

beispielsweise kann dazu führen, dass man, selbst wenn man Hilfe bräuchte, keine sucht, dass man sich überfordert und schlechtere Ergebnisse erzielt, weil man keine Tipps von anderen bekommt. Kurzfristig positive Folgen, die diese Einstellung aufrechterhalten, können sein: Man muss Schwächen nicht zugeben und vermeidet Angst vor Bloßstellung und Zurückweisung, man kann unerwünschte Kontakte vermeiden und muss sich nicht verändern – das ist bequem.

Die Einstellung »Sei perfekt!« führt dazu, dass man sich ständig unter Druck fühlt, alles bis ins letzte Detail gründlich zu erledigen. Das führt zu langen Arbeitszeiten und übertrieben perfekten Arbeitsergebnissen. Häufig hängt man an der nicht perfekten Vergangenheit, statt sich um die aktuellen Handlungsmöglichkeiten zu kümmern. Die Wörter *hätte, könnte* und *würde* sind Symptome eines solchen unproduktiven, rückwärtsgewandten Perfektionismus (»Wenn ich im letzten Monat meine Aktien verkauft hätte, würde mein Konto heute anders aussehen«, »Wenn ich sofort mit meiner Kollegin geredet hätte, wäre der Streit nicht so eskaliert«). Streichen Sie die Vokabeln *hätte, könnte, würde* aus Ihrem Wortschatz. Es ist einfacher, Ausflüchte für unterlassenes Handeln zu suchen, als etwas zu verändern. Unentschlossenheit lässt immer ein Hintertürchen offen. Es hätte ja so perfekt sein können … Wenn es nicht so war, ziehen Sie einen Strich, und gehen Sie weiter. Wer weiß, ob die Kollegin Verständnis gehabt hätte? Wenn Sie etwas in der Vergangenheit bedauern, überlegen Sie, wie Sie heute damit umgehen. Ist es jetzt noch sinnvoll, mit der Kollegin zu sprechen? Dann tun Sie es. Ist es nicht mehr sinnvoll? Dann lassen Sie es, und entlassen Sie es dann auch aus Ihren Gedanken.

Denken ändern

Veränderung des Denkens (Schritt 3) heißt, Stress auslösende Denkmuster und Einstellungen zu überwinden. Wenig hilfreich ist es, sich etwas einzureden, was man nicht glaubt. Nur echte Überzeugung führt zu einer dauerhaften Änderung des Denkstils. Das Erarbeiten neuer Überzeugungen und Bewertungen kann dort ansetzen, wo eine alte Einstellung offensichtlich falsch ist. Hilfreiche Fragen sind (Wagner-Link 1996):
- Gibt es einen Beweis, dass meine Einstellung immer richtig ist?
- Wie könnte ich die Situation anders betrachten?
- Welche Tipps könnte mir ein neutraler Beobachter geben?
- Welche anderen Aspekte sind noch wichtig?
- Was werde ich später darüber denken (nach einem Monat, nach einem Jahr)?

Irrationalität

Man kann die Gedanken von Menschen in rationale und irrationale einteilen. Rationale Gedanken ermöglichen problembewältigendes Verhalten, irrationale Gedanken blockieren es. Irrationale Gedanken verleiten dazu, Katastrophen zu sehen, wo keine sind. Das führt dazu, dass man sich als nutzlos oder unwürdig empfindet. Die häufigsten irrationalen Ideologien nach Ellis sind (Schmitt 2001):
- Ich muss von allen Menschen geliebt und anerkannt werden.
- Ich bin nur dann etwas wert, wenn ich kompetent, tüchtig und leistungsfähig bin.

- Es ist schrecklich und eine Katastrophe, wenn die Dinge nicht so sind, wie ich sie haben möchte.
- Menschliches Leid hat oft äußere Ursachen, daher habe ich nur wenig Möglichkeiten, auf meinen Kummer Einfluss zu nehmen.
- Über Gefahren muss ich mir Sorgen machen und ständig an sie denken.
- Es ist leichter für mich, Schwierigkeiten auszuweichen, als sich ihnen zu stellen.
- Wer mir Unrecht tut, muss schlecht und böse sein. Er muss bestraft werden.
- Meine Vergangenheit hat entscheidenden Einfluss auf mein Verhalten, und eine frühere Auswirkung auf das Leben wird sich auch künftig immer auswirken.
- Für jedes menschliche Problem gibt es eine perfekte und richtige Lösung, und es ist eine Katastrophe, wenn ich die perfekte Lösung nicht finde.

Gegenmaßnahmen

Sollten Sie bei sich diese oder ähnliche Glaubenssätze entdecken, ändern Sie diese. Die Übung »Irrationale Glaubenssätze ändern« hilft Ihnen dabei.

Übung: Irrationale Glaubenssätze ändern (adaptiert nach Frese 1991)

1. **Identifizieren Sie Ihre irrationalen Glaubenssätze:** Jeder von uns hat die eine oder andere Überzeugung, die in einen irrationalen Glaubenssatz münden kann. Oft führen wir über persönlich wichtige Ereignisse einen inneren Dialog. Machen Sie sich diese Dialoge bewusst. Oft sind irrationale Glaubenssätze mitverantwortlich dafür, dass man etwas als besonders schlimm und dramatisch empfindet, z.B., wenn man über die Maßen verärgert, emotional besonders betroffen oder nach einem Fehler sehr niedergeschlagen ist. Schreiben Sie solche Glaubenssätze auf, und überprüfen Sie deren Realitätsgehalt.
2. **Prüfen Sie Ihre Einschätzung:** Die eigenen irrationalen Glaubenssätze erscheinen ungemein überzeugend. Oft werden sie gar nicht als Glaubenssätze erkannt, und häufig kann man sich gar keine andere Überzeugung vorstellen. Problematisch sind Glaubenssätze, wenn man unter ihnen leidet. Als Kind mögen wir es als Schicksalsschlag empfunden haben, als unser Lieblingsplüschtier verschwand. Heute, als Erwachsene, lächeln wir darüber. Wir haben uns als Kind die Katastrophenstimmung selbst gemacht. Auf ähnlich relativierende Weise können wir auch unseren Erwachsenenkatastrophen entgegentreten. Nur wenig von dem, was uns zustößt, ist wirklich eine Katastrophe. Wir treiben uns selbst in negative Emotionen: in Hass gegenüber anderen, in Selbstanklagen, in die Überzeugung, dass aufgrund eines dramatischen Ereignisses nun alles, aber auch wirklich *alles* andere entwertet wird.

Überlegen Sie deshalb, ob es nicht andere Interpretationsmöglichkeiten gibt, z.B.: »Selbst wenn dies ein schlimmer Fehler ist, muss ich mich doch deswegen nicht als ganze Person infrage stellen.« Oder: »Andere haben schlimmere Schicksalsschläge erfahren.« Auch sehr wichtige Ereignisse verlieren an Bedeutung, man kann sie vergessen und muss nicht dauernd darüber nachgrübeln. Sie schauen sozusagen von oben auf sich herunter und ordnen die Probleme aus übergeordneter Perspektive neu.

3. **Üben Sie Gegengedanken ein:** Entwickeln Sie rationale Gegengedanken, und versuchen Sie, daran zu denken, wenn Sie sich beim »Katastrophenmachen« ertappen. Ein rationaler Gegengedanke muss kurz und einprägsam sein, z.B.: »Letztendlich ist es nicht so dramatisch« oder »So ist es immer noch besser als ...« Holen Sie Ihren Gegengedanken hervor, sobald Sie sich bei irrationalen Gedanken ertappen.

Verhaltensänderung

Eine Umwertung von Situationen führt erst nach einigem Training zu neuem Verhalten (Schritt 4). Das ist üblich. Geben Sie nicht auf, wenn Sie Ihre neue Einstellung nicht sofort in Verhalten umsetzen können. Um Sie bei diesem Prozess zu unterstützen, zeigen wir Ihnen in den folgenden Abschnitten Wege der Verhaltensänderung auf.

Widerstände

Egal, was Sie machen: Einige Angehörige, Freunde oder Kollegen werden damit unzufrieden sein. Jede Einstellungs- oder Verhaltensänderung wird bei einem Teil Ihres sozialen Umfelds Freude und bei einem anderen Teil Verdruss auslösen. Es allen recht zu machen ist nicht nur anstrengend, es ist auch unmöglich. Jede Eigenschaft, jede Einstellung und jede Verhaltensweise kann positiv und negativ bewertet werden. So kann man jemanden als »ehrlich« bezeichnen oder als »undiplomatisch«, »taktisch unklug«, »schonungslos«. Man kann jemanden als »zuverlässig« beschreiben oder als »spießig«, »penibel«, »langweilig«. Die Wahrheit ist letztlich subjektiv. Im Klartext: Entscheiden Sie für sich, was Sie wollen, und lassen Sie andere ebenfalls frei entscheiden.

2.3.3 Verhaltensänderung

Gewohnheiten

Zwar ist Einsicht der erste Schritt zur Besserung, aber ein Schritt führt nicht sehr weit: Es müssen noch viele folgen, um eine angestrebte Verhaltensänderung zu erreichen.

Verhaltensänderungen sind schwierig, weil die aktuellen Verhaltensweisen aus langjährigen Erfahrungen resultieren. Eingeschliffene Gewohnheiten lassen sich nur schwer ändern. Man muss alte Gewohnheiten verlernen und neue Gewohnheiten erlernen. Das ist frustrierend, weil man immer wieder in die alten Gewohnheiten zurückfällt, besonders unter Stress. Für nachhaltige Verhaltensänderungen sind vier Punkte wichtig:

2

1. Wie stelle ich Ziele für Verhaltensänderungen auf?
2. Wie beobachte ich mich selbst?
3. Wie plane ich Verhaltensänderungen?
4. Wie halte ich die Änderungen durch?

Ziele

Punkt 1 Wie stelle ich Ziele für Verhaltensänderungen auf? Nehmen Sie sich zunächst diejenigen Stressbereiche vor, in denen Veränderungen leicht zu erreichen sind, und gehen Sie die schwierigen Bereiche später an. Versuchen Sie nicht, Ihre Persönlichkeit zu ändern. Das ist unrealistisch. Sie können nicht alles auf einmal und müssen sich entscheiden. Sich für eine Alternative zu entscheiden heißt immer auch, sich von den anderen Alternativen zu trennen. Wenn Sie ein sehr guter Golfspieler werden wollen, müssen Sie Zeit investieren. Diese Zeit ist verbraucht, Sie können nicht gleichzeitig noch ein sehr guter Tennisspieler und hervorragender Segler werden. Dennoch setzen sich viele Menschen unrealistisch hohe oder unrealistisch viele Ziele. Der heimliche Vorteil unrealistischer Ziele ist, dass man beruhigt ist, hat man sich doch nicht gegen ein Ziel entscheiden müssen, sondern behält alle im Auge. Leider führen überladene Zielsammlungen zum Scheitern, meist wird keines der gesetzten Ziele erreicht, und jedes nicht erreichte Ziel hinterlässt eine Kerbe im Selbstbewusstsein. Ein angeknackstes Selbstbewusstsein ist eine schwere Bürde. Viele Dinge werden erst gar nicht in Angriff genommen, weil es in der Vergangenheit ja auch nicht funktioniert hat. Sie sehen: Der langfristige Schaden ist immens. Deshalb beginnt jede Zielsetzung mit der Entscheidung, was man nicht (!) erreichen will. Erst nach einer solchen Realitätsschleuse geht es an die Zielformulierung. Formulieren Sie die Ziele Ihrer Verhaltensänderung konkret. Nicht: »Ich möchte gerne selbstbewusster werden«, sondern: »Bei Besprechungen lasse ich mich nicht unterbrechen und führe meine Anliegen ausführlich und mit Bezug auf meine Fachkompetenz aus.« Für den Bereich Selbstsicherheit etwa kann eine Umsetzung so aussehen, wie im Beispiel geschildert.

Beispiel Selbstsicherheit

Für Gespräche und Auseinandersetzungen mit Kollegen, Mitarbeitern und Vorgesetzten gilt: Selbstsicherheit heißt nicht brutale Durchsetzung. Selbstsicheres Verhalten ist sozial angemessen. Man ist fähig, seine Rechte zu wahren – aber gleichzeitig hat man es nicht nötig, auf anderen herumzutrampeln. Selbstsicherheit bedeutet: positive und negative Gefühle anderen gegenüber zum Ausdruck bringen können, aktiv widersprechen können, wenn man anderer Meinung ist, anderen Freundliches sagen können, dem Gegenüber in die Augen blicken und laut und deutlich sprechen können.

Mangelnde Selbstsicherheit kann zu Hilflosigkeit oder zu aggressiver Selbstdurchsetzung führen. Hilflosigkeit und Passivität beinhalten, dass man nicht wagt, anderen zu widersprechen, dass man seine Interessen nicht durchsetzt. Herabsetzende Kritik schluckt man dann ohne Widerspruch. Aggressive Selbstdurchsetzung hingegen bedeutet, aggressiv die eigenen Interessen auf Kosten anderer durchzusetzen.

Selbstsicheres Verhalten hilft, andere zu überzeugen und eigene Interessen zu wahren, ohne dabei die Interessen anderer zu missachten. Verhält sich z.B. jemand unhöflich Ihnen gegenüber, können Sie ihm mit Gegenaggression begegnen, oder Sie können höflich, aber bestimmt ein angemessenes Verhalten einfordern. Damit haben Sie meist mehr gewonnen. Fast jeder kann sein Verhalten in diesem Bereich noch verbessern. Beschreiben Sie detailliert, welche Aspekte selbstsicheren Verhaltens Sie verbessern möchten. Beispiele:

- Ich werde mich in der nächsten Sitzung nicht unterbrechen lassen und meine Punkte ruhig und ausführlich vortragen.
- Ich werde Arbeit zurückweisen, die nicht in meine Zuständigkeit fällt und die mein Kollege erledigen müsste.

Suchen Sie sich zunächst solche Verhaltensweisen aus, die einfach erlernbar und durchführbar sind. Gehen Sie erst danach schwierige Verhaltensweisen an.

Selbstbeobachtung

Punkt 2 Wie beobachtet man sich am besten selbst? Gehen Sie nach folgender Checkliste vor:

- Registrieren Sie, wie Sie sich verhalten – nicht moralisieren. Beobachten Sie sich ohne erhobenen Zeigefinger.
- Beobachten Sie nur Ihr Verhalten. Versuchen Sie nicht, Motive, Emotionen, Einstellungen oder Werthaltungen zu beobachten. Bleiben Sie auf der Verhaltensebene.
- Wählen Sie kleine Beobachtungseinheiten. Achten Sie beispielsweise darauf, wie oft Sie sich unterbrechen lassen.
- Fahren Sie damit über einen bestimmten Zeitraum fort (Faustregel: eine Woche).
- Stellen Sie genau fest, unter welchen Bedingungen es zu einem bestimmten Verhalten kommt. In welchen Situationen treten die Verhaltensweisen auf, die Sie ändern wollen?

Planung

Punkt 3 Wie plant man Verhaltensänderungen? Suchen Sie sich von den Veränderungen, die Sie sich mithilfe Ihrer Zielformulierung vorgenommen haben, diejenigen aus, die am einfachsten zu realisieren sind. Definieren Sie Zwischenziele, und legen Sie fest, in welcher Reihenfolge Sie die Zwischenziele erreichen wollen. Überlegen Sie dann, welche Hindernisse Sie auf dem Weg zu den Zwischenzielen überwinden müssen. Planen Sie für jedes Hindernis konkrete Gegenmaßnahmen und für die einzelnen Schritte genügend Zeit ein. Wenn Sie das erste Zwischenziel erreicht haben, gönnen Sie sich etwas Besonderes: Tun Sie etwas, was Ihnen Freude macht. Seien Sie nett zu sich. Dann nehmen Sie sich das nächste Zwischenziel vor. Das wichtigste Prinzip der Verhaltensänderung lautet: Bauen Sie Ihr Veränderungsprogramm langsam auf. Versuchen Sie nicht, alles auf einmal zu ändern.

Vorbilder

Das von Ihnen angestrebte Verhalten wird möglicherweise von jemand anderem bereits gezeigt. Nehmen Sie sich diesen Menschen zum Modell (Vorbild). Suchen Sie sich keine überperfekten Vorbilder aus.

Stellen Sie sich genau vor, wie Sie das neue, selbstsichere Verhalten zeigen. Dabei ist es wichtig, dass Sie sich das Verhalten in allen Einzelheiten vorstellen. Dabei hilft die Anlehnung an das ausgewählte Modell.

Argumentieren Sie beispielsweise in Gedanken, wie Sie mit einer Unterbrechung in der nächsten Sitzung umgehen werden. Stellen Sie sich vor, wie Sie darauf bestehen, Ihre Ausführung zu komplettieren, ohne aggressiv oder defensiv zu werden. Üben Sie das Verhalten zunächst in einem Rollenspiel mit einem vertrauten Menschen. Lassen Sie einen vertrauten Menschen die Person spielen, die versucht, Ihnen das Wort abzuschneiden.

Faustregel: Kalkulieren Sie die Zeit, die Sie für eine angestrebte Verhaltensänderung brauchen. Verdoppeln Sie diese Zeit. Das ist meist eine realistische Schätzung. Die meisten Menschen unterschätzen den zeitlichen Aufwand für Verhaltensänderungen.

Umgang mit Widerstand

Punkt 4 Wie hält man die erwünschten Änderungen durch? Immer wieder gibt es etwas anderes, scheinbar Dringenderes zu tun. Man erreicht sein Ziel nicht gleich und möchte aufgeben. Deshalb ein Vorschlag: Schließen Sie einen Vertrag mit sich selbst oder einem Freund oder dem Partner. Dieser Vertrag enthält drei Elemente: das Ziel, den Plan und die Sanktion, falls Sie aufgeben, bzw. die Belohnung, wenn Sie es schaffen.

Die Sanktion besteht darin, dass Sie eine bestimmte Strafe auf sich nehmen, wenn Sie Ihr Programm vorzeitig aufgeben oder sich nicht richtig daran halten. Diese Strafe sollte unangenehm sein, sonst funktioniert es nicht. Vereinbaren Sie z.B., bei »Vertragsbruch« jemanden einzuladen, den Sie nicht ausstehen können, oder legen Sie eine Geldzahlung fest, z.B. an eine Organisation, die Sie nicht mögen. Deponieren Sie den vereinbarten Betrag bei Ihrem Partner oder einer anderen Person Ihres Vertrauens. Wenn Sie den Vertrag einhalten, können Sie dieses Geld benutzen, um sich etwas zu gönnen.

2.3.4 Soziale Unterstützung

Positivwirkung

Soziale Unterstützung ist eine Interaktion zwischen Menschen, durch die ein Problemzustand, der bei einem Betroffenen Leid erzeugt, verändert wird (Schwarzer 2000). Durch soziale Unterstützung werden Bedürfnisse nach Nähe, Geborgenheit, praktischer Hilfe und Beruhigung erfüllt. Soziale Unterstützung hat eine positive Funktion für die Stressbewältigung und die Aufrechterhaltung der Gesundheit. Zentrale Frage ist dabei, welche Ressourcen einer Person zur Verfügung stehen, um Belastungen zu ertragen oder sie zu bewältigen (Udris 1989). Besonders wichtig ist soziale Unterstützung aus dem Stressorenkontext. So ist bei dem Verlust eines Kindes der Ehepartner die wichtigste Quelle für sozialen Rückhalt (Videka-Sherman u. Lieberman 1985), während bei Stress am Arbeitsplatz Vorgesetztenunterstützung stärker wirkt als die Unterstützung seitens der Familie

(Bamberg 2004; Kobasa u. Pucetti 1983; Luszczynska u. Cieslak 2005), denn typische familiäre Reaktionen auf Arbeitsplatzprobleme, z.B. Ablenkung oder Aufheiterung, sind weniger hilfreich als eine problemlöseorientierte Hilfe vom Vorgesetzten oder von Kollegen. Besonders wichtig sind die jeweiligen Führungskräfte (Holz et al. 2004). Nach Schuster (2010) wirkt organisationale Unterstützung Burn-out stärker entgegen als soziale Unterstützung. Dennoch wirken auch soziale Aktivitäten während des Wochenendes positiv in die Arbeitswoche hinein (Fritz u. Sonnentag 2005).

Negativwirkung

Ein soziales Umfeld kann allerdings auch Stress auslösen und verstärken. Ob ein soziales Umfeld eher stützt oder eher ein Stressor ist, hängt von der konkreten Situation ab (Holz et al. 2004). Aus dem sozialen Umfeld kann sich ein breites Spektrum sozialer Stressoren ergeben. Es erstreckt sich von direkter Einflussnahme anderer Personen, z.B. durch Kritisieren, Abwerten, Beleidigen, Nörgeln, bis zu indirekter Einflussnahme, z.B. durch das Schaffen von Abhängigkeiten, Konkurrenz oder Dominanz.

Führungskräfte

Sozialkontakte sind nicht auf den privaten Bereich begrenzt, auch berufliche Sozialkontakte sind wichtig. Die soziale Stressbelastung kann bei Führungskräften besonders hoch sein, da sich die Erwartungen und Anforderungen seitens der Vorgesetzten und der Mitarbeiter bei ihnen kumulieren:

- Konflikte zwischen Zielen von »oben« und von »unten« (»Sandwichsituation«),
- Angst vor Versagen und Autoritätsverlust,
- Verantwortungsskrupel und Einsamkeitsgefühl infolge sozialer Distanz zu den Mitarbeitern.

Schutzwirkung

Menschen, die in ein System enger sozialer Kontakte und gegenseitiger Unterstützung eingebettet sind, fühlen sich weniger gestresst und leben insgesamt gesünder. Sie haben eine höhere Lebenserwartung (Olschewski 1995a; Schwarzer 2002) und erleiden seltener einen Herzinfarkt als einsame Menschen.

Großfamilie und dörfliches Umfeld, die früher wesentlichen Rückhalt in Problem- und Notlagen gaben, stehen den meisten Menschen nicht mehr zur Verfügung. Heute bedarf es anderer Formen sozialer Unterstützung. Besonders die überschaubare und vertraute Kleingruppe (Partnerschaft, Wohngemeinschaft, Arbeitsteam etc.) verfügt über ein hohes Unterstützungspotenzial. Das gilt jedoch nur, wenn die Kleingruppe von gemeinsamen Zielen und Werten getragen wird sowie durch Vertrauen und Zusammenhalt gekennzeichnet ist. Soziale Unterstützung kann Stress reduzieren (Luria u. Torjman 2009).

Vier Ebenen sozialer Unterstützung

In Anlehnung an die Austauschtheorie ergeben sich vier Ebenen sozialer Unterstützung (House 1981; ähnlich Holz et al. 2004):

1. instrumentelle Unterstützung in Form materieller Hilfe oder durch konkretes Verhalten,

2. emotionale Unterstützung, z.B. in Form von freundlicher Zuwendung, Anerkennung und Gesprächsbereitschaft,
3. evaluative Unterstützung durch Bestätigen von Meinungen, Feedback, sozialen Vergleich und Relativieren der eigenen Situation,
4. informationelle Unterstützung, z.B. durch Wissen um potenzielle Hilfe, Ratschläge, Informationen.

Bei Dauerstress sind Freunde, Partner, Familienangehörige oft Trostspender. In Gefahrensituationen sucht man die Bindung zu anderen Menschen. Emotionaler Rückhalt und Geborgenheit helfen bei der Stressbewältigung. Das zeigt sich gerade dann, wenn solche Freunde, Partner etc. *nicht* vorhanden sind. So liegt die Selbstmordrate bei alleinstehenden Menschen höher als bei Menschen, die sozial eingebunden sind. Einsam sind nicht nur unfreiwillige Singles, sondern auch die sog. grünen Witwen, die zwar »alles haben«, aber mit ihren Problemen emotional allein sind (Wagner-Link 1996). Gleiches gilt für Arbeitssüchtige, die über Jahre ihre sozialen Kontakte vernachlässigen und irgendwann feststellen: Ich bin alleine, ich weiß nicht, wem ich vertrauen kann, wer Zeit für mich hat. Soziale Beziehungen müssen gepflegt werden – das kostet Zeit und Kraft.

Fünf positive Effekte sozialer Unterstützung

Nach Perrez et al. (1998) kann man fünf positive Effekte sozialer Unterstützung unterscheiden:

1. Sozialer Schild: Belastende Ereignisse werden reduziert. Positive Erfahrungen stabilisieren die Bewältigungskompetenz und die Befindlichkeit des Betroffenen.
2. Kognitiver Schild: Die wahrnehmbare Verfügbarkeit sozialer Unterstützung führt zu einer positiveren Einschätzung der Gesamtsituation und der Bewältigungsmöglichkeiten.
3. Emotionaler Schutz: Bereits das Wissen um die Verfügbarkeit von Bezugspersonen, vor allem aber ihre konkrete Anwesenheit, reduziert Angst und Unsicherheit vor einer Belastung.
4. Kognitive Bewältigung: Bereits das Wissen, jemanden für die Lösung eines bestimmten Problems einsetzen oder fragen zu können, kann dazu führen, dass die Situation als lösbar wahrgenommen wird.
4. Soziale Bewältigung: Erhaltene Unterstützung stärkt das Selbstwertgefühl, fördert aktive Bewältigungsversuche und kann den Stressor beseitigen oder abschwächen.

Machen Sie sich nun Gedanken über Ihre eigenen sozialen Kontakte, und notieren Sie Ihre Beobachtungen. Benutzen Sie die folgenden beiden Übungen, um Ihre Überlegungen zu systematisieren.

Übung: Soziale Unterstützung (adaptiert nach Olschewski 1995a)
Nehmen Sie ein Blatt Papier, und schreiben Sie das Wort *Ich* groß in die Mitte. Überlegen Sie, zu welchen Menschen Sie regelmäßig Kontakt haben: Familien, Kollegen, Verein, Nachbarn, Freunde. Ordnen Sie die Namen dieser Menschen auf Ihrem Arbeitsblatt an. Je näher Sie einen Namen an dem Wort *Ich*platzieren, desto wichtiger ist dieser Mensch Ihnen.

Übung: Soziales Umfeld (adaptiert nach Olschewski 1995a)
Beantworten Sie die folgenden sechs Fragen:
1. Mit welchen Menschen verbringen Sie die meiste Zeit?
2. Welche Menschen aus Ihrem Umfeld sind Ihnen wirklich wichtig?
3. Mit wem reden Sie über sich selbst, über Ihre persönlichen Angelegenheiten?
4. Mit wem unternehmen Sie etwas privat von sich aus?
5. Zu wem hätten Sie gerne intensiveren Kontakt?
6. Zu wem würden Sie gerne einen neuen Kontakt aufbauen?

Je weniger die Menschen, die Sie zu Frage 1 angeben, mit denen identisch sind, die Sie bei den Fragen 2 bis 4 angeben, desto mehr lohnt es sich für Sie, Ihr soziales Umfeld Ihren Bedürfnissen anzupassen. Ihre Antworten auf die Fragen 5 und 6 bieten Ansatzpunkte für eine solche Veränderung.

Grenzen

Jedes soziale Netzwerk hat Grenzen. Während ein mittlerer Grad an Stress zu mehr Hilfegewährung führt, wird bei zu hoher oder zu lange anhaltender Belastung das soziale Netzwerk selbst in Mitleidenschaft gezogen. Die anderen werden zunehmend weniger hilfsbereit. Interessanterweise rufen gute persönliche Ressourcen wie Selbstwertgefühl, Kompetenz, Optimismus und internale Kontrollüberzeugungen eine stärkere Hilfsbereitschaft bei anderen hervor (Schwarzer 2000).

2.3.5 Zeitmanagement

Mehr Zeit haben: für sich, für andere, um zu leben. Die Zeit besser nutzen, ausschöpfen, bis zur letzten Minute auskosten. Wer die Stunden und Minuten im Griff hat, der holt das meiste heraus – aus seiner Lebenszeit. Wer das glaubt, setzt große Hoffnung in Zeitplaner und perfekte Organisation. Indes, auch die beste Planung und perfekt geordnete Termine verschaffen keinen Überfluss an Zeit. Das Gefühl des Gehetztseins bleibt (Roming 1998). Weitere Statussymbole unserer gehetzten Gesellschaft sind Laptop, Kreditkarte – und irgendwann ein Herzschrittmacher. Genug der Polemik, auch das Manuskript zu diesem Buch ist auf einem Laptop geschrieben, und wir haben den Abgabetermin für das Manuskript beim Verlag eingehalten. Die Gretchenfrage lautet: Leiden Sie unter dem Tempo oder nicht? Nun, das hängt von Ihrem persönlichen Tempo ab.

Übung: Wie hoch ist Ihr Tempo?
Beantworten Sie die folgenden Fragen (Roming 1998), um festzustellen, ob Sie ein hohes oder ein geringes persönliches Tempo haben:

- Sie haben Ihre Armbanduhr vergessen. Macht Sie das nervös, fühlen Sie sich den ganzen Tag über unsicher? Vergewissern Sie sich durch dauerndes Blicken auf eine Uhr, wie spät es ist? Oder gelingt es Ihnen, manchmal die Zeit zu vergessen?
- Sind Sie ein Schnellsprecher? Werden Sie ungeduldig, wenn jemand weitschweifig erzählt?
- Wie nehmen Sie Ihre Mahlzeiten ein? Eher nebenbei und hastig? Wenn Sie in Gesellschaft essen, sind Sie dann als Erster fertig?
- Wie schnell oder langsam gehen Sie? Haben andere das Problem, mitzuhalten, oder haben Sie das Problem, mitzuhalten?
- Sind Sie ein geduldiger Autofahrer? Verlieren Sie bei einem Stau die Nerven? Fluchen Sie, wenn vor Ihnen ein langsamer Fahrer den Verkehr blockiert?
- Wie reagieren Sie, wenn Sie warten müssen? Fügen Sie sich in Ihr Schicksal, nutzen Sie die Wartezeit für sich, oder bereitet Warten Ihnen Qualen?

Persönliches Tempo

Nicht jeder Mensch fühlt sich bei demselben Tempo wohl. Problematisch wird es, wenn das persönliche Temperament nicht mit den Anforderungen der Umwelt übereinstimmt. Schnelle Menschen brauchen einen schnellen Takt, um sich wohlzufühlen. Dennoch sind Menschen mit hohem persönlichem Tempo stärker hektikgefährdet als Menschen mit einem langsamen persönlichen Tempo. Macht es Sie nervös, für das Wochenende keinen Plan zu haben? Samstag: 10.00 bis 12.00 Uhr Friseur, 13.00 bis 15.00 Uhr Wohnung putzen, 16.00 bis 18.00 Uhr Kaffeeklatsch, 20.00 Uhr Konzert …: Wenn Sie so planen und Ihren Zeitplaner auch im privaten Umfeld ständig mitschleppen, sind Sie in die Falle getappt. Leben ist dann das, was passiert, während Sie Zeitplanung betreiben und Termine abarbeiten.

Was nun? Schmeißen wir die Zeitplaner weg? Nein, Zeitplaner sind nützlich, wenn sie gezielt eingesetzt werden. Klug verwendete Zeitplaner lassen uns darüber nachdenken, wie viel Zeit wir für eine Sache einsetzen, sie bringen Klarheit in den Knäuel aus Terminen und Verpflichtungen. Aber der schönste Zeitplaner nimmt einem das Denken nicht ab. Man muss selbst entscheiden, ob ein Termin die Zeit wert ist, sonst tun andere das. Zeitplanung ist ein Hilfsmittel, keine Problemlösung an sich.

Fehleinschätzungen

Die folgenden Ausführungen sind ein Plädoyer für den bewussten Umgang mit der Zeit. Dabei gilt es einige Irrtümer zu vermeiden (Geißler 1997): Erstens gehört uns Zeit nicht. Wir können Zeit nicht besitzen; der Ausdruck »Zeit haben« ist irreführend. Zweitens vermehrt Zeitmanagement Zeit nicht. Zeitmanagement kann nur eine Anleitung zur Selbstbeherrschung sein. Erfolgreiches Zeitmanagement hat allerdings einen Pferdefuß: Wer seine Zeit gut managt, bekommt noch mehr zu tun, weil er zuverlässig ist. Drittens kostet Zeitmanagement selbst Zeit und muss sich lohnen. Manch komplexes Zeitmanagementsystem verschlingt mehr Zeit, als es einspart. Zeitmanagement verbessert die Lebensbalance dann, wenn es die subjektive Kontrolle über die Zeit erhöht (Gröpel u. Kuhl 2006).

Zeitdiebe

Wenn man diese Irrtümer meidet, kann Zeitmanagement hilfreich sein, z.B., um Zeitdieben auf die Spur zu kommen, die sich mehr nehmen, als ihnen zusteht.

Übung: Zeitdiebe identifizieren

Registrieren Sie einige Tage genau, womit Sie Ihre Zeit verbringen, wie wichtig das Getane ist und welche Störungen Sie von Ihrer Arbeit abhalten. Mögliche Zeitdiebe sind (Wagner-Link 1996):

- zu häufige und zu inhaltsarme Besprechungen oder Konferenzen,
- (unangemeldete) Besucher,
- ständige Telefonanrufe,
- überflüssiger bürokratischer Kleinkram,
- mangelndes Delegieren,
- chaotischer Schreibtisch,
- fehlende Prioritäten,
- Perfektionismus,
- mangelnde Selbstdisziplin,
- nicht Nein sagen können,
- unklare Verantwortungsabgrenzungen,
- fehlende Kontrolle des Arbeitsfortschritts,
- fehlende Information/Kommunikation.

Empfehlungen

Das Thema Zeitmanagement füllt Bücherregale und ist Inhalt zahlreicher Seminare; nachfolgend stellen wir die wichtigsten Tipps vor: Zeitbewusstsein entwickeln, nur ein Ziel auf einmal anstreben, bei den anstehenden Arbeiten Prioritäten setzen und für positive Selbst- und Fremdkontrolle sorgen. Im Einzelnen kann dies bedeuten:

- sofort anfangen, nicht herumtrödeln,
- Unerledigtes sichtbar machen,
- den Arbeitsplatz richtig organisieren,
- Wochenpläne aufstellen,
- mit Checklisten arbeiten,

- den eigenen Arbeitsrhythmus kennen und nutzen,
- sich nicht ablenken lassen,
- abschalten: Schluss ist Schluss.

Priorisieren

Der wichtigste Merkpunkt für Zeitmanagement ist: Arbeiten Sie an wichtigen Aufgaben, prüfen Sie kritisch die dringenden. Nicht alles, was dringend ist, ist auch wichtig. Angenommen, es erreicht Sie plötzlich die Nachricht, dass Sie in einer bestimmten Sache sofort etwas unternehmen müssen. Sie tun es, und im Nachhinein stellt sich das Ganze als unwichtig heraus. Dies ist ärgerlich und senkt Ihre Effizienz. Wird Ihr Zeitplan von solch dringlichen Angelegenheiten beherrscht, arbeiten Sie nicht, Sie »werden gearbeitet«.

Beispiel

Den Unterschied zwischen Dringlichkeit und Wichtigkeit illustriert das folgende Beispiel (nach de Bono 1992): Ein junger Mann nahm eine Arbeit an, bei der er Holz zersägen musste. Dafür erhielt er einen Akkordlohn, sodass er glaubte, bei entsprechend harter Arbeit eine Menge Geld verdienen zu können. Am ersten Tag strengte er sich sehr an und bekam am Ende des Arbeitstages eine Menge Geld ausbezahlt. Am zweiten Tag arbeitete er noch härter, erhielt jedoch am Ende des Tages nur zwei Drittel des Lohns vom Vortag. Der junge Mann schloss daraus, möglicherweise doch weniger geschafft zu haben als angenommen. Am dritten Tag schuftete er bis an den Rand der Erschöpfung, aber am Ende des Tages bekam er lediglich die Hälfte des Lohnes vom Vortag. Überzeugt, betrogen worden zu sein, beschwerte er sich beim Vorarbeiter. Dieser zeigte ihm das Ergebnis seiner Leistung: Der junge Mann hatte tatsächlich weit weniger Holz zersägt als am ersten Tag, obwohl er überzeugt war, mit ganzer Kraft gearbeitet zu haben. »Haben Sie auch nur einmal Ihre Arbeit unterbrochen, um Ihre Säge nachzustellen und zu schärfen?«, fragte der Vorarbeiter. »Nein«, antwortete der junge Mann, »ich habe viel zu angestrengt gearbeitet, um meine Arbeit zu unterbrechen.«

Wichtig oder dringend?

Wichtige Aufgaben beziehen sich in aller Regel auf langfristige Ziele, sie können nicht »mal eben nebenher« erledigt werden. Leider drängen sich die dringenden Tätigkeiten des täglichen Arbeitsablaufs oft in den Vordergrund. Am Schluss hat man vor lauter Dringlichem keine Zeit für das Wichtige gefunden. Dem beugt Zeitmanagement vor. Besonders wichtig wird Zeitmanagement, wenn Sie den Eindruck haben, dauernd überlastet zu sein, und der Fluch des Unerledigten Sie bis in die Freizeit verfolgt. Wer das Gefühl hat, mit seiner Zeit nicht auszukommen, und wer spürt, dass ihm die Arbeit über den Kopf wächst, dem ist häufig nicht bewusst: Die Ursache liegt auch in der Einstellung zum Unerledigten. Der Fluch des Unerledigten mündet in ein schlechtes Gewissen. Das Erledigte verschafft ein Erfolgsgefühl; man hat eine Sache erledigt, abgehakt und kann sie vergessen. Das Unerledigte hingegen lässt einen nicht los, es belastet einen und erzeugt das beklemmende Gefühl, den Anforderungen nicht gewachsen zu sein. Gedanken wie »Eigentlich müsste ich …«, »Eigentlich hätte ich schon längst …« oder »Eigentlich sollte ich noch …« schleichen sich ein. Das Unerledigte wird zum penetranten Mahner.

Beschränkung

In der Tageshektik übersieht man leicht, dass niemand alles auf einmal erledigen kann, sondern immer nur eine Sache nach der anderen. Alles Übrige muss so lange liegen bleiben, ohne dass ein schlechtes Gewissen oder das Gefühl eigenen Unvermögens aufkommt. Wichtig ist es, Unerledigtes wirksam auszublenden, damit es nicht bei dem stört, was man gerade tut. Nur durch konsequente Beschränkung auf das Wesentliche lässt sich Zeitnot meistern. Um das Notwendige erledigen zu können, muss man sich des Unnötigen mit kalkuliertem Risiko entledigen. Folgende Faustregeln helfen dabei:

- Delegieren: Man kann nicht alles selbst tun. Wer versäumt zu delegieren, wird über kurz oder lang unter Zeitnot und Arbeitsüberlastung leiden. Deshalb: konsequent delegieren.
- Wiedervorlage: Vieles muss oder kann nicht sofort erledigt werden. Es muss zunächst unerledigt bleiben. Dieses Unerledigte darf uns jedoch nicht bei dem belasten, was wir gerade tun. Deshalb: Was noch Zeit hat, auf Termin legen. Ein funktionierendes Wiedervorlagesystem hilft, das Unerledigte vorübergehend ohne schlechtes Gewissen zu vergessen.
- Keine übertriebene Perfektion: Perfektion ist sinnvoll, sofern sie sachlich geboten ist. Häufig ist Perfektion jedoch nicht sachdienlich, weil sie überproportional viel Zeit und damit Geld kostet.
- Mut zum Nein: Gefordert ist der Mut zum »Das nicht« (anderes ist wichtiger), zum »Jetzt nicht« (das kommt erst später dran), zum »Ich nicht« (das ist Sache anderer) und zum »Mehr nicht« (der Zweck ist erreicht). Im konstruktiven Nein liegt eine besonders wirksame Strategie gegen die Zeitnot und den Fluch des Unerledigten. Allerdings braucht man hierzu Beharrlichkeit und Selbstsicherheit.

Einen Weg zum stressfreien Arbeiten illustriert ◘ Abb. 2.2.

Grenzen

Gutes Zeitmanagement kann helfen, den Tag besser zu strukturieren. Die marktschreierischen Versprechen vieler Ratgeber, z.B.: »Zeitmanagement verbessert Ihre Effizienz um 100 Prozent«, sind jedoch unseriös. Zeitmanagement hilft umso mehr, je stärker Sie Ihre Arbeit selbst planen können. Überspitzt ausgedrückt: Einem Mitarbeiter in der Telefonzentrale hilft Zeitmanagement nicht, denn er kann seine Arbeit nicht planen. Wenn Sie Einfluss auf Ihre Arbeit haben oder zumindest selbst bestimmen können, wann Sie was machen, dann kann Ihnen die folgende Übung helfen, effizienter zu werden.

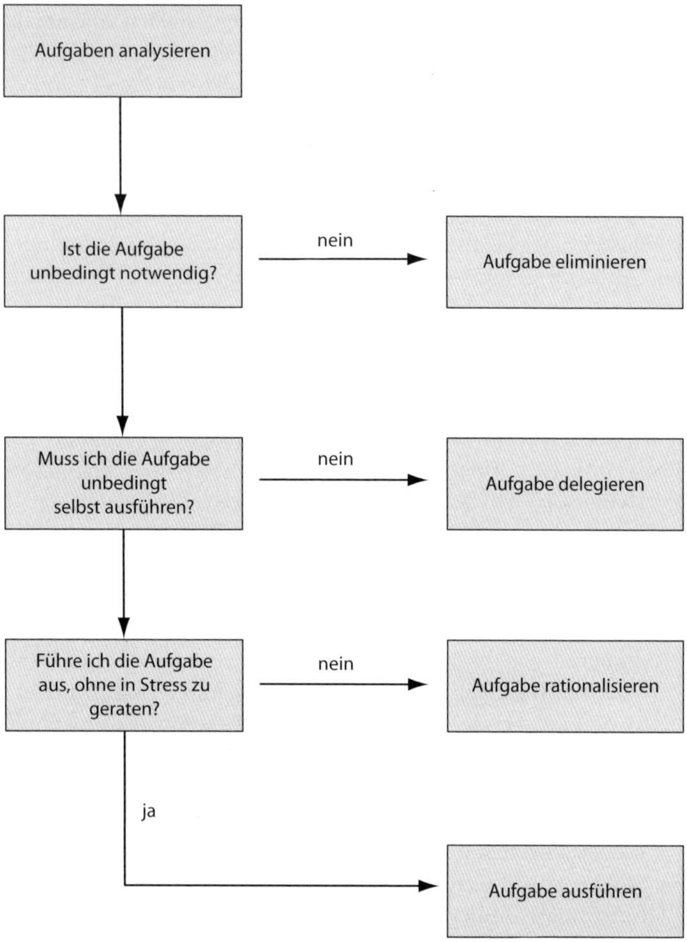

Abb. 2.2 Ein Weg zum stressfreien Arbeiten

Gutes Zeitmanagement in sechs Schritten (adaptiert nach Frese 1991; Seiwert 1988)

Priorisieren

Schritt 1: Zielhierarchie aufstellen Konzentrieren Sie sich auf kurz- und mittelfristige Ziele. Langfristige Ziele sind meist übergeordneter Art und mit den Mitteln des Zeitmanagements in der Regel nicht erreichbar. Gehen Sie systematisch vor:
- Fixieren Sie Ihre mittel- und kurzfristigen Ziele schriftlich.
- Bringen Sie Ihre Ziele in eine Rangreihe.
- Prüfen Sie, welche Voraussetzungen gegeben sein müssen, damit Sie Ihre Ziele erreichen können.
- Bedenken Sie mögliche Störeinflüsse, und überlegen Sie sich frühzeitig Gegenstrategien.

Analysieren

Schritt 2: Ist-Zustand analysieren Sie können Ihre Ziele nur erreichen, wenn Sie diese in Ihrem täglichen Arbeitsablauf im Auge behalten

und auch bei störenden Einflüssen konsequent an ihnen arbeiten. Prüfen Sie zunächst, wie sich das derzeit verhält.
- Führen Sie eine Woche lang ein Tagesprotokoll, in das Sie für jede Viertelstunde eintragen, was Sie tun.
- Überprüfen Sie die Tagesprotokolle: Welche Tätigkeiten waren zielführend, welche nicht? Welche Tätigkeiten hätten Sie delegieren können? Welche Tätigkeiten waren im Nachhinein überflüssig?
- Vergleichen Sie, wie viel Zeit Sie für die einzelnen Tätigkeiten benötigt haben und wie viel Zeit angemessen gewesen wäre.

Wenn es Ihnen geht wie den meisten Menschen, werden Sie feststellen, dass erhebliche Diskrepanzen bestehen zwischen dem, was zielführend gewesen wäre, und dem, was Sie tatsächlich gemacht haben.

Planen

Schritt 3: Tagesplan erstellen Mit einem Tagesplan führen Sie Ihren tatsächlichen Tagesablauf näher an den gewünschten Tagesablauf heran. Halten Sie Ihre Tages- und Wochenpläne schriftlich fest. So entlasten Sie Ihr Gedächtnis, können Ist- und Soll-Zustand einfach vergleichen, haben immer den Überblick, wie nahe Sie Ihren Zielen gekommen sind, und wissen genau, was Sie an einem bestimmten Tag erreichen sollten. Außerdem können Sie nach der Arbeit leichter abschalten, weil Sie am Abend nicht zu überlegen brauchen, was Sie eventuell vergessen haben könnten oder was am nächsten Tag wichtig ist. Erstellen Sie Ihren Tagesplan in folgenden Schritten:
- Schreiben Sie auf, was Sie an jedem Tag der nächsten Woche erledigen möchten und sollten.
- Schätzen Sie realistisch ab, wie viel Zeit Sie für jede geplante Aufgabe benötigen werden.
- Summieren Sie die geschätzten Zeiten für alle geplanten Aktivitäten.
- Wegen unvorhersehbarer Störungen ist es nötig, Pufferzeit einzukalkulieren. Verplanen Sie maximal zwei Drittel der Zeit.

Pareto-Prinzip

Der letzte Punkt tut weh, denn Sie müssen Prioritäten setzen. Damit legen Sie auch immer fest, was notwendigerweise »hinten runterfällt«. Tun Sie das nicht, fällt unkontrolliert das »hinten runter«, zu dem Sie nicht mehr gekommen sind. Das ist riskant, denn es könnte etwas Wichtiges sein. Nach dem *Pareto-Prinzip*, das in vielen Bereichen gilt, erreicht man mit 20 Prozent des Aufwands (Zeit, Perfektion, Einsatz) 80 Prozent der Wirkung. Die restlichen 80 Prozent Aufwand erzielen nur 20 Prozent Wirkung. Selbst wenn die Prozentzahlen strittig sind, so ist der Grundgedanke richtig: Gehen Sie deshalb vor allem Aufgaben an, mit denen Sie Ihre wichtigen Ziele erreichen, und erledigen Sie die Aufgaben angemessen, d.h., übertreiben Sie weder hinsichtlich der Perfektion noch hinsichtlich des Zeitaufwands.

Papierkorb-Prinzip

Gehen Sie Aufgaben sofort an, die besonders dringlich und besonders wichtig sind. Lassen Sie Aufgaben, die weder wichtig noch dringlich sind, einfach liegen. Wenn Sie tatsächlich einmal nichts anderes mehr zu tun haben sollten, können Sie sich diesen Aufgaben widmen. Erfahrungsgemäß tritt dieser Moment nie ein. Auf dieser Einsicht basiert auch der Rat des ehemaligen US-Präsidenten Eisenhower, entsprechende Aufgaben gleich wegzuwerfen (Papierkorb-Prinzip).

Gehen Sie die wichtigen und schwierigen Aufgaben zu den Zeiten an, zu denen Sie Ihr persönliches Leistungshoch haben. Die meisten Menschen sind am Vormittag (11 Uhr) und am späteren Nachmittag (16 Uhr) besonders leistungsfähig.

Ergebnisse prüfen

Überprüfen Sie am Ende des Arbeitstages, ob Sie alle geplanten Tätigkeiten erledigt haben. Übertragen Sie eventuell unerledigt gebliebene Arbeiten in den Plan für den nächsten Tag. Tun Sie das nicht blindlings, sondern prüfen Sie jeweils nach den oben genannten Regeln: Ist die Tätigkeit noch wichtig? Was muss notfalls zurückstehen, damit Sie nicht mehr als zwei Drittel der Zeit verplanen? etc.

Schritt 4: Störungen ausschalten Störungen von außen, beispielsweise Telefonanrufe, eine ungeplante Besprechung, ein unangemeldeter Besucher etc., sind häufig verantwortlich für Abweichungen von der Planung. Schalten Sie daher Störungen aus, oder minimieren Sie sie auf ein erträgliches Maß:
- Richten Sie *stille Stunden* ein, in denen Sie konzentriert arbeiten und nicht gestört werden dürfen.
- Sagen Sie Nein, schlagen Sie einem unangemeldeten Besucher einen günstigeren Termin vor, verweisen Sie ihn an einen Mitarbeiter etc.
- Sofern Störungen tatsächlich unvermeidbar sind, begrenzen Sie diese zeitlich.

Verantwortung abgeben

Schritt 5: Delegieren Delegieren ist mehr als Aufgaben abschieben; es beinhaltet unter anderem, ganze Aufgaben inklusive der erforderlichen Befugnisse und Verantwortung abzugeben, hinreichend Spielraum zu lassen, nicht vorzeitig hineinzureden, Mitarbeiter rechtzeitig und umfassend zu informieren, keine hundertprozentige Perfektion zu verlangen.

Schritt 6: Maßhalten Das Pareto-Prinzip gilt auch für das Zeitmanagement. Zeitplanung kostet Zeit und muss sich lohnen. Verwenden Sie z.B. 15 Minuten pro Arbeitstag auf Zeitplanung, nicht mehr. Nehmen Sie sich diese Zeit jedoch regelmäßig, und halten Sie sich konsequent an Ihre Planungen.

2.3.6 Systematische Entspannung

Balance

Psychosomatische Störungen sind häufig Folgen anhaltender psychischer Beanspruchungen. Der Körper verliert seine Balance. Dem kann man entgegenwirken: In Phasen nervlicher Anspannung braucht man mehr Entspannung als sonst. Daher kommt es darauf an, Entspannungstechniken systematisch einzuüben und gezielt anzuwenden. Ist das Gleichgewicht von Anspannung und Entspannung erst einmal gestört, muss man die Fähigkeit zu wirksamer Entspannung wieder erlernen. Systematische Entspannungsübungen führen zu einer Senkung des Erregungsniveaus, zu einer Erhöhung der Belastbarkeit und zum Abbau bereits bestehender psychosomatischer Beschwerden. So konnte z.B. gezeigt werden, dass Meditation grundsätzlich physiologisch nachweisbar wirkt (Hölzel et al. 2007, 2008, 2011). Allerdings sprechen nicht alle Menschen in gleicher Weise auf Entspannungsverfahren an. Ob Entspannungsverfahren die gewünschte Wirkung zeigen, hängt nicht nur vom Training ab, sondern auch von der Persönlichkeit (Hölzel u. Ott 2006). Auch für Entspannungstechniken gilt: Probieren Sie aus, ob und, wenn ja, welche Entspannungstechnik für Sie geeignet ist.

Entspannungsverfahren erzeugen keine außergewöhnlichen Effekte. Vielmehr ist Entspannung etwas, das zum üblichen Verhaltensrepertoire von Menschen gehört (Vaitl 2004a). Zu deren Aktivierung benötigen jedoch viele Menschen Methoden und systematische Übung (Petermann u. Vaitl 2004). Die Bahnung und Stabilisierung der Entspannungsreaktion erfolgt durch beharrliches Üben, ähnlich dem Erlernen anderer neuer Verhaltensweisen.

Die Entspannungsreaktion

Die Entspannungsreaktion ist durch folgende körperliche Veränderungen gekennzeichnet (Vaitl 2004a):

- Abnahme des Tonus (Spannung) in der Skelettmuskulatur, Verminderung der Reflextätigkeit,
- periphere Gefäßerweiterung (wird als Wärme oder Kribbeln in Händen oder Füßen wahrgenommen), geringfügige Verlangsamung der Herzrate, Senkung des arteriellen Blutdrucks,
- Abnahme der Atemfrequenz und des Sauerstoffverbrauchs,
- Veränderung der hirnelektrischen und neurovaskulären Aktivität,
- Abnahme von Spannungen im Magen-Darm-Bereich,
- Reduktion von Schilddrüsenüberfunktionen.

Kontraindikation

Generell gilt für alle Entspannungsverfahren, was Langen (2005) zu Beginn seines Buches sinngemäß zum autogenen Training schreibt: Sollten Sie sich in ärztlicher oder psychologischer Behandlung befinden, sprechen Sie mit Ihrem Arzt oder Psychotherapeuten, bevor Sie mit einem Entspannungsverfahren beginnen.

Gemeinsamkeiten

Die verschiedenen Entspannungsverfahren unterliegen Moden und sind häufig auf bestimmte Theorien zu Krankheitsursachen fixiert. Zwischenzeitlich hat diese ideologische Bindung nachgelassen, und man hat viele Gemeinsamkeiten zwischen den verschiedenen Entspannungsverfahren festgestellt. Diese Gemeinsamkeiten sind (Petermann u. Vaitl 2004):

- Aufbau von Selbstkontrolle: Beim Lernen von Entspannungsverfahren erlebt man Selbstwirksamkeit und Selbstkontrolle. Eine Ausnahme stellen hypnotische Verfahren dar, da man bei diesen passiv bleibt.
- Schulung der Konzentration: Die Verfahren fördern die Konzentration auf ein bestimmtes Objekt oder das innere Erleben. Das kann auch im Alltag helfen, störende Außenreize auszublenden.
- Beruhigung: Entspannungsverfahren wirken beruhigend.
- Steigerung des Wohlbefindens: Entspannungsverfahren steigern das Wohlbefinden.

Neben den nachfolgend im Detail vorgestellten Verfahren Atementspannung, Muskelentspannung und autogenes Training sind auch meditative und imaginative Verfahren, Hypnose und Biofeedback verbreitet (Petermann u. Vaitl 2004). Sie können auch verschiedene Entspannungsverfahren kombinieren. Entscheidend ist, dass Ihnen das ausgewählte Entspannungsverfahren liegt und dass es auch im Alltag einfach anwendbar ist.

Atementspannung

Atementspannung ist leichter lernbar als das autogene Training. Entspannungszustände können auch von Menschen ohne Vorerfahrung beim ersten Üben erlebt werden. Durch die schnellen Anfangserfolge wird man eher als beim autogenen Training zum Üben motiviert (Olschewski 1995b).

Wirkmechanismus

Den Grad der Anspannung eines Menschen erkennt man auch an dessen Atmung. Im entspannten Zustand ist die Atmung langsam und rhythmisch. Bei Anspannung ist sie schnell und flach. Das Zwerchfell ist der Muskel, der die Grenze zwischen Bauchhöhle und Brustkorb bildet. Beim Einatmen sollte sich das Zwerchfell zusammenziehen und abwärtsbewegen, wobei die Bauchdecke sich nach vorne wölbt. Im Brustraum entsteht ein Sog, dadurch entfalten sich die Lungen, und man atmet ein: die sog. Bauch-Zwerchfell-Atmung. Bei der Brustatmung werden die Rippen nach oben gezogen und voneinander entfernt. Dadurch vergrößert sich der Brustraum, es entsteht Unterdruck, der zum Einatmen führt. Beim Ausatmen entspannt sich das Zwerchfell. Damit wird verbrauchte Luft aus den Lungen gepresst (Wagner-Link 1996).

Empfehlungen

Bei verkrampfter Atmung arbeitet der Körper nicht effizient. Falsche Atmung fördert das Hyperventilationssyndrom und führt zu Atemnot durch zu starkes Einatmen. Unvollständige Atmung führt zu der gepressten, resonanzarmen Sprache, die man bei aufgeregten Rednern und Vortragenden beobachten kann. Richtiges Atmen kann durch regelmäßige und einfache Übungen erlernt werden. Ruhige Atmung entspannt. Nachfolgend werden zwei Atemübungen mit aufsteigendem Schwierigkeitsgrad vorgestellt. Für beide Übungen gilt:
- lockere, nicht einengende Kleidung tragen,
- Rückenlage mit leicht angewinkelten Beinen einnehmen,
- vor Beginn der Übungen Muskeln lockern und entspannen.

- **Atmung mit Wortwiederholung (adaptiert nach Wagner-Link 1996)**

Die Atmung mit Wortwiederholung ist einfach zu lernen und eignet sich besonders als Einstieg:

- Einatmen: Atmen Sie durch die Nase ein.
- Ausatmen: Atmen Sie durch die Nase langsam und konzentriert aus. Sprechen Sie dabei in Gedanken langsam ein zweisilbiges Wort, z.B. »Ruhe«. Wiederholen Sie die Übung beliebig oft.

Tempo selbst bestimmen

Wichtig: Atmen Sie in dem Tempo, das angenehm für Sie ist.

- **Dreistufige Atmung (adaptiert nach Wagner-Link 1996)**

Wiederholen Sie jede der folgenden Übungen fünf- bis zehnmal.

Schlüsselbeinatmung:

- Einatmen: Legen Sie die Hände auf den oberen Teil des Brustkorbs, atmen Sie aus, und atmen Sie dann langsam ein, sodass sich der Brustkorb leicht hebt.
- Ausatmen: Beim Ausatmen achten Sie darauf, dass die gesamte Luft ausströmt, um genug Raum für frische Luft zu schaffen. Die Hände bleiben dabei passiv, sie liegen einfach auf der Brust und fühlen das Heben und Senken der Brust.

Brustatmung:

- Einatmen: Atmen Sie aus. Legen Sie die Hände beidseits des Brustbeins auf die unteren Rippen, sodass sich die Fingerspitzen fast berühren. Beim Einatmen fühlen Sie, wie sich die Rippen weit nach außen dehnen, wobei sich die Hände voneinander entfernen.
- Ausatmen: Beim Ausatmen nähern sich die Fingerspitzen wieder an.

Bauchatmung:

- Einatmen: Legen Sie jetzt die Hände in die Höhe des Nabels auf den Bauch. Atmen Sie zunächst aus. Beim Einatmen hebt sich der Bauch, damit senkt sich das Zwerchfell, und die unteren Lungenlappen füllen sich mit Luft. Die Hände werden dadurch nach oben gedrückt.
- Ausatmen: Beim Ausatmen erreicht das Zwerchfell wieder seine Kuppelform. Der Bauch wird flach, und die Hände kommen in ihre Ausgangslage zurück.

Muskelentspannung

Die sog. progressive Muskelentspannung wurde von dem Amerikaner Jacobson (1924) entwickelt. Das Verfahren beruht auf der Beobachtung, dass Muskelverspannungen, Angst, Erregung und Stress gekoppelt sind. Umgekehrt empfindet man bei bestehender Muskelentspannung keine Erregung, keinen Stress und keine Angst. Die Wirksamkeit der Muskelentspannung ist hoch, ohne dass der Wirkmechanismus vollständig geklärt ist. Besonders effektiv ist die Muskelentspannung zur Behandlung von essenzieller Hypertonie und Spannungskopfschmerz (Hamm 2004). Krajewski et al. (2010) zeigen, dass eine 20-minütige Arbeitspause, die man mit progressiver Muskelentspannung verbringt, belastungsreduzierend wirkt.

Körperorientierung

Bei der Methode spannt und entspannt man nacheinander die einzelnen Bereiche der Skelettmuskulatur. Die Entspannung wird gelernt, indem man den angespannten mit dem entspannten Zustand der jeweiligen Muskelgruppe vergleicht. Zunächst spannt man nur leicht an, achtet auf die Empfindungen, lässt dann wieder locker und achtet wieder auf die Empfindungen. Beim Nachlassen der Anspannung spürt man den Unterschied in Form von Müdigkeit, Wärme, Schwere.

Wirkmechanismus

Während der Anspannung wird Blut aus den Gefäßen in die Muskeln gepresst. Bei der Entspannung erweitern sich die Gefäße stärker als vor der Anspannung und füllen sich wieder mit Blut. Durch diesen Pumpvorgang und die Erweiterung der Blutgefäße fließt mehr Blut in die Muskulatur. Wenn vermehrt Blut in Arme und Beine fließt, wird das oft als Schwere wahrgenommen. Das in den erweiterten Blutgefäßen benötigte Blut kommt mit 37 °C aus dem Körperinnern, gelangt in die gelockerten Muskeln und führt meist zu Wärmegefühlen. Dieser Entspannungszustand wird als Kribbeln oder Fließen erlebt.

Kontraindikation

Es gibt nur wenige Fälle, in denen die Muskelentspannung kontraindiziert ist:

- Migräne während der Akutphase, da die Entspannung eine weitere Dilatation bewirkt und so die Beschwerden verstärken kann. Außerhalb akuter Migräneanfälle ist die Anwendung der Muskelentspannung unkritisch.
- Zu niedriger Blutdruck, da Entspannung den Blutdruck weiter senkt.
- Bei Psychotikern ist die Provokation von Wahnvorstellungen möglich.
- Bei bestimmten Formen der Depression ist eine weitere Erschlaffung möglich.

Nachfolgend werden zwei Übungstexte zur Muskelentspannung vorgestellt, einmal für das 16-Muskelgruppen-Verfahren und einmal für das 4-Muskelgruppen-Verfahren. Zunächst werden 16 verschiedene Muskelgruppen trainiert. Zum Einstieg ist es einfacher, die Muskelgruppen separat zu trainieren. Sobald dieses Verfahren einen sicheren Entspannungseffekt erzielt hat, im Allgemeinen nach einer Woche regelmäßigen Trainings einmal pro Tag, können Sie nach und nach mehrere Muskelgruppen zusammenfassen. Durch die Zusammenfassung auf vier Muskelgruppen wird das Training sehr kompakt. In 5 bis 10 Minuten können Sie bei regelmäßiger Übung eine tiefe Entspannung erreichten. Wenn auch die Entspannung mit vier Muskelgruppen eine tiefe Entspannungswirkung hat, versuchen Sie, die vier Muskelgruppen durch Vergegenwärtigung des Anspannungs- und Entspannungszustands zu entspannen. Das körperliche Anspannen und Entspannen ist dann nicht mehr erforderlich, weil sich der Körper an den Entspannungszustand erinnert.

Übungsaufwand

Zum Einüben der Muskelentspannung sollten Sie 20 Minuten pro Tag üben. Mit zunehmender Übung wird die Entspannung immer schneller eintreten. Sie werden von 16 allmählich auf vier Muskelgruppen reduzieren können. Jede Stufe sollten Sie mindestens eine Woche lang trainieren. Erfahrungsgemäß nimmt die Entspannungstiefe kontinuierlich zu. Mit zunehmender Übung sinkt die Anfälligkeit für Störungen; Abschweifungen werden seltener und lassen sich schneller kontrollieren.

▪ Anleitung zur Muskelentspannung (16 Muskelgruppen)

Vorbereitung

Legen Sie sich hin. Regulieren Sie Ihre Lage, bis Sie bequem und druckfrei liegen. Lockern Sie eng sitzende Kleidung, legen Sie Brille, Gürtel und Schmuck ab, und entfernen Sie Kontaktlinsen. Ihre Arme sind leicht abgewinkelt, die Handgelenke liegen locker auf. Ihre Beine sind bequem ausgestreckt, die Füße fallen von alleine nach außen. Schließen Sie die Augen. Halten Sie während der Übung die Augen geschlossen, um optische Ablenkungen zu vermeiden. Denken Sie an nichts Bestimmtes, lassen Sie Ihre Gedanken los. Bei jeder der folgenden Übungen kommt es darauf an, Muskelgruppen langsam und kontinuierlich anzuspannen. Dabei wird die Spannung jeweils 5 bis 10 Sekunden gehalten, die Entspannung etwa doppelt so lange. Nacheinander werden angespannt und entspannt: Hände und Unterarme, Oberarme, Gesicht, Schultern, Nacken, Rücken, Brust, Bauch, Gesäß, Beine.

Hände und Arme

Schritt 1 Ballen Sie die rechte Faust, ballen Sie fest und fester, und achten Sie auf die Spannung. Halten Sie die Faust geballt, und fühlen Sie die Spannung in der rechten Faust und im Unterarm. Und nun entspannen Sie sich. Lassen Sie die Finger der rechten Hand locker werden, und achten Sie auf den Unterschied zwischen Spannung und Entspannung. Noch einmal: Ballen Sie die rechte Faust ganz fest, halten Sie die Faust gespannt, achten Sie auf die Spannung. Nun lassen Sie los, entspannen Sie sich. Die Finger strecken sich. Entspannen Sie die ganze Hand. Konzentrieren Sie sich auf die Empfindungen in den Muskeln, während sie immer lockerer werden.

Nun machen Sie das Gleiche mit der linken Faust: Ballen Sie die linke Faust, ballen Sie fest und fester, und achten Sie auf die Spannung. Halten Sie die Faust geballt, und fühlen Sie die Spannung in der linken Faust und im Unterarm. Und nun entspannen Sie sich. Lassen Sie die Finger der linken Hand locker werden. Achten Sie auf den Unterschied. Noch einmal: Spannen Sie die linke Faust ganz fest an. Halten Sie die Faust gespannt, und achten Sie auf die Spannung. Und nun entspannen Sie; die Finger der linken Hand strecken sich; entspannen Sie die ganze Hand. Konzentrieren Sie sich auf die Empfindungen in den Muskeln, während sie immer lockerer werden.

Nun beugen Sie den rechten Ellenbogen und spannen den Oberarm an (Bizeps). Fest spannen. Achten Sie auf die Spannung. Strecken Sie den Arm aus, entspannen Sie sich, und achten Sie auf den Unterschied. Fühlen Sie, wie sich die Entspannung ausbreitet.

Noch einmal: Spannen Sie den rechten Oberarm an. Halten Sie die Spannung, und achten Sie darauf, wie sich die Spannung anfühlt. Und nun entspannen Sie. Legen Sie den Arm wieder bequem hin, und lassen Sie ihn ganz locker. Lassen Sie die Entspannung sich ausbreiten und tiefer und tiefer werden. Konzentrieren Sie sich auf die Entspannung im ganzen Arm. Versuchen Sie, den Arm immer weiter zu entspannen.

Nun beugen Sie den linken Ellenbogen und spannen den Oberarm an (Bizeps). Fest spannen, und achten Sie auf die Spannung. Strecken Sie den Arm jetzt aus, entspannen Sie sich, und achten Sie auf den Unterschied. Fühlen Sie, wie sich die Entspannung ausbreitet.

Noch einmal: Spannen Sie den linken Oberarm an. Halten Sie die Spannung, und achten Sie darauf, wie sich die Spannung anfühlt. Und nun entspannen Sie. Legen Sie den Arm wieder bequem hin, und lassen Sie ihn ganz locker. Lassen Sie die Entspannung sich ausbreiten und tiefer und tiefer werden. Konzentrieren Sie sich auf die Entspannung im ganzen Arm. Versuchen Sie, den Arm immer weiter zu entspannen.

Nun strecken Sie beide Arme aus und drücken sie so fest auf die Unterlage, dass Sie eine Spannung an der Rückseite der Oberarme spüren. Fühlen Sie die Spannung. Und wieder entspannen. Arme bequem hinlegen. Lassen Sie die Entspannung sich weiter ausbreiten. Achten Sie auf den Unterschied zwischen Anspannung und Entspannung. Strecken Sie die Arme wieder aus, und drücken Sie sie so fest auf die Unterlage, dass Sie eine Spannung an der Rückseite der Oberarme spüren. Fühlen Sie die Spannung. Und entspannen Sie wieder. Konzentrieren Sie sich auf die Entspannung in den Armen. Legen Sie die Arme ganz bequem hin, und entspannen Sie weiter und weiter. Achten Sie nur noch auf die Entspannung.

Gesicht und Nacken

Schritt 2 Wir kommen zu Gesicht und Nacken. Halten Sie die Augen weiter geschlossen, und achten Sie auf die Entspannung. Fühlen Sie, wie es ist, wenn die Muskeln sich mehr und mehr entspannen.

Runzeln Sie die Stirn, ziehen Sie die Stirnmuskeln fest nach oben. Es entstehen Falten auf der Stirn. Runzeln Sie die Stirn immer fester. Halten Sie die Spannung. Nun entspannen Sie die Stirn wieder. Lassen Sie sie locker und glatt werden. Achten Sie darauf, wie sie sich im Vergleich zu eben anfühlt. Fühlen Sie, wie die Stirn wieder locker wird. Und noch einmal: Runzeln Sie die Stirn, spüren Sie die Spannung in der Stirn. Halten Sie die Spannung. Und nun entspannen Sie wieder. Lassen Sie die Stirnhaut locker und glatt werden. Achten Sie darauf, wie sie sich im Vergleich zu vorher anfühlt. Fühlen Sie, wie die Stirn immer lockerer wird. Die gesamte Kopfhaut wird locker und entspannt.

Nun kneifen Sie die Augen zusammen und rümpfen die Nase. Fühlen Sie die Spannung in den Augen und in der Nase. Und nun entspannen Sie wieder. Lassen Sie die Augenpartie und die Nase ganz locker werden. Halten Sie die Augen sanft geschlossen, und konzentrieren Sie sich auf das Gefühl der Entspannung. Und noch einmal: Kneifen Sie nun die Augen fest zusammen, und rümpfen Sie die Nase. Fühlen Sie die Spannung. Und nun entspannen Sie. Lassen Sie die Spannung weichen und die Entspannung sich ausbreiten. Spüren Sie die Entspannung in den Augen und in der Nase. Halten Sie die Augen sanft geschlossen. Konzentrieren Sie sich auf das Gefühl der Entspannung.

Nun beißen Sie die Zähne fest zusammen, spannen Sie die Kiefermuskeln an, ziehen Sie die Mundwinkel nach hinten, und pressen Sie die Zunge fest gegen den Gaumen. Spüren Sie die Spannung. Und nun lassen Sie los. Entspannen Sie die Kiefermuskeln, lassen Sie den Unterkiefer fallen und die Zunge locker werden. Lassen Sie die Entspannung sich ausbreiten, versuchen Sie, alle Muskeln zu lockern. Und noch einmal: Fest zubeißen, die Mundwinkel nach hinten ziehen und die Zunge fest gegen den Gaumen pressen. Spüren Sie die Spannung. Entspannen Sie wieder. Lassen Sie die Spannung weichen, spüren Sie die Entspannung in den Gesichtsmuskeln: in der Stirn, den Augen, der Nase, in Mund und Kiefer. Lassen Sie die Entspannung tiefer werden.

Nun achten Sie auf die Nackenmuskeln. Drücken Sie den Kopf fest auf die Unterlage, und fühlen Sie die Spannung. Konzentrieren Sie sich auf die Spannung. Und nun entspannen Sie. Lassen Sie die Nackenmuskeln ganz locker werden und die Entspannung sich ausdehnen. Spüren Sie die Entspannung im Nacken. Achten Sie noch einmal auf die Nackenmuskeln. Drücken Sie den Kopf fest auf die Unterlage, und fühlen Sie die Spannung. Spüren Sie die Spannung. Und entspannen Sie. Lassen Sie die Nackenmuskeln ganz locker werden und die Entspannung sich ausdehnen. Spüren Sie die Entspannung im Nacken.

Achten Sie nun auf die Halsmuskeln. Richten Sie den Kopf auf, drücken Sie das Kinn gegen die Brust. Und halten Sie die Spannung. Und lassen Sie los. Entspannen Sie die Halsmuskulatur. Lassen Sie ganz los. Spüren Sie, wie die Entspannung sich ausweitet und tiefer und tiefer wird. Achten Sie noch mal auf die Halsmuskeln. Richten Sie den Kopf auf, drücken Sie das Kinn gegen die Brust. Und halten Sie die Spannung. Und lassen Sie los. Entspannen Sie die Halsmuskulatur. Lassen Sie ganz los. Spüren Sie, wie die Entspannung sich immer mehr ausweitet.

Schultern, Brust, Rücken, Bauch, Gesäß

Schritt 3 Wir kommen nun zu Schultern und Rumpf. Atmen Sie leicht und ruhig. Atmen Sie ein und langsam aus. Konzentrieren Sie sich auf die Ausatmung.

Drücken Sie die Schultern auf die Unterlage, spüren Sie die Spannung in den Schultern. Nun entspannen Sie die Schultern wieder.

Lassen Sie die Schultern locker werden, atmen Sie leicht und ruhig. Konzentrieren Sie sich auf die Ausatmung, atmen Sie ein und langsam aus.

Nun machen Sie ein Hohlkreuz, spannen Sie das Gesäß an, drücken Sie die Schultern auf die Unterlage, und fühlen Sie die Spannung im Rücken. Lassen Sie los. Entspannen Sie Schultern, Rücken und Gesäß. Atmen Sie leicht und ruhig. Atmen Sie ein und langsam aus, und konzentrieren Sie sich auf die Ausatmung.

Nun machen Sie einen Rundrücken, ziehen Sie die Schultern nach vorne, den Bauch nach innen, und spannen Sie das Gesäß an. Halten Sie die Spannung. Und nun entspannen Sie wieder. Lassen Sie alles locker werden: Schultern, Brust, Bauch, Gesäß, Kreuz und Rücken. Atmen Sie leicht und ruhig. Konzentrieren Sie sich auf die Empfindungen, die Sie beim Ausatmen wahrnehmen, und lassen Sie die Entspannung tiefer und tiefer werden.

Beine

Schritt 4 Achten Sie auf das rechte Bein. Spannen Sie den Oberschenkel an, spannen Sie ihn fest, und fühlen Sie die Spannung. Und lassen Sie los. Lassen Sie die Muskeln im Oberschenkel locker werden, und spüren Sie, wie die Entspannung sich ausbreitet. Noch einmal: Spannen Sie den rechten Oberschenkel an, halten Sie die Spannung, spüren Sie die Spannung. Nun entspannen Sie wieder. Spüren Sie, wie es ist, wenn die Muskeln locker werden, und versuchen Sie, die Entspannung tiefer und tiefer werden zu lassen.

Achten Sie nun auf das linke Bein. Spannen Sie den Oberschenkel an, und fühlen Sie die Spannung. Und lassen Sie los. Lassen Sie die Muskeln im Oberschenkel locker werden, und spüren Sie, wie die Entspannung sich ausbreitet. Nun noch einmal: Spannen Sie den linken Oberschenkel fest an, halten Sie die Spannung, spüren Sie die Spannung. Und entspannen Sie wieder. Spüren Sie, wie es ist, wenn die Muskeln locker werden, und versuchen Sie, die Entspannung tiefer und tiefer werden zu lassen.

Nun ziehen Sie beide Füße in Richtung Gesicht, und spüren Sie die Spannung in den Schienbeinen und in den Zehen. Und entspannen Sie. Entspannen Sie die Füße und Waden, lassen Sie die Beine ganz locker werden. Und noch einmal: Ziehen Sie die Füße in Richtung Gesicht, spüren Sie die Spannung in den Schienbeinen und in den Zehen. Und entspannen Sie wieder. Entspannen Sie Ihre Füße, die Schienbeine und die Oberschenkel. Lassen Sie alle Spannung raus, und konzentrieren Sie sich auf die Entspannung in den Beinen.

Nun strecken Sie die Füße, drehen Sie die Füße nach innen und beugen die Zehen, spüren Sie die Spannung. Und lassen Sie los. Entspannen Sie Waden, Knöchel und Zehen. Lassen Sie die Entspannung sich ausbreiten und die Muskeln immer lockerer werden. Und noch einmal: Strecken Sie die Füße, drehen Sie sie nach innen, und beugen Sie die Zehen. Fühlen Sie die Spannung in den Waden. Und entspannen Sie wieder. Entspannen Sie beide Beine: Füße, Unterschenkel, Knie und Oberschenkel. Fühlen Sie, wie es ist, wenn diese Muskeln sich immer mehr entspannen. Und entspannen Sie weiter und weiter. Lassen Sie die Entspannung immer tiefer werden.

Schritt 5 Atmen Sie leicht und ruhig weiter. Konzentrieren Sie sich auf die Ausatmung. Fühlen Sie die Entspannung im ganzen Körper: In den Füßen, in den Beinen, im Gesäß, in Rücken und Bauch, in den Händen und Armen, in den Schultern, im Nacken, im Kopf und Gesicht. Entspannen Sie weiter und weiter. Halten Sie die Augen geschlossen, atmen Sie ein und dann ganz langsam aus. Achten Sie auf die Entspannung. Beobachten Sie die Ruhe und das Verschwinden jeglicher Spannung.

Abschluss

Wenn Sie den Wunsch haben, die Entspannung zurückzunehmen, zählen Sie bei geschlossenen Augen rückwärts von 4 bis 1:
- Bei »4« bewegen Sie die Füße und Beine,
- bei »3« Hände und Arme,
- bei »2« Kopf und Hals,
- bei »1« öffnen Sie die Augen.

Wenn Sie mit dem 16-Muskelgruppen-Verfahren gut klarkommen, fassen Sie allmählich einzelne Muskelgruppen zusammen, bis Sie nur noch vier Muskelgruppen an- und entspannen.

▪ Anleitung zur Muskelentspannung (vier Muskelgruppen)

Vorbereitung

Legen Sie sich so bequem wie möglich hin. Entspannen Sie sich, so gut es geht. Schließen Sie die Augen. Rücken Sie sich so lange zurecht, bis Sie wirklich bequem liegen. Regulieren Sie, was Sie stören könnte an Ihrer Lage oder an Ihrer Kleidung. Halten Sie die Augen geschlossen.

Hände und Arme

Schritt 1 Spannen Sie beide Arme an, ballen Sie die Hände zur Faust, und beugen Sie die Ellenbogen. Spüren Sie die Spannung in den Armen. Und nun entspannen Sie. Ihre Finger strecken sich wieder. Entspannen Sie die Hände, die Unterarme und die Oberarme. Lassen Sie beide Arme ganz locker werden.

Spannen Sie beide Arme noch einmal an, ballen Sie die Hände zu Fäusten, und strecken Sie die Arme aus, sodass Sie eine Spannung an der Rückseite der Oberarme spüren. Und entspannen Sie wieder. Legen Sie die Arme wieder bequem hin. Konzentrieren Sie sich auf die Entspannung in den Armen. Versuchen Sie, die Arme immer weiter zu entspannen und immer lockerer werden zu lassen.

Gesicht und Nacken

Schritt 2 Wir kommen zu Gesicht und Nacken. Gesicht und Nacken anspannen heißt: Stirn runzeln, Augen fest schließen, Nase rümpfen, Zähne aufeinander beißen, Mundwinkel nach hinten ziehen, Zunge fest gegen den Gaumen pressen und den Kopf auf die Unterlage drücken. Spannen Sie jetzt Gesicht und Nacken an.

Und lassen Sie los. Entspannen Sie die Stirn, lassen Sie die Stirnhaut locker und glatt werden. Entspannen Sie die Augenpartie und die Nase. Entspannen Sie die Kiefermuskeln, lassen Sie den Kiefer fallen und die Zunge wieder locker werden. Entspannen Sie den Nacken, lassen Sie die Entspannung sich ausbreiten, und versuchen Sie, alle Muskeln zu lockern.

Spannen Sie das Gesicht noch einmal an, und richten Sie den Kopf auf. Halten Sie die Spannung fest. Achten Sie auf die Spannung. Und entspannen Sie. Lassen Sie die Spannung raus. Spüren Sie, ob alle Muskeln entspannt sind: Stirn, Augen, Nase, Mund, Zunge und Kiefer, Nacken und Halsmuskeln.

Schultern, Brust, Rücken, Bauch, Gesäß

Schritt 3 Wir kommen zu Schultern und Rumpf. Atmen Sie leicht und ruhig. Atmen Sie ein und langsam aus. Konzentrieren Sie sich auf die Ausatmung. Drücken Sie die Schultern auf die Unterlage, machen Sie ein Hohlkreuz, spannen Sie das Gesäß an. Und halten Sie die Spannung. Spüren Sie die Spannung. Nun lassen Sie los. Entspannen Sie die Schultern, den Rücken und das Gesäß. Atmen Sie leicht und ruhig. Atmen Sie ein und langsam aus. Konzentrieren Sie sich auf die Ausatmung.

Ziehen Sie nun die Schultern nach vorne, Bauch nach innen, machen Sie einen Rundrücken, und spannen Sie das Gesäß an. Halten Sie die Spannung fest, und achten Sie auf die Spannung in den Muskeln. Nun entspannen Sie. Lassen Sie alles locker werden: Schultern, Brust, Bauch, Gesäß, Kreuz und Rücken. Atmen Sie leicht und ruhig. Atmen Sie ein und langsam aus. Konzentrieren Sie sich auf das Ausatmen, und lassen Sie die Entspannung tiefer und tiefer werden.

Beine

Schritt 4 Spannen Sie beide Beine an. Drücken Sie die Knie auf die Unterlage, und ziehen Sie Zehen und Füße hoch in Richtung Gesicht. Fühlen Sie die Spannung. Und entspannen Sie: Entspannen Sie Zehen, Füße, Unterschenkel und Oberschenkel. Spüren Sie, wie die Entspannung sich ausbreitet und tiefer und tiefer wird.

Spannen Sie beide Beine noch einmal an. Drücken Sie die Kniekehlen auf die Unterlage, strecken Sie die Füße, beugen Sie die Zehen, und drehen Sie sie nach innen. Halten Sie die Spannung. Und entspannen Sie. Entspannen Sie die Beine, Zehen, Füße, Unterschenkel und Oberschenkel. Fühlen Sie, wie es ist, wenn die Muskeln sich immer mehr entspannen. Entspannen Sie tiefer und tiefer.

Abschluss

Schritt 5 Atmen Sie tief und ruhig weiter. Konzentrieren Sie sich auf die Ausatmung. Fühlen Sie die Entspannung im ganzen Körper: in den Füßen, in den Beinen, im Gesäß, in Rücken und Bauch, in den Händen und Armen, in den Schultern, im Nacken, im Kopf und Gesicht. Entspannen Sie mehr und mehr. Halten Sie die Augen geschlossen, atmen Sie ein und dann ganz langsam aus. Achten Sie auf die Entspannung.

Wenn Sie den Wunsch haben, die Entspannung zurückzunehmen, zählen Sie bei geschlossenen Augen rückwärts von 4 bis 1:
- Bei »4« bewegen Sie die Füße und Beine,
- bei »3« Hände und Arme,

- bei »2« Kopf und Hals,
- bei »1« öffnen Sie die Augen.

Autogenes Training

Mentalorientierung

Autogenes Training ist eine Technik der konzentrativen Selbstentspannung. Man konzentriert sich mithilfe formelhafter Sätze wie »Mein rechter Arm ist ganz schwer« auf den beschriebenen Zustand, bis sich der Arm tatsächlich schwer anfühlt. Auch die Riten vieler Religionen beruhen auf der Wirkung von »Formeln« (in diesem Fall Gebetsformeln). Die körperliche Entspannung führt zu psychischer Entspannung und Erholung (Krampen 1996). Mit zunehmender Übung wird es immer leichter, mithilfe der Formelsätze den erwünschten Zustand zu erreichen.

Kontraindikation

Kontraindikationen sind akutes Asthma, akutes Muskelrheuma, akute Arthritiden, akute Migräne, schwere Herz-Kreislauf-Erkrankungen und einige psychische Störungen, beispielsweise Zwangsstörungen und bestimmte Formen der Schizophrenie (Vaitl 2004b).

Wirkmechanismus

Suggestion ist ein Vorgang, dem wir häufig ausgesetzt sind. Bei einem traurigen Film weinen wir aus Mitgefühl, wir verfolgen mit Herzklopfen einen Thriller oder sind über den Ausgang einer Geschichte enttäuscht. Intensive Vorstellungen lösen Gefühle und vegetative Funktionen aus, z.B. Herzklopfen oder Tränen. Das von Schultz entwickelte autogene Training setzt auf der vegetativen Ebene an (Schultz 1932). Durch autogenes Training wird das vegetative Nervensystem beeinflusst. Die Belastbarkeit wird erhöht, bestehende Anspannungs- und Erregungszustände werden reduziert.

Übungsaufwand

Autogenes Training ist eine wirksame Methode zum Stressabbau. Allerdings ist der Übungsaufwand bis zu den ersten Erfolgserlebnissen im Vergleich zur Atementspannung und zur Muskelentspannung höher. Als Faustregel gilt: Die Grundstufe des autogenen Trainings kann mit einem Übungsaufwand von 30 Minuten täglich in zwei bis drei Monaten erlernt werden. Wichtig ist auch, dass man die Entspannungseffekte nicht erzwingen kann. Entspannung erfordert eine Grundeinstellung, die frei von Leistungsdruck ist (Krampen 1996). Mit der Einstellung »Ich muss jetzt unbedingt entspannen« funktioniert es also nicht. Hilfreich ist es, immer wieder zur selben Zeit zu üben, z.B. nach dem Aufwachen, in der Mittagspause oder vor dem Einschlafen (Langen 2005).

Während der Übung passt sich der Kreislauf dem entspannten Ruhezustand des Körpers an. Vermeiden Sie daher das Aufstehen direkt aus der Entspannung, es könnte Ihnen schwindlig werden, und Sie könnten stürzen. Sofern Sie das autogene Training nicht als Einschlafhilfe verwenden, ist es sinnvoll, die Übung durch tiefes Ein- und Ausatmen und mehrfaches Beugen und Strecken der Arme zurückzunehmen.

Zur Durchführung des autogenen Trainings legen Sie sich hin oder setzen sich in der sog. Droschkenkutscherhaltung auf einen Stuhl. Diese Sitzhaltung hat sich der Begründer des autogenen Trainings von den Droschkenkutschern im Berlin der Jahrhundertwende abgeschaut (Krampen 1996). Nach Krampen (1998) ist die sitzende Haltung dem Liegen vorzuziehen, da man sie im Alltag leichter einnehmen kann und beim Üben nicht so schnell einschläft (Vaitl 2004b). Entspannungseffekte werden allerdings im Liegen meist schneller erreicht.

Anleitung zum autogenen Training im Droschkenkutschersitz

Für die Droschkenkutscherhaltung brauchen Sie einen Stuhl, dessen Sitzfläche so hoch ist, dass Ihre Füße flach auf dem Fußboden stehen. Korrigieren Sie Ihre Kleidung, bis Sie bequem sitzen. Die folgenden Instruktionen orientieren sich an Krampen (1996).

Haltung

Setzen Sie sich auf den Stuhl. Die Beine sind auseinander, Unter- und Oberschenkel bilden einen rechten Winkel, die Füße stehen flach auf dem Boden. Der Oberkörper ist ganz gerade, die Arme pendeln locker neben dem Körper.

Nun die Augen schließen und den Oberkörper langsam leicht nach vorne sinken lassen. »Pendeln« Sie mit dem Oberkörper, bis Sie den Ruhepunkt über der Körperachse gefunden haben. Diese Haltung wird beibehalten.

Legen Sie die Unterarme so auf den Oberschenkeln ab, dass Ihre Hände sich nicht berühren und die Handflächen die Oberschenkel nicht berühren. Die Hände sind leicht geöffnet.

Halten Sie die Augen geschlossen, und lösen Sie sich von den Belastungen des Alltags. Denken Sie an nichts Bestimmtes. Gedanken und Geräusche sind Ihnen vollkommen gleichgültig. Genießen Sie einfach den ungestörten Zustand, und gehen Sie in Gedanken ganz in Ihren Körper hinein.

Formeln

Die folgenden Formelsätze sollen mehrmals wiederholt werden. Konzentrieren Sie sich ein bis zwei Minuten auf die jeweilige Formel, dann gehen Sie zur nächsten Formel über. Sie können sich die Formel auch bildlich vorstellen. Sagen Sie sich nacheinander mehrmals langsam in Gedanken:

- Ich bin ganz ruhig – Ruhe.
- Der rechte Arm ist schwer – Schwere.
- Der rechte Arm ist warm – Wärme.
- Die Atmung ist ruhig. Es atmet mich.
- Das Herz schlägt ruhig und gleichmäßig.
- Der Körper ist strömend warm.
- Die Stirn ist angenehm kühl.

Zum Zurücknehmen des Entspannungszustands atmen Sie tief ein und aus, beugen und strecken Arme und Beine und öffnen die Augen.

2.3.7 Lebensstil

Nach Decker (1999) verursacht ein ungesunder Lebensstil rund 50 Prozent der Todesfälle in westlichen Industrieländern wie Deutschland. Neben dem bereits erwähnten Tabak- und Alkoholkonsum sind auch Bewegungsmangel, falsche Ernährung und Schlafmangel hier relevant.

Körperliche Aktivität

In der Menschheitsgeschichte war Leben immer mit körperlicher Anstrengung verbunden. Von den Jägern und Sammlern über die Ackerbauern und Viehzüchter bis zu den Industriearbeitern des 19. Jahrhunderts musste der überwiegende Teil der Menschen körperlich hart für den Lebensunterhalt arbeiten. Unser Organismus ist auf körperliche Aktivität eingestellt; je weniger man sich sportlich betätigt, desto größer ist das Risiko einer koronaren Herzkrankheit (Gehring u. Klein 2008). Nur wer sich kontinuierlich belastet und seinen Organismus regelmäßig fordert, bleibt gesund und leistungsfähig. Ausreichende und ausgeglichene körperliche Aktivität ist eine zentrale Voraussetzung für Gesundheit. Allerdings kann man gesundheitliches Fehlverhalten wie Rauchen durch Sport nicht ausgleichen. Rauchen ist und bleibt ungesund. Rauchen und Bewegungsmangel in Kombination sind allerdings noch ungesünder.

Bewegungsarmut

Die Bewegungsarmut unserer Lebensweise lässt den Organismus erschlaffen. Wie viel und welcher Sport geeignet ist, muss man individuell entscheiden. Für einen normalgewichtigen Gesunden ist Körpertraining mindestens einmal – besser dreimal – die Woche förderlich für Gesundheit und Wohlbefinden. Sport verbessert die physische und psychische Stressresistenz, denn körperliche Anstrengung baut durch Stressreaktionen entstandene Stoffwechselprodukte schneller ab; Adrenalin und Noradrenalin sowie Fettsäuren werden verbraucht. Überflüssiges Fett wird abgebaut. Durch den Trainingseffekt nimmt die Belastbarkeit zu, und die Gesamtverfassung verbessert sich (Wagner Link 1996).

Fitness

Fitnessprogramme sind besonders geeignet, die Stressresistenz zu verbessern. Sie sollten allerdings nicht zu Unlustgefühlen führen, z.B., weil man sie als lästige Pflicht empfindet oder immer erst den »inneren Schweinhund« überwinden muss, um sie zu absolvieren. Es kann daher sinnvoller sein, zweimal die Woche mit Freude Squash zu spielen, als sich mit schlechter Laune täglich in einem Fitnesscenter oder auf dem Heimtrainer im eigenen Keller zu quälen. Regelmäßiges Ausdauertraining führt zu einer Verbesserung der Herz-Kreislauf-Leistung, der Blutversorgung des Herzens, verbesserten Blutfettwerten, Verbesserung des Zuckerstoffwechsels, Senkung eines erhöhten Blutdrucks und zum Abbau von Übergewicht. Sport hilft nicht, wenn Stressmuster aus dem Berufs- oder Familienalltag in den Sport hineingetragen werden. Einstellungen wie: »Den muss ich beim Tennis fertig machen« oder »Ich darf mir auch beim Fußball keine Blöße geben« bauen Stress auf, nicht ab.

2

Tipps für ein aktiveres Leben

Bevor Sie mit neuen sportlichen Aktivitäten beginnen, sollten Sie folgende Hinweise bedenken (s. auch Gehring u. Klein 2008):

- Ziele sollen sein: Freude, Entspannung, Aufbau sozialer Kontakte, Ausübung gesunder Sportarten. Dabei wirkt regelmäßige Bewegung stimmungsaufhellend. Selbst wer müde aufbricht, kehrt meist zufrieden und munter zurück.
- Sportliche Aktivitäten werden in fünf Hauptbeanspruchungsformen unterteilt: Ausdauer, Kraft, Beweglichkeit, Koordination, Schnelligkeit. Den stärksten Effekt auf das Herz-Kreislauf-System haben Ausdauerbelastungen.
- Gut geeignete Aktivitäten sind: Spazierengehen, Wandern (mit Einschränkungen auch Bergwandern), Laufen, Nordic Walking, Radfahren, Skilanglauf, Gymnastik, Golf, Tanzen. Weniger geeignet sind Alpinski, Surfen, Squash. Weil es generell sinnvoll ist, möglichst viele Muskelgruppen zu beanspruchen, ist Skilanglauf günstiger als Radfahren, bei dem Arme und Oberkörper nur wenig belastet werden.

Mittlere Intensität

Für das Wandern spricht beispielsweise, dass es eine kontinuierliche Belastung mit niedriger oder mittlerer Intensität ist. Gerade für untrainierte, übergewichtige und ältere Menschen ist Wandern damit der ideale Einstiegssport. Vor allem aber sollten Sie es nicht übertreiben. Gerade A-Typen sind versucht, sich nach Jahren der Sportabstinenz mit voller Energie auf eine Sportart zu stürzen. Moderat bedeutet, dass Sie sich z.B. beim Laufen noch problemlos mit einem Partner unterhalten können sollten. Bei körperlich Untrainierten sollte der Trainingspuls während der Bewegung den Wert *170 minus Lebensalter* nicht übersteigen. Wenn Sie trainierter sind, gilt die Faustregel *180 minus Lebensalter*. Der Maximalpuls sollte nicht höher als *220 minus Lebensalter* liegen. Der Puls eines 50-Jährigen sollte somit keinesfalls 170 übersteigen.

Achten Sie auf Warnsignale Ihres Körpers. Weniger und regelmäßig ist sinnvoller als viel und geballt. Häufige Muskelverspannungen nach der sportlichen Betätigung sind ein Warnsignal, das auf Veränderungen des Bewegungsapparates hindeutet, die den anatomischen Veränderungen oft um Jahre vorausgehen. Viele ernsthafte orthopädische und neurologische Erkrankungen lassen sich vermeiden, wenn man Muskelverspannungen rechtzeitig erkennt und behandelt (Bundeszentrale für gesundheitliche Aufklärung 1999). Suchen Sie in solchen Fällen möglichst bald Ihren Haus- oder Facharzt auf.

Ernährung

Neben regelmäßigem Sport hat eine ausgewogene Ernährung einen starken positiven Einfluss auf das Allgemeinbefinden. Wichtig ist zunächst, dass Sie nur so viel essen, wie Ihr Körper braucht. Fettreiche Nahrungsmittel mit wenig Ballaststoffen bedeuten eine hohe Energiedichte und damit auch eine erhöhte Kalorienzufuhr. Generell kann man zur Gewichtsabnahme empfehlen, mehr Lebensmittel vom

Acker und weniger aus dem Stall zu essen. Die vor allem in pflanzlichen Lebensmitteln enthaltenen Ballaststoffe sorgen für ein gutes Sättigungsgefühl bei geringer Kalorienaufnahme. Ein wichtiger Posten bei der Reduktion der Kalorienaufnahme sind auch die Getränke. So enthält ein Liter Bier, Cola, Limonade oder Saft zwischen 450 und 500 Kilokalorien, ein Liter Wasser hingegen keine einzige Kalorie.

Grundregeln für eine gesündere Ernährung

Mit folgenden einfachen Grundregeln können Sie Ihre Ernährung gesünder gestalten (Bundeszentrale für gesundheitliche Aufklärung 1999; Gehring u. Klein 2008):

- Sorgen Sie für mehr Ballaststoffe. Hier ein paar Anhaltspunkte: Weizen enthält pro 100 g etwa 10 g Ballaststoffe, Weizenmehl (Typ 405) 3 g, Weizenkleie 49 g, Vollkornreis 4 g. Pro 100 g enthalten Kartoffeln 2 g Ballaststoffe, Möhren 3 g, Weißkohl 3 g, grüne Erbsen 5 g, weiße Bohnen 7,5 g, Äpfel 2,3 g, Weintrauben 1,6 g und Sultaninen 5,4 g.
- Essen Sie weniger tierische Fette. Tierische Fette enthalten vor allem langkettige gesättigte Fettsäuren, die zu einer Erhöhung des schädlichen Cholesterins führen und die Blutgerinnung fördern. Pflanzliche Fette enthalten hingegen kein Cholesterin, ihre ungesättigten Fettsäuren, z.B. in Oliven- oder Sonnenblumenöl, begünstigen vielmehr den Cholesterinabbau. Insgesamt sollte die Fettzufuhr auf 30 Prozent der Gesamtenergiemenge begrenzt werden. Dabei zählen nicht sichtbare Fette, wie sie z.B. in Wurst, Käse und Backwaren enthalten sind, natürlich mit. Besonders gesundheitsschädlich sind künstlich gehärtete oder teilgehärtete Fette (sog. Transfette), die in Fast Food, Kartoffelchips, vielen Margarinesorten und Fertigbackwaren vorkommen.
- Verzehren Sie mehr Getreideprodukte, vor allem Vollkornbrot, -nudeln und -reis, mehr Kartoffeln, Obst und Gemüse, dafür weniger Streichfette, Wurstwaren, Kuchen und Süßigkeiten. Trinken Sie mehr Mineralwasser und Kräutertees, dafür weniger Wein, Bier, Cola und Limonade.
- Essen Sie möglichst viele frische und unverarbeitete Nahrungsmittel, also frisches Obst und Gemüse statt Konserven, Fast Food und Fertigmahlzeiten.
- Hinsichtlich Alkohol gilt folgende Faustregel: Frauen sollten täglich maximal ein Achtel Wein oder ein kleines Bier oder ein Gläschen Schnaps konsumieren, Männer maximal ein Viertel Wein oder einen halben Liter Bier oder zwei Schnäpse.
- Wegen des hohen Gehalts an gesunden Omega-3-Fettsäuren sollten Sie regelmäßig fettreichen Seefisch wie Lachs, Makrele oder Hering auf den Speiseplan setzen.

- Trinken Sie genug, d.h. mindestens 1,5 l täglich – im Sommer und bei sportlichen Aktivitäten auch deutlich mehr. Das Trinken von Wasser entsäuert, verbessert die Fließgeschwindigkeit des Blutes, entlastet die Nieren und beugt Verstopfung vor (Stollreiter et al. 2000).

So wie ein gelegentliches Glas Rotwein nicht schadet, kann man auch hin und wieder Schokolade oder andere Süßigkeiten essen. Viele Menschen ernähren sich jedoch überwiegend ungesund, und hier beginnt das Problem. Schädlich ist der regelmäßige Schokoriegel in der Kaffeepause, nicht das eine Stück Kuchen am Sonntag.

Schlaf

Schlaf ist ein Urbedürfnis des Menschen. Schlafen ist so wichtig wie Wasser und Nahrung. Im Schlaf spart der Körper Energie, weil er bei niedriger Körpertemperatur den Stoffwechsel drosselt. Zugleich nutzt das Gehirn den Ruhezustand, um die über den Tag aufgenommenen Informationen zu speichern. Schlaflosigkeit führt zu Konzentrationsstörungen und schlechter Laune. Einen verbindlichen Wert für die ideale Schlafdauer gibt es nicht, die Schwankungen von Mensch zu Mensch sind erheblich. Müdigkeit ist ein biologisches Signal und zeigt, dass man schlafen sollte – so wie Durst zur Wasseraufnahme führen sollte. Wer einschläft, kaum dass sein Kopf das Kissen berührt hat, leidet vermutlich unter einem Schlafdefizit.

Chronisch unausgeschlafene Menschen weisen Defizite in der Gedächtnisleistung, beim Lernen, beim logischen Schließen, beim Rechnen, bei komplexen sprachlichen Anforderungen und in der Entscheidungsfähigkeit auf. Schon eine Reduktion der Schlafdauer auf fünf Stunden in zwei aufeinanderfolgenden Nächten vermindert die Leistungsfähigkeit beträchtlich (Smith et al. 2007).

Kurze Schlafpausen tagsüber sollten entweder maximal 20 Minuten oder aber 90 Minuten dauern – alles, was dazwischen liegt, ist eher ungünstig: Man kommt dann aus der Tiefschlafphase, wird nur schwer wach und fühlt sich benommen.

2.4 Extremstress

Extremstress wurde zunächst im Zusammenhang mit Kriegs- und Kampferfahrungen erforscht. Seit den 1980er-Jahren werden Extrembelastungen, deren Konsequenzen sowie deren Bewältigung umfassender auch im Zivilbereich erforscht. Häufig spricht man bei Ereignissen, die extremen Stress auslösen, von traumatischem Stress. Traumatischer Stress kann vorliegen, wenn man mit dem Tod, einer schweren Verletzung oder einer körperlichen Bedrohung konfrontiert ist. Man kann auch als persönlich nicht direkt betroffener Zeuge traumatischen Stress erleben.

Auch die endgültige Aufgabe eines wichtigen Lebensziels oder der Verlust eines nahestehenden Menschen können extremen Stress auslösen. Nachfolgend wird im Schwerpunkt auf die Folgen traumatischen Stresses eingegangen. Über die bereits vorgestellten Stressfolgen hinaus kann traumatischer Stress zu dauerhaften psychischen Störungen führen.

Traumatische Belastung

Eine traumatische Belastung liegt vor, wenn ein Lebensereignis unerwünscht, sehr negativ, schwer oder gar nicht kontrollierbar ist und die individuellen Bewältigungsmöglichkeiten überfordert. Neben Kriegstraumata können auch Naturkatastrophen, technische Katastrophen wie Bahn- oder Flugunfälle, Gewaltverbrechen oder lebensbedrohende Unfälle traumatischen Stress verursachen. Die Betroffenen reagieren sehr unterschiedlich, im ungünstigen Fall kommt es zum Zusammenbruch des psychischen Schutzsystems. Folgende Situationsaspekte wirken besonders Stress induzierend und erhöhen damit das Risiko von Dauerfolgen (Hannich 2004):

- hohe Stressorenintensität,
- Unvorhersehbarkeit/Plötzlichkeit des Ereignisses,
- Unausweichlichkeit des Ereignisses,
- Auftreten des Ereignisses aufgrund äußerer Einwirkung.

Reaktionen

Zunächst sind die Überlebenden meist sprachlos und benommen. Sie stehen unter Schock und scheinen sich ihrer Verletzungen oder der Gefahr nicht bewusst zu sein. So wandern beispielsweise Erdbebenopfer oft durch Gebäude, die kurz vor dem Einsturz stehen. Nach Abklingen der Schockphase sind Überlebende noch immer passiv und nehmen auch einfache Aufgaben nicht in Angriff, können aber Anweisungen schon folgen. So liegt es z.B. einem Vergewaltigungsopfer am Tag nach der Tat noch fern, sich um das Essen zu kümmern. Ruft aber eine Freundin an und besteht auf einem gemeinsamen Restaurantbesuch, willigt die Betroffene häufig ein. Im dritten Stadium werden die Betroffenen ängstlich und besorgt, haben Konzentrationsschwierigkeiten und sprechen immer wieder über den Ablauf der Katastrophe (Smith et al. 2007).

Typische Erstreaktionen nach traumatischem Stress sind (Gschwend 2002; Lasogga u. Frommberger 2004):

- Weinen, Schreien, Lachen: Die Betroffenen sind überflutet von dem Geschehenen; sie klagen laut oder reden viel und ausbruchsartig.
- Aggressionen, die sich verbal, aber auch körperlich äußern können, beispielsweise durch Um-sich-Schlagen.
- Angst und Unruhe: Ängste sind oft und über einen längeren Zeitraum das vorherrschende Gefühl nach Traumatisierungen.
- Innerer Rückzug: Die Betroffenen wirken wie erstarrt, teilnahmslos und depressiv.
- Äußerliche Ruhe und Gelassenheit: Die Betroffenen funktionieren und wirken beinahe gelassen. Das schließt nicht aus, dass die Traumatisierung Spuren hinterlassen hat.
- Orientierungslosigkeit, Verwirrung und Desorganisation: Die Betroffenen sind psychisch noch nicht wieder in der Alltagsrealität angekommen.

Psychische Störungen

Während viele Menschen solche Ereignisse verarbeiten und allmählich in ihr Selbstkonzept integrieren können, entwickelt ein Teil der Betroffenen länger anhaltende psychische Störungen, etwa eine Depression oder Angststörung, besonders häufig aber eine akute oder posttraumatische Belastungsstörung (Lasogga u. Frommberger 2004), die im Folgenden näher betrachtet werden soll.

Posttraumatische Belastungsstörung

Im Vergleich zur akuten Belastungsstörung handelt es sich bei der posttraumatischen Belastungsstörung (PTBS) um die schwerere Störung. Akute Belastungsstörungen dauern maximal vier Wochen, danach spricht man von einer posttraumatischen Belastungsstörung (Saß et al. 2003). Die Diagnosekriterien der akuten Belastungsstörung sind in vielen Aspekten denen der posttraumatischen Belastungsstörung ähnlich, sodass die Symptomdauer ein zentrales Unterscheidungsmerkmal zwischen beiden Formen ist. Posttraumatische Belastungsstörungen zählen zu den häufigen psychischen Störungen (Teegen 2000) und sind wie akute Belastungsstörungen die Folge eines belastenden Ereignisses, das außerhalb der üblichen menschlichen Erfahrung liegt. Nach Ehlers (1999) ist davon auszugehen, dass die Mehrheit der Bevölkerung in ihrem Leben mindestens einmal einem traumatischen Erlebnis ausgesetzt ist. Ob ein solches Erlebnis eine posttraumatische Belastungsstörung auslöst, hängt auch von der Art des Ereignisses ab. Laut Maercker u. Barth (2004) ist das Risiko für die Entwicklung einer posttraumatischen Belastungsstörung nach Vergewaltigungen und sexuellem Missbrauch besonders hoch. So entwickeln nach Vergewaltigungen 65 Prozent der männlichen und 46 Prozent der weiblichen Opfer eine PTBS. Zu ähnlich hohen Erkrankungsraten führen Kampfeinsätze im Krieg, Kindesmisshandlung sowie Folter. Hingegen führen Unfälle, das Miterleben des Sterbens oder einer Verletzung anderer sowie Naturkatastrophen mit einem Lebenszeitrisiko von unter 10 Prozent eher selten zu einer PTBS. In westlichen Industrieländern wie Deutschland sind vor allem der plötzliche Tod eines geliebten Menschen und Verkehrsunfälle bedeutende Auslöser von posttraumatischen Belastungsstörungen. Bei Frauen ist das Lebenszeitrisiko mit 10 bis 12 Prozent doppelt so hoch wie bei Männern mit 5 bis 6 Prozent (Ehlers 1999; Teegen 2000).

Erschütterung

Durch Menschen verursachte Traumata wie sexuelle und körperliche Übergriffe oder Terroranschläge führen also mit höherer Wahrscheinlichkeit zu einer posttraumatischen Belastungsstörung als natürliche Katastrophen. Weshalb? Solche Traumata erschüttern den prinzipiellen Glauben an das Gute auf der Welt und im Menschen. Der Verlust dieser Grundüberzeugung begünstigt das Auftreten einer PTBS. Ferner treffen durch Menschen verursachte Katastrophen häufiger einzelne Menschen als große Menschengruppen. Alleine betroffen zu sein scheint ebenfalls das Erkrankungsrisiko zu erhöhen.

Symptome

Posttraumatische Belastungsstörungen kann man mit drei Hauptsymptomen charakterisieren (Maercker u. Barth 2004; Perrez et al. 1998):

- Vermeidung und emotionale Erstarrung: Gedanken- und Gefühlsvermeidung hinsichtlich des erlebten Traumas,

Benommenheitsgefühl gegenüber der Umwelt, Entfremdung von anderen Personen und Desinteresse an früher gerne ausgeübten Aktivitäten.
- Intrusionen/Wiederdurchleben, beispielsweise wird das Trauma in Gedanken und Träumen immer wieder erlebt. Es kann zu blitzlichtartigen Erinnerungen und zu Albträumen kommen.
- Übererregung, die sich zeigen kann in der Unfähigkeit, sich zu entspannen, in Schlaf-, Gedächtnis und Konzentrationsstörungen, Überempfindlichkeiten oder Schreckhaftigkeit.

Verlauf

Posttraumatische Belastungsstörungen entwickeln sich in der Mehrzahl der Fälle direkt nach dem Trauma, ein verzögerter Beginn findet sich nur bei 10 bis 15 Prozent der Betroffenen. Im ersten Jahr nach dem traumatischen Erlebnis verschwinden bei etwas mehr als der Hälfte der Betroffenen die Symptome wieder, bei rund einem Drittel der traumatisierten Personen ist hingegen mit einem chronischen Verlauf zu rechnen. Das Chronifizierungsrisiko ist dabei umso größer, je schwerer die anfänglichen Symptome sind (Ehlers 1999).

Risikofaktoren

Das Risiko, eine PTBS zu entwickeln, steigt (Teegen 2000),
- wenn ein Ereignis ohne Vorwarnung eintritt, das Trauma mit Lebensgefahr, schweren Verletzungen, extremem Kontrollverlust sowie personaler Gewalt verbunden ist.
- wenn schon vor dem Ereignis eine Beeinträchtigung durch eine Depression, Angststörung oder geringe Bewältigungsfähigkeit bestand.
- wenn soziale Unterstützung fehlt oder als negativ erlebt wird, eine Stigmatisierung des Opfers oder eine Reviktimisierung durch die Medien, die Justiz oder das Gesundheitswesen erfolgt.

Chronifizierung

Sofern eine PTBS eingetreten ist, gibt es Faktoren, die zur Chronifizierung der Symptome beitragen können (Maercker u. Barth 2004):
- Vermeidender Bewältigungsstil: Gedankenunterdrückung und Gefühlsvermeidung, nicht über das Ereignis sprechen wollen, ständiges Grübeln, extremer Ärger und extreme Wut.
- Dysfunktionelle kognitive Veränderungen, beispielsweise die Verstärkung von Kognitionen wie »Die Welt ist ungerecht«, »Man kann niemandem trauen« oder »Mir wird es nie wieder gut gehen«.
- Unangemessene Schuldgefühle, die in der Regel dazu dienen, die Kontrollillusion bezüglich der Traumaverursachung aufrechtzuerhalten. Wenn man denkt: »Hätte ich mich anders verhalten, wäre alles gut gegangen«, erzeugt man die Illusion, man hätte Einfluss auf die Situation gehabt.

Komorbidität

Posttraumatische Belastungsstörungen gehen häufig mit Genussmittelmissbrauch, Gewalt und zwischenmenschlichen Problemen einher. Nach Saß et al. (2003) besteht beim Vorliegen einer PTBS ein erhöhtes Risiko für andere psychische Störungen wie beispielsweise soziale Phobie, Depression und Suchtmittelmissbrauch.

Psychotherapie

Wenn man an einer Belastungsstörung erkrankt ist, sollte man sich Hilfe bei einem Psychotherapeuten suchen (s. hierzu den Adressteil in ▶ Kap. 5). In unmittelbarer zeitlicher Nähe zu einem potenziell traumatisierenden Ereignis, also noch bevor man weiß, ob ein Betroffener erkranken wird, werden häufig sog. Debriefings angeboten. Dabei handelt es sich um zwei bis drei strukturierte Gesprächsrunden, in denen über das traumatische Ereignis gesprochen wird. Debriefings werden häufig subjektiv als hilfreich erlebt, schützen aber nicht zwingend vor der Entwicklung einer Belastungsstörung. Der Nutzen von Debriefings ist umstritten.

Hochstresssituationen und Gegenmaßnahmen

Neben Extremstresssituationen mit Traumawirkung sind auch Hochstresssituationen einen kurzen Blick wert. In Hochbelastungssituationen, wie beispielsweise einem drohenden Bankrott oder einem Auslandseinsatz unter sehr ungünstigen sozialen oder klimatischen Bedingungen, ist das Einhalten einer persönlichen Routine der zentrale stabilisierende Faktor. Der Unkontrollierbarkeit der Situation wird eine individuell beeinflussbare Struktur entgegengesetzt:

- Schaffen und Einhalten von Tagesrhythmik und Tagesritualen. Man muss sich eine klare Struktur geben.
- Einhalten von Essens- und Schlafzeiten.
- Klare Gestaltung des Arbeitsumfelds. Zusätzlicher Kontrollverlust durch schlechte Organisation ist zu vermeiden.
- Aufrechterhalten der inneren Disziplin. Dazu gehört es, auf Kleidung und Hygiene zu achten, sich nicht »gehen zu lassen« sowie auf körperliche Fitness zu achten.

Strukturen schaffen

Solche Strukturen sichern die kognitive Leistungsfähigkeit. Entlang der selbst geschaffenen Strukturen kann man sich orientieren und Ruhe finden. Denn unter emotionalem Einfluss und unter Zeitdruck denkt der Mensch schlecht. Gerade in Hochbelastungssituationen führt das regelmäßig zu überschießendem Verhalten, das seinerseits die Situation verschärfen und den Stress erhöhen kann.

Mobbing

Stressor Mobbing

Was hat Mobbing mit Stress zu tun? Mobbing ist ein extremer sozialer Stressor (Esser 2003; Holz et al. 2004; Knorz u. Zapf 1996; Zuschlag 2001). Nach Willingstorfer et al. (2002) besteht ein hoher Zusammenhang zwischen sozialen Stressoren und Mobbing. Soziale Stressoren werden durch ihre Dauer, Häufigkeit und Systematik zu Mobbing (Holz et al. 2004). Wegen der Alltagsrelevanz von Mobbing wird hier in einem eigenen Kapitel vertieft auf dieses Thema eingegangen. So schreibt beispielsweise Premper (2002), dass gut ein Viertel der Patienten in psychosomatischen Kliniken von Problemen am Arbeitsplatz berichtet. Ohne direkt danach gefragt zu werden, gaben gut 10 Prozent der Patienten an, gemobbt zu werden. Ein weiterer Grund für ein eigenes Mobbingkapitel sind die im Alltag regelmäßig relevanten Rechtsfragen, die bei Mobbing einen größeren Raum einnehmen als bei Stress und Burn-out.

Mobbing kann – wie andere Stressoren auch – eine Kettenreaktion auslösen: Mobbing erzeugt Stress. Unter Stress verändert sich das Verhalten, das wiederum kann Irritationen bei Kollegen und damit erneute Mobbinghandlungen hervorrufen. Daraus kann ein neuer sozialer Stressor entstehen. Der Teufelskreis ist angestoßen.

Polarisierung

Bekannt wurde der Begriff *Mobbing* durch Veröffentlichungen von Leymann (1993), der Schikanen am Arbeitsplatz systematisch untersuchte. Sein Konzept wurde in einer Vielzahl populärwissenschaftlicher Veröffentlichungen aufgegriffen, jedoch meist unscharf verwendet. Die öffentliche Diskussion um das Thema Mobbing ist stark polarisiert: Auf der einen Seite finden sich dramatische Berichte über Mobbingopfer und die gesellschaftliche Verbreitung von Mobbing. Auf der anderen Seite stehen die Skeptiker, die Mobbingopfer für nicht konflikt- und nicht lebenstauglich halten. Individuelle und psychische Probleme sehen die Skeptiker nicht als Folge von Ausgrenzung am Arbeitsplatz, sondern als deren Ursache (Premper 2002). In diesem Spannungsbogen bewegt sich die öffentliche Diskussion zum Thema Mobbing – wobei man erkennen kann, dass Mobbing in den letzten Jahren zunehmend ernster genommen wird.

3.1 Definition

Bedrängen, angreifen

Der Begriff ist aus dem englischen Verb *to mob* abgeleitet, was so viel heißt wie *bedrängen, anpöbeln, attackieren, angreifen* (Esser 2003; Neuberger 1999). Der Ursprung des Wortes liegt wahrscheinlich in der Bezeichnung *mobile vulgus*. Übersetzt heißt das *aufgewiegelte Volksmenge, Pöbel* (Premper 2002). Im alltäglichen Sprachgebrauch wird der Begriff *Mobbing* ähnlich inflationär gebraucht wie der Begriff *Stress* (Esser u. Wollmerath 2008). Man spricht umgangssprachlich schon bei einzelnen Streitereien oder Beleidigungen von Mobbing. Das verwässert den Begriff und verniedlicht das Problem.

Definition

Im Folgenden wird *Mobbing* in Anlehnung an Meschkutat, Stackelbeck und Langenhoff (2002) so definiert: Mobbing liegt vor, wenn eine Person am Arbeitsplatz häufig und über einen längeren Zeitraum schikaniert, drangsaliert oder benachteiligt und ausgegrenzt wird.

Nach Teuschel (2010) sollte der Begriff *Mobbing* der Bezeichnung spezifischer Konflikte am Arbeitsplatz vorbehalten bleiben.

Sozialer Rahmen

Mobbing findet in einem festen sozialen Rahmen statt. Die Arbeitskollegen kann man sich nicht aussuchen (Resch 1997). Eine Arbeitsgruppe ist letztlich eine Zwangsgemeinschaft. Man arbeitet nicht zusammen, weil man sich mag, sondern weil man bestimmte Aufgaben lösen soll. Wer sich in einer solchen Zwangsgemeinschaft nicht wohlfühlt, kann sich nicht folgenlos abwenden. Mobbing tritt demgegenüber seltener in freiwilligen Zusammenschlüssen wie Sportvereinen auf, ganz einfach deshalb, weil derjenige, der sich nicht akzeptiert fühlt, sich einen anderen Verein oder ein anderes Hobby suchen kann (Resch 1997). Die festen Rahmenbedingungen des Arbeitslebens sind daher eine Voraussetzung für Mobbing.

Systematik

Im Laufe eines Arbeitstags begegnen sich Kollegen häufig, und es wird viel kommuniziert – überwiegend fachlich, aber auch privat. In jedem Arbeitsfeld gibt es konfliktbelastete Kommunikation. Stellen Sie sich vor, Herr Heller ist im Stress und faucht seine Kollegin an: »Machen Sie gefälligst die Türe zu.« Konfliktbelastete Kommunikation kann aber auch wortlos sein. Wenn Herr Heller seiner Kollegin den Gruß verweigert oder demonstrativ über ihren Kopf hinwegredet, als sei sie Luft, ist die Kommunikation auch ohne Worte konfliktbelastet (Resch 1997). Aber ist das schon Mobbing? Dazu müsste die konfliktbelastete Kommunikation systematisch und über längere Zeit andauern.

Beispiel

Wenn Herr Heller seine Kollegin Frau Müller schon seit einer Woche nicht mehr grüßt, ist das mehr als ein normaler Streit. Wenn das seit Wochen so geht, wird Frau Müller möglicherweise unter der Situation leiden. Wenn nicht nur Herr Heller, sondern auch andere Mitglieder der Arbeitsgruppe Frau Müller nicht mehr grüßen, entsteht psychischer Druck. Spätestens dann liegt Mobbing vor (Resch 1997).

Kein Mobbing

Kein Mobbing sind Situationen wie die folgenden (Esser u. Wolmerath 2008; Resch 1997; Teuschel 2010):

- Konflikte und Feindseligkeiten zwischen Abteilungen, beispielsweise Vertrieb gegen Controlling,
- Desinteresse und Antipathie gegen eine Person, sofern diese nicht in feindseliger Art geäußert werden,

- unhöfliches Verhalten wie beispielsweise Verweigerung des Grußes,
- ein allgemein erhöhter Druck auf Arbeitnehmer,
- gerechtfertigte Rügen.

3

Nach Ansicht von Esser u. Wolmerath (2008) ist Mobbing eine besondere Art und Weise der feindseligen Ausgrenzung, mit der Konflikte ausgetragen werden, d.h., nicht jeder Konflikt und nicht jede Art und Weise der Konfliktaustragung sind Mobbing. Esser u. Wolmerath (2008) formulieren das so: Bei Mobbing bleibt das Grundproblem im Hintergrund, stattdessen wird die angegriffene Person als Problem in den Vordergrund gerückt.

Konkret kann man sich Mobbing beispielsweise so vorstellen: Gespräche verstummen, wenn der Betroffene ins Zimmer kommt, die Türe wird vor seiner Nase geschlossen, Arbeitsabläufe werden so unzureichend erklärt, dass es Probleme geben muss, oder die Arbeit wird dem Betroffenen ganz entzogen. Menschen sollen ausgestochen werden durch Falschinformationen, Denunziationen, Bloßstellen, sexuelle Belästigung oder Rufmord. Mobbing ist ein Begriff für Dinge, die es schon lange gibt: Ignorieren, Einschüchtern, Bloßstellen, Intrigenspinnen (Schröter 2000).

Systematisches Vorgehen

Mobbing ist durch das prozesshafte Ineinanderwirken von Einzelelementen gekennzeichnet. Das ist nicht der Fall, wenn ein Mitarbeiter ein einziges Mal von seinem Vorgesetzten ungerecht behandelt wird. Mobbing liegt jedoch dann vor, wenn ein Mitarbeiter systematisch ungerecht behandelt wird (Esser u. Wolmerath 2008).

Zentrale Elemente

Je nach der psychischen Stabilität und dem Selbstbewusstsein eines Betroffenen zeichnet sich mehr oder weniger rasch ein Leistungsabfall ab. Die betroffene Person verbraucht viel Energie, um sich im sozialen Gefüge des Teams oder der Abteilung zu behaupten und ihren sozialen Status aufrechtzuerhalten. Soziale Isolation, das Fehlen positiver und geballte negative Rückmeldungen sowie das Vorenthalten von Informationen machen die betroffene Person ziel- und orientierungslos und damit letztlich handlungsunfähig. Geplagt von Selbstzweifeln und Angst, kämpft ein Mobbingopfer um den Erhalt der eigenen Würde und verhält sich zunehmend unsicher. Das Selbstbild wird destabilisiert. Psychosomatische Stresssymptome wie Durchfall, Migräne, Schlafstörungen, Nasennebenhöhlenerkrankungen und Ähnliches entwickeln sich zu chronischen Krankheitsbildern.

Neben solchen Einzelbeispielen sind vor allem systematische Daten hilfreich für die Einschätzung der Mobbingproblematik. Mit dem *Mobbing-Report* (Meschkutat et al. 2002) liegt eine repräsentative Datenerhebung für die Bundesrepublik Deutschland vor. Von Ende 2000 bis Anfang 2001 wurden rund 4.400 Personen zu Basisdaten befragt; die vertiefende Studie bezog rund 1.300 Personen ein. Danach wurden 2,7 Prozent zum Zeitpunkt der Befragung gemobbt, rund 11 Prozent gaben an, schon einmal in ihrem Leben gemobbt worden zu sein. Bei einer Gesamtbeschäftigtenzahl von aktuell rund

41 Millionen (Destatis 2012) entspricht 2,7 Prozent (aktuell gemobbte Personen) einer absoluten Zahl von rund 1 Million Menschen. Rechnet man die Lebensmobbingquote von rund 11 Prozent der erwerbsfähigen Bevölkerung entsprechend um, so wird jeder neunte Erwerbsfähige mindestens einmal im Verlauf seiner Erwerbstätigkeit gemobbt. Im Einzelnen stellten Meschkutat et al. (2002) fest:

Häufigkeit

- Das Mobbingrisiko von Frauen liegt um 75 Prozent höher als das von Männern.
- Einem leicht erhöhten Mobbingrisiko ist die Altersgruppe der 55-jährigen und älteren Mitarbeiter ausgesetzt. Besonders betroffen sind jedoch die unter 25-Jährigen.

Zur leichteren Vergleichbarkeit von Berufsgruppen wird ein »Mobbing-Risiko-Faktor« eingeführt, der den Anteil der Mobbingfälle aus einer Berufsgruppe in Relation zum Anteil der Beschäftigten in der jeweiligen Berufsgruppe stellt. Der Faktor ist der Multiplikator im Verhältnis zum durchschnittlichen Mobbingrisiko (Meschkutat et al. 2002).

- Verlagskaufleute tragen mit 4,3 das größte Mobbingrisiko. Ein großes Risiko tragen mit 2,9 auch administrativ tätige Personen und mit 2,8 soziale Berufe wie Sozialarbeiter, Sozial- und Heilpädagogen, Erzieher, Alten- und Kinderpfleger. Immer noch doppelt so hoch wie der Durchschnitt ist das Risiko für Verkaufspersonal sowie Bank- und Versicherungsangestellte (2,0). Techniker tragen ein 1,8-faches Risiko. Die übrigen Gesundheitsdienstberufe haben einen Mobbing-Risiko-Faktor von 1,6. Es folgen Rechnungskaufleute und Informatiker mit 1,5 sowie Büroberufe und kaufmännische Angestellte mit 1,3.
- Im mittleren Bereich liegen (0,8 bis 1,2) Metallverarbeitungsberufe, Werkzeug- und Formenbauberufe, Elektroberufe, Berufe in der Textilherstellung, Maschinen- und Anlagenführer, Ingenieure, Berufe des Wasser- und Luftverkehrs, Lehrer, geistes- und naturwissenschaftliche Berufe.
- Unterdurchschnittliche Mobbingrisiken haben Groß- und Einzelhandelskaufleute (0,5), Reinigungs- und Entsorgungsberufe (0,5), Berufe des Landverkehrs (0,3) sowie landwirtschaftliche Berufe (0,1).
- Ein sehr geringes Mobbingrisiko (0,0) haben technische Zeichner, Personen in tierwirtschaftlichen Berufen, Gartenbau-, Forst- und Jagdberufen, in der Glasherstellung und -bearbeitung, in der Papierherstellung und -verarbeitung, in Gießereiberufen, in der Lederherstellung und in Sicherheitsberufen.
- Ein besonders hohes Mobbingrisiko tragen Auszubildende (4,4).

Zwischenfazit

Es gibt kaum eine Personengruppe und kaum einen Beruf, die bzw. der vollständig von Mobbing verschont bleibt. Allerdings bestehen durchaus Risikokonstellationen. So ist die junge Sozialarbeiterin einem vielfach höheren Mobbingrisiko ausgesetzt als der männliche

45- bis 55-jährige Angestellte in der Landwirtschaft (Meschkutat et al. 2002).

3.2 Erscheinungsformen

Handlungstypen

Leymann (1993) arbeitete fünf Handlungstypen für Mobbing mit insgesamt 45 Mobbinghandlungen auf individueller Ebene heraus. Diese von Leymann vorgeschlagene Liste wird immer wieder wegen Unvollständigkeit, Redundanzen und logischen Inkonsistenzen kritisiert. Diese Kritik ist aber prinzipiell gegen jegliche Art von Liste vorzubringen. Auf der Basis von Leymanns Systematik hat Zuschlag (2001) eine detailliertere Liste erstellt. Esser u. Wolmerath (2008) legen eine Liste mit 100 Mobbinghandlungen vor, die in Auszügen in der Übersicht im Kasten aufgelistet wird.

Typische Mobbinghandlungen (nach Esser u. Wollmerath 2008)

- **Destruktive Kritik**
  - Demütigende, unsachliche Kritik
  - Kritik von Fehlern, die durch Anweisungen des Mobbers provoziert wurden
  - Unterdrückung von Verbesserungsvorschlägen
  - Dauerkontrolle mit dem Ziel der Zermürbung
- **Angriffe gegen die Arbeitsleistung/das Leistungsvermögen**
  - Unterschlagung/Manipulation von Arbeitsergebnissen
  - Informationsunterdrückung
  - Anordnung sinnloser Tätigkeiten
  - Zuweisung von objektiv zu viel Arbeit
  - Anordnung systematisch unterfordernder Tätigkeiten
  - Abschneiden von üblichen Informationskanälen
  - Geistiger Diebstahl/Aneignung von Arbeitsergebnissen
  - Beschneidung der Zuständigkeit
  - Anweisungen werden (offen oder verdeckt) nicht ausgeführt
  - Anweisungen werden wortwörtlich ausgeführt, einschließlich offensichtlicher Fehler
- **Angriffe gegen den Bestand des Beschäftigungsverhältnisses**
  - Behaupten von Fehlverhalten (z.B. Verschwindenlassen des Urlaubsantrags)
  - Willkürliche Abmahnung
  - Willkürliche Umsetzung/Versetzung
  - Willkürliche Kündigung
  - Manipulation der Arbeitszeiterfassung
  - Unterstellung strafbarer Handlungen
  - Absichtlich schlechte berufliche Beurteilung

- **Angriffe gegen die soziale Integration am Arbeitsplatz**
  - Räumliche Isolation, z.B. abgelegener Arbeitsplatz
  - Unterdrückung von Meinungsäußerungen
  - Einschüchtern möglicher Bündnispartner des Betroffenen
  - Versetzung möglicher Bündnispartner des Betroffenen
  - Ausschließen des Betroffenen aus der Alltagskommunikation
  - Ausschließen aus informellen/geselligen Treffen
  - Demonstratives Schweigen im Beisein des Betroffenen
  - Ignorieren von Fragen und Kooperationsangeboten
  - Demonstratives Aus-dem-Weg-Gehen
- **Angriffe gegen das soziale Ansehen im Beruf**
  - Verleumdung/Rufmord
  - Verbreiten oder gezieltes Weiterleiten von Gerüchten
  - Unterstellen von Böswilligkeit/Fahrlässigkeit wider besseres Wissen
  - Provokation, um emotionale Reaktionen auszuschlachten
  - Beleidigung und Demütigung im Beisein Dritter
  - Lächerlichmachen
  - Unterstellen einer psychischen Erkrankung
  - Erfinden von Beschwerden durch Dritte
- **Angriffe gegen das Selbstwertgefühl**
  - Demütigung/Erniedrigung/Häme
  - Unterstellung von bösen Absichten/Unehrenhaftigkeit
  - Ausnutzen von persönlichen Unsicherheiten
  - Übertriebene Kontrolle/berufliche Entmündigung
- **Erzeugen von Angst, Schreck und Ekel**
  - Erzeugen von Angst und Schrecken, z.B. Einsperren des Betroffenen, Platzieren von toten Tieren im Büro
  - Erzeugen von Ekel, z.B. mit verdorbenen Lebensmitteln
  - Verstecken
  - Einschüchtern/Bedrohen/Nötigen
- **Angriffe gegen die Privatsphäre**
  - Telefonterror
  - Ständige Kontrollanrufe/-besuche
  - Bedrängende Aufforderungen, aus dem Urlaub oder aus der krankheitsbedingten Arbeitsunfähigkeit zurückzukommen
  - Ängstigen, Angreifen, Belästigen von Familienangehörigen
  - Sachbeschädigung an privaten oder beruflich genutzten Gegenständen, Kleidung etc.
  - Gezielte Zuweisung schlechter Urlaubstermine
  - Kurzfristige Rücknahme zugesagten Urlaubs
  - Ständiges Abwerten privater Vorlieben, Interessen und Tätigkeiten
  - Ständiges Abwerten religiöser, politischer, weltanschaulicher Überzeugungen

- **Angriffe gegen die Gesundheit und körperliche Unversehrtheit**
  - Offene körperliche Übergriffe
  - Als Missgeschick getarntes Zufügen von Verletzungen
  - Gezielte Anordnung gesundheitsschädlicher Tätigkeiten
  - Sabotage von Sicherheitsmaßnahmen
  - Sexuelle Belästigung
  - Heimliches Verabreichen von Medikamenten und/oder Suchtmitteln
  - Herbeiführen von gesundheitlichen Beeinträchtigungen, z.B. durch Zugluft, Kälte, Hitze, Lautstärke, Tabakqualm
- **Versagen von Hilfe**
  - Ignorieren der Mobbingsituation
  - Verharmlosen, Lächerlichmachen von Beschwerden
  - Vorwürfe, Schuldzuweisung gegenüber dem Betroffenen
  - Dulden von Mobbinghandlungen anderer

Grenzen

Auch diese Liste bietet keine überschneidungsfreie Einteilung von Mobbinghandlungen. So ist beispielsweise Mobbing auf längere Sicht oft gesundheitsgefährdend, dennoch müssen die einzelnen Mobbinghandlungen nicht direkt auf die Gesundheit von Betroffenen zielen (Esser u. Wolmerath 2008). Eine einzelne Handlung ist jedoch noch kein Mobbing. Hinzukommen muss ein bestimmtes Maß an Zielgerichtetheit und Systematik. Hauptzielrichtung von Mobbing sind Angriffe gegen eine Person und deren soziales Gefüge, beispielsweise das Vorenthalten von Anerkennung und die Beschädigung des Ansehens (Esser u. Wolmerath 2008). Am häufigsten ist das Verbreiten von Unwahrheiten und Gerüchten, durch die das persönliche und fachliche Ansehen der betroffenen Person infrage gestellt wird. Zum Beispiel wird einer Person unterstellt, psychisch krank oder alkoholabhängig zu sein. Die Verursacher von Gerüchten lassen sich nur schwer identifizieren; damit haben die Betroffenen es sehr schwer, sich wirksam zu wehren.

Spezifische Mobbinghandlungen

Differenziert nach Geschlecht, Alter, beruflichem Status und Tätigkeitsniveau sind merkmalstypische Mobbinghandlungen zu beobachten (Meschkutat et al. 2002). Angriffe gegen Frauen spielen sich überwiegend im sozialen, weniger im fachlichen Kontext ab. Bei Männern ist es umgekehrt, sie sind häufiger von Mobbing betroffen, das im fachlichen Kontext stattfindet, und weniger von feindseligen Handlungen, die auf der Ebene der sozialen Beziehungen angesiedelt sind. Jüngere Beschäftigte werden überwiegend fachlich diskreditiert, ältere dadurch, dass ihnen Arbeit entzogen wird. Arbeiter werden am häufigsten durch Gerüchte, Unwahrheiten, Sticheleien, Hänseleien und Beleidigungen gemobbt, am seltensten werden sie bei der Arbeit behindert. Personen, deren Tätigkeit auf niedrigem Niveau angesiedelt ist, leiden am meisten unter Gerüchten etc. Personen, deren

Tätigkeit auf hohem Niveau angesiedelt ist, fühlen sich häufig durch die Verweigerung wichtiger Informationen gemobbt.

Nach Zapf (1999) kann man Mobbinghandlungen in folgende fünf Bereiche zusammenfassen:

1. Mobbing als organisatorische Maßnahme, die schwerpunktmäßig die Arbeitsaufgaben und den Entzug von Entscheidungskompetenz betrifft.
2. Soziale Isolierung: Man spricht nicht mehr mit den Betroffenen und lässt sich nicht mehr ansprechen. Man meidet die betroffene Person und grenzt sie aus.
3. Angriff auf die Person und ihre Privatsphäre: Man macht die Person lächerlich und reißt Witze über deren Privatleben.
4. Verbale Drohungen oder verbale Aggressionen wie Anschreien, Kritisieren und Demütigen vor anderen Mitarbeitern.
5. Androhung und Ausübung körperlicher Gewalt.

3.3 Verlauf

Mobbing wird immer wieder als Phasenverlauf beschrieben. Eine gute Mischung zwischen Prägnanz und Differenziertheit ist das nachfolgend vorgestellte Fünf-Phasen-Modell (Meschkutat et al. 2002; Mittelstaedt 1998; Schild u. Heeren 2003). Andere Phasenmodelle werden beispielweise von Brinkmann (2002), von Esser u. Wollmerath (2008) sowie von Teuschel (2010) vorgeschlagen.

▪ Konflikte, einzelne Vorfälle

Phase 1

Konflikte gibt es an jedem Arbeitsplatz. Entscheidend ist, wie man damit umgeht. Oft werden Konflikte nach kurzer Zeit beigelegt, z.B. entschuldigt man sich für eine beleidigende Äußerung. Problematisch wird ein Konflikt, der unbearbeitet bleibt und vor sich hin schwelt. Dann kann sich schleichend eine aggressive, gereizte Stimmung unter den Mitarbeitern entwickeln. Dadurch erhöht sich die Wahrscheinlichkeit, dass ein Konflikt eskaliert und in Mobbing umschlägt. Das Verhalten ist gekennzeichnet von Irritiertheit, Reizbarkeit und einseitigem Argumentieren für den eigenen Standpunkt. Im Vordergrund steht noch das Bemühen um eine rationale Konfliktlösung, untergründig spielen aber schon Verunsicherung, Verärgerung und Angst eine Rolle.

▪ Selbstverteidigungszwang als unterschwellige Mobbingvoraussetzung

Phase 2

Die Sachauseinandersetzung tritt in den Hintergrund, der Konflikt wird personifiziert. Die eigene Machtposition wird als bedroht erlebt. Die Verunsicherung der Beteiligten ist stark. Die Bereitschaft, soziale Normen zur Absicherung der eigenen Position zu umgehen, wächst. Ein erheblicher Teil der Arbeitszeit wird zur Konfliktaustragung genutzt. Bei dem Betroffenen stellen sich erste Stresssymptome ein, die im weiteren Verlauf zunehmen. Diese zweite Phase muss nicht zwingend durchlaufen werden, mitunter geht Phase 1 direkt in Phase 3 über.

Phase 3

- **Eskalation**

Mit der gemobbten Person will niemand mehr zusammenarbeiten. Sie wird nicht mehr akzeptiert und nicht mehr respektiert. Dadurch wird sie unsicher, macht Fehler, fällt negativ auf. Ihr schlechtes Befinden, das erst durch Mobbing entstanden ist, dient zur Rechtfertigung fortschreitender Ausgrenzungen. Der reguläre Arbeitsablauf wird gestört, sodass die Organisation die gemobbte Person zunehmend als lästig empfindet. Der gemobbten Person wird nahegelegt, zu kündigen oder sich einen anderen Arbeitsplatz in der Organisation zu suchen. Die Verfassung des Mobbingopfers, hervorgerufen unter anderem durch die soziale Isolation und die Zurückweisungen, verschlechtert sich bis hin zu schweren Erkrankungen. Die zu Beginn eventuell noch gleich starken Konfliktparteien haben sich inzwischen zu *Täter* und *Opfer* verfestigt. Die Emotionen der Beteiligten wirken, von außen betrachtet, irrational. In dieser Phase muss die Organisation formal reagieren, weil der Arbeitsablauf gestört ist. Dadurch sinken die Chancen, die Situation durch eine Versetzung ohne großes Aufsehen zu entschärfen. Die Gerüchteküche brodelt, und ein unvoreingenommener Neustart wird durch vorauseilende Negativinformationen erschwert.

Phase 4

- **Fehldiagnosen**

Der Gesundheitszustand des Betroffenen hat sich so verschlechtert, dass spätestens jetzt Kontakt zu Ärzten oder Psychologen aufgenommen wird. Es kann zu Diagnosen kommen, die der Betroffene als Fehldiagnose und als ungerecht empfindet. Mitunter erkennen Ärzte und Psychologen nicht unmittelbar, dass die Arbeitsbedingungen die Hauptursache für die jeweiligen Erkrankungen und seelischen Störungen sind. Durch die öffentliche Diskussion des Begriffs und die Arbeit der Mobbingberatungsstellen hat sich die Situation in den letzten Jahren allerdings erheblich verbessert. In vielen Städten kennen die Mobbingberatungsstellen Ärzte und Psychologen, die sich zu dem Thema qualifiziert haben und kompetent behandeln.

Phase 5

- **Endstation**

Die Betroffenen werden aufs Abstellgleis geschoben. Viele verbleiben zwar in der Organisation, werden aber ausgegrenzt, erhalten sinnlose oder unterfordernde Arbeitsaufträge und werden räumlich und sozial isoliert. Am Ende schließt man die Betroffenen häufig aus der Arbeitswelt aus, indem man sie langfristig krankschreibt, frühverrentet oder ihnen kündigt. Im Extremfall versuchen die gemobbten Personen, die Konflikte am Arbeitsplatz mit Gewalt zu lösen, oder begehen Selbstmord.

Stigmatisierung

Das Kernproblem des Mobbings ist die soziale Isolation und die Stigmatisierung des Opfers. Selbst wenn zunächst nur eine Person mobbt, ändert sich durch die Angriffe auch die Reaktion des Umfelds. Leymann hat festgestellt, dass die Mobbergruppe im Zeitverlauf wächst: Auch ursprünglich neutrale Personen schlagen sich auf die Seite des Mobbers. Eine weitere Gruppe sind die sog. Möglichmacher (Leymann 1993), die sich zwar nicht beteiligen, das Mobben aber registrieren und sich vom Opfer zurückziehen, eventuell aus Angst, selbst gemobbt zu werden. Damit ist der Weg in die soziale Isolation beschritten. Gerüchte führen zur Parteinahme bisher unvoreingenommener Mitarbeiter. Hinzu kommt, dass der Betroffene auf die Angriffe reagiert. Oft denkt das Mobbingopfer noch in Kategorien von Schuld und Wiedergutmachung, während das Umfeld schon längst mit der Isolierung begonnen hat. Das subjektiv aus Mobbingopfersicht verständliche Bestehen auf Wiedergutmachung wird oft als Halsstarrigkeit gedeutet und führt tiefer in die Isolation. Auch reagiert der Betroffene zunehmend mit Misstrauen und Unfreundlichkeit. Daraufhin distanzieren sich auch anfänglich neutrale Personen. Die fehlende soziale Unterstützung verschlechtert das Bewältigungsvermögen des Betroffenen deutlich. Verhaltensweisen, die eigentlich der Entspannung der Situation dienen sollen, werden von den Mobbern umgedeutet, z.B. als unterwürfiges oder arrogantes Verhalten, sodass sich neue Ansatzpunkte für Mobbinghandlungen ergeben. Leymann (1993) trifft es mit folgender sinngemäß zitierten Aussage auf den Punkt: Was auch immer der Betroffene unternimmt, um sich aus der Mobbingsituation zu retten, es sind die Mobber, die einseitig darüber urteilen, ob das Mobbing endet oder nicht.

Teufelskreis

Verteidigungsverhalten wird falsch interpretiert. Anstatt das Verhalten in Beziehung zur sozialen Situation, d.h. zu den Angriffen, zu setzen, unterstellt man, das Verhalten sei in der Persönlichkeit begründet: Mutmaßungen über die Persönlichkeit und Charaktermängel bahnen den Weg zur Stigmatisierung. Je verzweifelter sich das Opfer wehrt, desto enger zieht sich die Schlinge. Leymann (1995) geht davon aus, dass 5 bis 10 Prozent der Mobbingopfer an schweren psychischen Störungen erkranken. Was mit Unwohlsein, Kopfschmerzen, Magenproblemen, Niedergeschlagenheit und Antriebslosigkeit beginnt, kann in Depression, Substanzmissbrauch oder -abhängigkeit enden.

Mobbingverlauf

In ◘ Tab. 3.1 wird ein idealtypischer Mobbingverlauf in knapper Form dargestellt. Die Zeitangaben sind lediglich Anhaltswerte zur Groborientierung. Im Einzelfall kann Mobbing rascher oder auch langsamer verlaufen. Es ist nicht zwingend, dass jeder Betroffene alle Phasen durchlebt. Es können Phasen übersprungen werden, und der Mobbingprozess kann unterbrochen oder gestoppt werden. Nach Meschkutat et al. (2002) erleben rund 60 Prozent der Gemobbten alle Eskalationsstufen, auch gravierende Folgen wie arbeitsrechtliche Schritte oder Krankschreibungen.

Mobbinghäufigkeit

Nach Meschkutat et al. (2002) wird von den gemobbten Personen jeder vierte Betroffene täglich und jeder dritte Betroffene mehrmals wöchentlich gemobbt. Der Zeitraum, in dem die Gemobbten von

Tab. 3.1 Mobbingverlauf (adaptiert nach Leymann 1993; Zuschlag 2001)

Stressoren	Krankheitssymptome	Reaktionen des Mobbingopfers
Vorphase Eventuell latente Konflikte	Keine Symptome	Keine Reaktionen
1. Phase Konflikte entstehen/werden bewusst	Psychosomatische Reaktionen, z.B. Schlafstörungen, Magen-Darm-Störungen, leichte depressive Verstimmung	Versuch einer rationalen Konfliktbewältigung
2. Phase Erste Mobbingattacken und gezielte Konflikteskalation	Verstärkung der in Phase 1 aufgetretenen Symptome	Rationale Argumentation und ggf. aggressive Abwehrreaktionen
3. Phase Konflikteskalation und Stigmatisierung des Opfers	Behandlungsbedürftigkeit aufgrund psychosomatischer Beschwerden	Teils hilflose, teils aggressive Abwehrreaktionen
4. Phase Einschreiten des Arbeitgebers, disziplinarische und arbeitsrechtliche Maßnahmen	Psychosomatische Symptomatik verschlimmert sich, Ausweitung zum generellen Angstzustand	Gegenattacken zur Vermeidung des sozialen Abstiegs, Existenzangst und Verzweiflung, Aufsuchen von Psychologen, Rechtsanwälten und Fachärzten
5. Phase Kündigung, Prozesse	Verfestigung der psychosomatischen Beschwerden und kompensatorische Flucht in die Krankheit	Konfrontation mit dem Ausscheiden aus dem Arbeitsleben und Isolation in der Gesellschaft

feindseligen Handlungen betroffen waren, beträgt im Durchschnitt der abgeschlossenen Fälle 16 Monate. Am häufigsten dauert ein Mobbingprozess rund 12 Monate. In den meisten Mobbingfällen waren drei bis fünf Personen feindselig aktiv. Allerdings geben knapp drei Viertel der Betroffenen an, dass das Mobbing am Anfang nur von einer Person ausging und sich im Laufe des Prozesses weitere Personen anschlossen.

3.4 Ursachen

Multiple Ursachen

Für die Entstehung von Mobbing kann man nur selten einen einzelnen Auslöser verantwortlich machen. Die Persönlichkeiten der Beteiligten spielen ebenso eine Rolle wie das Organisationsklima, der Führungsstil der Vorgesetzten und konjunkturelle Rahmenbedingungen. Angst vor Arbeitsplatzverlust, verbunden mit schlechten Wechselchancen, hält Betroffene beispielsweise länger an ihrem Arbeitsplatz, als dies bei günstigeren Bedingungen der Fall wäre. Unter günstigen Rahmenbedingungen kann ein Konflikt oft noch gelöst werden, unter ungünstigen Bedingungen kann ein und derselbe Grundkonflikt zu Mobbing eskalieren (Meschkutat et al. 2002).

Die Frage nach Mobbingursachen kann man so formulieren (Premper 2002; Zuschlag 2001): Weshalb mobbt dieser Mobbingtäter gerade dieses Mobbingopfer mit genau dieser Mobbingmethode zu diesem Zeitpunkt? Zur Beantwortung dieser Frage kann man in drei Bereichen nach Ursachen suchen: beim Mobbingtäter, beim Mobbingopfer und bei der Organisation, in der das Mobbing stattfindet.

3.4.1 Mobbingtäter

Veränderungsdruck

Die erhöhten beruflichen Anforderungen schüren Existenzängste und verunsichern. Als Richtschnur des Erfolgs dienen persönlicher hierarchischer Aufstieg und Eigennutz. Mitarbeiter wollen einerseits mitreden und mitentscheiden, andererseits ist mitunter ihre Bereitschaft gesunken, Verantwortung und Konsequenzen (mit) zu tragen. Dies schafft neue Probleme, vor allem auch dann, wenn die Entscheidungsbefugnisse und Informationswege unklar sind. Viele Vorgesetzte fühlen sich verunsichert. Wann sollen Führungskräfte ihre Führungsaufgabe wahrnehmen und auch unbequeme Entschlüsse fällen, und bei welchen Entscheidungen ist eine Mitsprache der Mitarbeiter geboten? Sobald ein Machtvakuum entsteht, kann dies ausgenutzt werden, und das kann der Anfang von Grenzüberschreitungen, Machtmissbrauch und Mobbing sein. Mögliche Folgen: Übergriffe von Mitarbeitern gegen Vorgesetzte, von Vorgesetzten gegen Mitarbeiter oder von Mitarbeitern untereinander.

In einigen Fällen geht Mobbing direkt vom Vorgesetzten aus. Gerade wenn Entlassungen anstehen, dulden manche Unternehmen Mobbing unter den Mitarbeitern oder fördern es sogar. Mobbing ist aus Sicht solcher Unternehmen billiger als ein Sozialplan. Mögliche Ursachen für Übergriffe eines Vorgesetzten gegen Mitarbeiter sind (Esser u. Wollmerath 2008; Heidenreich 2007; Zuschlag 2001):

Mobbing von oben

- Angst der Vorgesetzten
  - vor Autoritätsverlust/Machteinbuße im Unternehmen,
  - dass unzureichend angetriebene Mitarbeiter faulenzen,
  - vor Intrigen der Mitarbeiter,
  - dass Mitarbeiter sie aus ihrer Position verdrängen,
- Disziplinierung von Mitarbeitern,
- Antipathie,
- Revanchereaktionen/Racheaktionen auf von Mitarbeitern verursachte Probleme oder verursachten Ärger,
- mangelnde soziale Kompetenz, sodass die Vorgesetzten ihre Rolle nicht sachgerecht ausfüllen können.

Vorgesetzte und Kollegen

Mobbing von oben ist aber nur ein Teil des Problems. In der Untersuchung von Meschkutat et al. (2002) wurde auch gefragt, von wem die Mobbinghandlungen ausgehen. Dabei waren die Angreifer
- zu 38 Prozent nur der Vorgesetzte,
- zu 13 Prozent Vorgesetzte und Kollegen,
- zu 22 Prozent nur ein Kollege,
- zu 20 Prozent mehrere Kollegen und
- zu 2 Prozent nur Mitarbeiter.

In der Hälfte aller Fälle waren demnach Vorgesetzte am Mobbing beteiligt. Unter den mobbenden Vorgesetzten ist der Anteil direkter Vorgesetzter doppelt so hoch wie der Anteil indirekter Vorgesetzter. Allerdings sind auch in mehr als der Hälfte der Fälle Kollegen am Mobbing beteiligt. Demgegenüber ist Mobbing von unten seltener. Je niedriger die hierarchische Position ist, desto höher ist die Wahrscheinlichkeit von Kollegenmobbing, je höher die hierarchische Position ist, desto höher ist die Wahrscheinlichkeit von Vorgesetztenmobbing. Das ist wenig überraschend, weil man als Führungskraft oft keine Kollegen im engeren Sinne mehr hat. Die Attacken von Vorgesetzten konzentrieren sich auf die Arbeitsebene, die der Kollegen stärker auf die soziale Ebene. Männer sind etwas stärker vom Vorgesetztenmobbing, Frauen etwas stärker vom Kollegenmobbing betroffen (Meschkutat et al. 2002). Dabei ist jedoch zu beachten, dass mehr Männer in Führungspositionen arbeiten als Frauen und dass in höheren hierarchischen Positionen das Risiko von Vorgesetztenmobbing erhöht ist.

Geschlecht und Alter

Männer treten häufiger als Mobber (59 Prozent) in Erscheinung als Frauen (41 Prozent). Dabei gilt, dass Männer in 80 Prozent der Fälle und Frauen in 43 Prozent der Fälle von einem Mann gemobbt werden. Tendenziell wird damit eher gleichgeschlechtlich gemobbt. Mit dem Lebensalter steigt das Risiko, vom Vorgesetzten gemobbt zu werden, kontinuierlich an. Da mit zunehmendem Lebensalter tendenziell ein hierarchischer Aufstieg verbunden ist, kann man Konfundierungen von Alter mit der hierarchischen Position nicht ausschließen. Das Risiko, von gleichaltrigen oder älteren Personen gemobbt zu werden, ist relativ hoch. Zugespitzt formulieren Meschkutat et al. (2002): Ein typischer Mobber ist ein männlicher Vorgesetzter zwischen 35 und 54 Jahren, der langjährig im Betrieb beschäftigt ist.

Kollegenmobbing

Mögliche Ursachen für Übergriffe von Kollegen (Zuschlag 2001):

- Wichtige Informationen werden vorenthalten, um durch den Informationsvorsprung den eigenen Arbeitsplatz zu sichern.
- Ärgerliche Reaktionen gegen Drückeberger, deren Arbeit mit erledigt werden muss.
- Eine Gruppe versucht, ein Mitglied zur Anpassung an die von der Mehrheit aufgestellten Forderungen zu zwingen.
- Eine persönliche Feindschaft.
- Unzufriedenheit mit der eigenen Situation.

Fürsorgepflicht

Wenn Mobbing zwischen Kollegen entsteht, ist der Vorgesetzte gefordert. Er hat nicht nur die Weisungsbefugnis, sondern auch eine Fürsorgepflicht gegenüber seinen Mitarbeitern. Ein aufmerksamer Vorgesetzter wird meist merken, wenn einzelne Kollegen gemobbt werden, und er wird rechtzeitig eingreifen. Je früher der Vorgesetze bei beginnendem Mobbing eingreift, umso besser sind die Chancen, den Mobbingprozess im Ansatz zu stoppen.

Mobbing von unten nach oben ist zwar selten, aber es kommt vor. Mögliche Ursachen für Übergriffe gegen Vorgesetzte:

Mobbing von unten

- Bei einem neuen und ggf. unerwünschten Vorgesetzten werden die Grenzen ausgetestet.
- Ein Vorgesetzter wird aufgrund wahrgenommener Unzulänglichkeiten angegriffen.
- Eine informell wichtige Person aus dem Kollegenkreis möchte selbst die Führungsfunktion übernehmen.

Merkmale Mobbingtäter

Stucke (2002) zeigt, dass hoch narzisstische Personen mit geringer Selbstkonzeptklarheit die meisten Tätererfahrungen mit Mobbing haben. Hoch narzisstische Personen zeichnen sich durch Selbstüberschätzung aus. Ein überhöhter Selbstwert liegt vor, wenn der subjektive Selbstwert die realen Fähigkeiten einer Person übersteigt. Von geringer Selbstkonzeptklarheit spricht man, wenn das Selbstwertgefühl zeitlichen und situativen Schwankungen unterliegt und unsicher ist. Wenn ein überzogen positives Selbstbild infrage gestellt wird, resultiert daraus aggressives Verhalten gegenüber der Bedrohung. So wird die eigene Überlegenheit demonstriert und das verletzte Selbstbild wieder hergestellt. Aggression ist demnach eine Folge der Diskrepanz zwischen positiver Selbstbewertung und negativer Fremdbewertung (Stucke 2002). Die Diskrepanz ist bei Personen mit überhöhtem, aber instabilem Selbstbild besonders groß. Tatsächlich zeigen narzisstische Personen nach Misserfolg mehr Ärger (Stucke u. Sporer 2002).

Motive von Mobbingtätern

Zusammenfassend kann man sagen, dass es im Wesentlichen vier Motivgruppen bei Mobbingtätern gibt (Zapf 1999):

1. Mikropolitisches Mobbing, um einen missliebigen Mitarbeiter an den Rand oder aus der Organisation zu drängen, sog. inoffizielle Personalarbeit.
2. Mobbing als Strategie zur Selbstwertstabilisierung: Basis ist das Gefühl des Bedrohtwerdens in einem selbstwertrelevanten Bereich. Angst davor, unterlegen oder nicht anerkannt zu sein, ferner Angst vor Autoritätsverlust und Machteinbuße. Angst davor, von anderen nicht ausreichend informiert oder für unfähig gehalten zu werden, was in die Furcht münden kann, aus der eigenen Position verdrängt zu werden.
3. Mobbing als Strategie zur Statussicherung: Der Täter hat ein starkes Bedürfnis nach Anerkennung, Bewunderung und Machtausübung. Mängel und Fehler werden anderen zugeschrieben, und diese werden zum Sündenbock gemacht. Häufig liegen ein Hang zum Perfektionismus, mangelnde Empathie und geringe Delegationsfähigkeit vor. Dass andere den Eindruck gewinnen könnten, man sei seinen Aufgaben nicht gewachsen oder das Geschick und die Fähigkeit reichten nicht zur sachgerechten Anleitung, Kontrolle und Führung der zugeordneten Mitarbeiter aus, wird als Bedrohung wahrgenommen.

4. Nicht bewusstes Mobbing: Ungenügend wahrgenommene Konflikte führen zu aufgestautem Ärger. Es kommt zu kränkenden und schädigenden Handlungen, deren Wirkungen sich der Täter nicht bewusst sein muss.

3.4.2 Mobbingopfer

Selektion

Es kann vorkommen, dass Merkmale einer Person den Mobbingprozess auslösen. Das heißt nicht automatisch, dass der vom Mobbing Betroffene »selbst schuld« ist. Für die Entstehung der Mobbingsituation kann es ausreichen, dass eine Person in einer bestimmten Gruppe aufgrund ihrer Persönlichkeit, ihres Geschlechts, ihrer Hautfarbe, ihrer kulturellen oder nationalen Identität in eine sozial herausgehobene Stellung geraten ist. Die gleiche Person kann in einer anderen Gruppe akzeptiert und beliebt sein.

Die Frage, inwieweit Mobbingopfer die Mobbinghandlungen mit verursachen, wird kontrovers diskutiert. Teilweise wird bereits die Diskussion dieser Frage als Verunglimpfung der Opfer gesehen. Hier geht es jedoch nicht um die Verschiebung der Verantwortung vom Täter zum Opfer, sondern um die Frage, welche Eigenschaften und Merkmale die Wahrscheinlichkeit erhöhen, Mobbingopfer zu werden.

Opferfaktoren

Nach Premper (2002), Rammsayer et al. (2006), Teuschel (2010) sowie Zuschlag (2001) sind folgende Faktoren relevant:

- Leistungsprobleme: Erforderliche Kenntnisse oder Fähigkeiten fehlen. Es liegt eine geringe Anstrengungsbereitschaft oder eine hohe Fehlerquote vor.
- Personenbedingte Probleme: Geringe soziale Kompetenz, niedriges Selbstwertgefühl, starke Stimmungsschwankungen, Neigung zur Depressivität, geringe Selbstwirksamkeitserwartung, Neigung, sich angegriffen und gekränkt zu fühlen, starke Unsicherheit (emotionale Instabilität). Das kann dazu führen, dass diese Menschen sich unsicher verhalten, aufkommende Konflikte zu spät wahrnehmen oder, wenn sie sie wahrnehmen, eher vermeiden. Die Kombination von geringer emotionaler Stabilität und hoher Offenheit für Neues erhöht das Risiko, Mobbingopfer zu werden. Teuschel (2010) nennt solche Menschen »schwierige Kreative«.
- Soziale Anpassungsprobleme: Der Betreffende gibt sich arrogant, greift in Kompetenzen anderer ein oder bringt moralische oder leistungsmäßige Überlegenheit zum Ausdruck und stellt sich so ungewollt ins Abseits. Oder er sondert sich ab, diffamiert andere und zeigt sich starr und rigide in seinen Haltungen. Er verstößt gegen die betriebliche Ordnung, ent-

hält anderen wichtige Informationen vor oder zeigt einen Minimalismus auf Kosten anderer.
- Auffälligkeit der äußeren Erscheinung: zu groß, klein, dick oder dünn, Buckel, fehlende Gliedmaßen, affektierter Gang, auffällig moderne oder auffällig altmodische Kleidung etc.
- Behinderung oder Krankheiten wie Epilepsie, Hautausschlag, Tics, Alkohol- oder Medikamentenabhängigkeit, penetranter Körpergeruch oder Mundgeruch.

Die Liste im ► Kasten zeigt, dass Mobbingopfer in manchen Punkten konkreten Anlass für Konflikte geben können. Wird mit solchen Konflikten nicht angemessen umgegangen, kann es zu Mobbing kommen.

Opfersicht

Meschkutat et al. (2002) haben Mobbingopfer gefragt, warum sie – aus ihrer Sicht – gemobbt wurden. Trotz der Problematik von Ursachenvermutungen zur eigenen Person – häufig wird die Situation stärker beachtet als eigene Anteile – geben die Ergebnisse Hinweise auf mögliche Ursachen. Rund 60 Prozent der Betroffenen vermuten, dass sie gemobbt werden, weil sie unerwünschte Kritik geäußert haben, gefolgt von 58 Prozent, die vermuten, dass sie als Konkurrenz empfunden werden. Alle anderen Motive folgen mit erheblichem Abstand. So gaben 37 Prozent an, sie seien wegen ihrer starken Leistungsfähigkeit gemobbt worden, und 23 Prozent äußerten, sie wären wegen angeblich zu schwacher Leistung gemobbt worden. Rund 40 Prozent sehen Spannungen zwischen Vorgesetzten und Betroffenen als Ursache an. Dabei vermuten Frauen mit 18 Prozent dreimal so häufig wie Männer, dass ihre Geschlechtszugehörigkeit von zentraler Bedeutung für das Mobbing sei. Ähnlich ist die Verteilung hinsichtlich des vermuteten Motivs *Aussehen*, das 12 Prozent der Frauen als Ursache vermuten. Bei den unter 25-Jährigen spielen Spannungen mit dem Vorgesetzten deutlich seltener eine Rolle als in allen anderen Altersgruppen. Überdurchschnittlich häufig geben sie an, ihr Arbeitsstil, ihre unzureichende Leistungsfähigkeit und ihre erst kurze Anwesenheit in der Organisation spielten eine Rolle. Auffällig sind auch die Häufungen bei Lebensstil, Geschlecht, Aussehen und Nationalität.

Offene Fragen

Mehr als die Hälfte der Befragten waren häufiger als einmal von Mobbing betroffen. Zunächst legt dies Ursachen nahe, die in der betroffenen Person selbst liegen. Allerdings zieht Mobbing individuelle Folgen nach sich, die auf die Persönlichkeit des Betroffenen wirken. Zudem entwickelte eine Reihe von Personen aus dem betrieblichen Umfeld ein Misstrauen gegen die gemobbte Person. Bei einem Wechsel innerhalb der Organisation eilt den Betroffenen der entsprechende Ruf häufig schon voraus (Meschkutat et al. 2002). Letztlich muss derzeit offen bleiben, ob es bei mehrfachem Mobbing persönliche Ursachen bei den Betroffenen gibt oder ob Mobbingprozesse zu systematischen Veränderungen im Verhalten führen, die das Risiko eines erneuten Mobbings steigen lassen.

3.4.3 Organisation

Schlechte Arbeitsbedingungen

Oft resultieren Spannungen zwischen Menschen aus problematischen Rahmenbedingungen. Fehler und Defizite in der Arbeitsorganisation, der Gestaltung der Arbeitsinhalte und -abläufe sowie im Führungsverhalten begünstigen die Entstehung von Mobbing. Faktoren, die zur Verunsicherung oder zu einem erhöhten Druck oder einer Bedrohung führen, begünstigen Mobbing: neue Mitglieder in Arbeitsgruppen, Umorganisation, Arbeitsplatzabbau, hoher Leistungsdruck, ungünstige Arbeitszeitregelungen, stark konkurrenzorientiertes Klima, Angst vor Arbeitsplatzverlust. Die Bedeutung des Faktors Arbeitsklima bestätigen Meschkutat et al. (2002): In ihrer Untersuchung gaben 65 Prozent der Betroffenen an, zum Zeitpunkt des Mobbings sei das Arbeitsklima schlecht gewesen. Gut 60 Prozent gaben an, der Vorgesetzte habe keine Gesprächsbereitschaft gezeigt. Mit 55 Prozent folgen Termindruck, Stress und Hektik als prägende Faktoren des Arbeitsalltags. Gleich häufig gab es Unklarheiten in der Arbeitsorganisation und unklare Zuständigkeiten. Umstrukturierungen lagen bei 37 Prozent der Betroffenen vor. Aktuelle Reorganisationsmaßnahmen erhöhen das Mobbingrisiko.

3.5 Folgen

Die Mobbingfolgen hängen von der Dauer und Intensität des Mobbingprozesses und von den persönlichen Bewältigungsmöglichkeiten ab. Im Extremfall führt Mobbing zur Beeinträchtigung der beruflichen und privaten Situation sowie der Gesundheit. Dabei fällt auf, dass die Zahl der Mobbingopfer bei Selbsteinschätzungen geringer ist als bei Fremdeinschätzungen, d.h., es ist eher selten zu erwarten, dass sich jemand fälschlicherweise als Opfer bezeichnet. Eher ist zu erwarten, dass man seinen Opferstatus verschweigt (Zapf 1999). In den meisten Studien überwiegt der Anteil der Frauen. Mit der Interpretation, dass Frauen häufiger Mobbingopfer werden, sollte man jedoch vorsichtig sein. So ist aus der Gesundheitsforschung bekannt, dass Frauen eher bereit sind, über ihre Probleme zu reden und Hilfe in Anspruch zu nehmen, als Männer. Neben den individuellen Folgen werden nachfolgend auch betriebswirtschaftliche und gesellschaftliche Folgen betrachtet.

3.5.1 Individuum

Beispiel

Herr Gertz hat seine Funktion verloren, seine Arbeitskraft und seine Kompetenzen sind überflüssig geworden. Dieser Verlust und die daraus folgende Degradierung lösen bei ihm Angst und Wut aus. Durch

Tab. 3.2 Auswirkungen von Mobbing auf das Arbeits- und Leistungsverhalten (adaptiert nach Meschkutat et al. 2002)

Auswirkung	In Prozent
Ich war demotiviert	72
Ich entwickelte starkes Misstrauen	68
Ich wurde nervös	61
Ich war verunsichert	60
Ich habe mich zurückgezogen	59
Ich fühlte mich ohnmächtig	58
Ich habe innerlich gekündigt	57
Es kam zu Leistungs- und Denkblockaden	57
Ich zweifelte an meinen Fähigkeiten	54
Ich wurde ängstlich/hatte Angstzustände	53
Ich war unkonzentriert bei der Arbeit	52
Ich wurde gereizt/aggressiv	41
Es traten vermehrt Fehler auf	34
Ich fühlte mich schuldig/verantwortlich	25
Es kam zu keinen Auswirkungen	1

die Versetzung wird er aus dem vertrauten sozialen Gefüge gerissen, und die berufliche und persönliche Orientierung geht verloren. Er hat Angst vor den Veränderungen. Wie eine sich selbst erfüllende Prophezeiung gestaltet sich sein beruflicher Alltag zunehmend schwierig. Das Bedürfnis, einen guten Eindruck zu machen, wirkt auf die Kollegen übertrieben, sodass er Skepsis hervorruft. Seine Angst, etwas falsch zu machen, führt zu Fehlleistungen und verschärft die Situation, bis es zu körperlichen Folgen kommt: Herr Gertz erleidet einen Herzanfall und meldet sich länger krank. Allmählich wird sein berufliches Selbstwertgefühl und das damit verbundene Selbstbewusstsein unterhöhlt. Zunehmend fallen von den Mitarbeitern Äußerungen wie: »Ist ja kein Wunder, dass keiner was mit ihm zu tun haben will. Er benimmt sich einfach sonderbar.« Herr Gertz ist auffällig geworden, obwohl er alles dafür tut, nicht aufzufallen. Zusätzlich geraten selbst einfache Anforderungen am Arbeitsplatz zu unüberwindlichen Hindernissen. Das Verhalten wird unsicher, und das ehemals intakte Selbstbild des sachlich und fachlich kompetenten Mitarbeiters wird brüchig.

Psychische Folgen

Das Beispiel zeigt: Mobbing verschlechtert die psychische Befindlichkeit (Knorz u. Zapf 1996) und hat Auswirkungen auf das Arbeits- und Leistungsverhalten (vgl. Tab. 3.2).

Demotivation

Rund zwei Drittel der Betroffenen werden durch Mobbing demotiviert und reagieren mit erhöhtem Misstrauen, Nervosität und Verunsicherung. Bei über 50 Prozent führt Mobbing zu Konzentrationsmängeln sowie Leistungs- und Denkblockaden, zu Angstzuständen, Selbstzweifeln und Rückzug. In einem Viertel der Fälle entwickelten die Betroffenen Schuldgefühle. Nur bei rund einem Prozent kam es zu keinen Auswirkungen. Insgesamt leidet die Leistungsfähigkeit der Betroffenen erheblich. Eine solche Leistungsverschlechterung kann wiederum neue Ansatzpunkte für Mobbing liefern.

Krankheit

In rund 44 Prozent der Fälle erkrankten die Betroffenen schließlich, davon die Hälfte länger als sechs Wochen. Lediglich 13 Prozent gaben an, dass Mobbing bei ihnen zu keinen gesundheitlichen Schäden geführt hätte. Rund ein Drittel der Gemobbten nahm therapeutische Hilfe in Anspruch. Das Spektrum der Krankheitsbilder ist breit und reicht von Schlafstörungen, Kopfschmerzen und Migräneanfällen über Atemnot, Lähmungserscheinungen und Neurodermitis bis zu Depressionen, Erkrankungen des Magen-Darm-Bereichs, Herz-Kreislauf- und Krebserkrankungen (Meschkutat et al. 2002). Erwartungsgemäß sind die Mobbingfolgen besonders massiv, wenn die Attacken täglich auftreten. Bei täglichem Mobbing erkranken über 50 Prozent der Betroffenen. Mit zunehmender Dauer des Mobbingprozesses steigt die Zahl der Mobbingfolgen. Die Daten von Meschkutat et al. (2002) belegen, dass Mobbing die berufliche Integrität der Betroffenen infrage stellt und ihre persönliche und soziale Sicherheit gefährdet. Problematisch ist, dass die bei Mobbing entstehenden persönlichen Folgen als nachträgliche Begründung für den Mobbingprozess herangezogen werden können.

Arbeitsplatzverlust

Jeder dritte Betroffene gibt an, dass es zu einer freiwilligen Versetzung innerhalb der Organisation kam, über 20 Prozent kündigten selbst, rund 15 Prozent wurden vom Arbeitgeber gekündigt. Frauen reagieren deutlich häufiger als Männer mit Krankheit, freiwilliger Versetzung oder Kündigung. Voreilige Schlüsse hinsichtlich einer mangelnden Belastbarkeit sollte man hieraus jedoch nicht ziehen. Möglicherweise stehen Männer noch immer häufiger in der Rolle des Familienernährers, sodass die Aufgabe des Arbeitsplatzes für sie keine Alternative darstellt. Auch das tradierte männliche Ideal des Belastbaren und Durchsetzungsstarken kann dazu führen, dass Männer in der Mobbingsituation verbleiben (Meschkutat et al. 2002).

Freizeit und Familie

Man geht davon aus, dass Mobbingfolgen vor dem Hintergrund stresstheoretischer Modelle erklärbar sind (Premper 2002), wobei Mobbing erheblich über das hinausgeht, was man in allgemeinen arbeitspsychologischen Untersuchungen an Stressoren findet. Nach Fischer u. Riedesser (2009) sind depressive Stimmungen und obsessives Verhalten häufige Mobbingfolgen. Eine Obsession zeigt sich vor allem in der Tendenz, sich gedanklich fortwährend mit den belastenden Ereignissen zu beschäftigen und den Angehörigen und Freunden die eigene Mobbinggeschichte immer wieder zu erzählen, bis diese schließlich genervt sind und abweisend reagieren. So nimmt die soziale Unterstützung mit der Zeit oft ab, was depressive Gefühle und Gefühle der Hilflosigkeit verstärkt.

Folgen des Mobbings im privaten Umfeld

Laut Zuschlag (2001) wirkt Mobbing sich folgendermaßen auf das Familienleben und die Freizeitaktivitäten aus:

- Das Mobbingopfer kommt missgelaunt nach Hause und reagiert schon bei kleinen Anlässen überempfindlich, gereizt und aggressiv.
- Das Mobbingopfer ist depressiv, verzweifelt und antriebslos und kann sich weder zu Familienunternehmungen noch zu irgendwelchen Freizeitaktivitäten aufraffen.
- Das Mobbingopfer verängstigt die Familienmitglieder durch die Schilderung der täglich von ihm am Arbeitsplatz erduldeten Mobbingattacken. Beängstigend wirkt auch der drohende Arbeitsplatzverlust einschließlich der Folgen für die Familie wie Ausgabeneinschränkung, Umzug.
- Das Mobbingopfer sucht wegen zahlreicher Krankheitssymptome einen Facharzt auf, benötigt dafür und für die Behandlungen viel Zeit und Geld, das dann der Familie fehlt.
- Das Mobbingopfer wird arbeitsunfähig, muss krank zu Hause bleiben, geht der Familie auf die Nerven und fällt ihr zur Last.
- Depressive Stimmung, Gereiztheit und Antriebslosigkeit führen zu Eheproblemen (beispielsweise mangelnde sexuelle Aktivitäten, ständiger Streit).
- Soziale oder ehrenamtliche Aktivitäten gibt das Mobbingopfer auf, weil es sich dafür zu schwach oder krank fühlt oder sich mit den Freunden verkracht hat.

3.5.2 Organisation

Ausscheiden

Meschkutat et al. (2002) fragten nach dem Hauptgrund für das Ende des Mobbings. In mehr als der Hälfte der Fälle konnte das Mobbing erst durch Kündigung oder Auflösung des Arbeitsvertrags beendet werden. Eine vergleichsweise hohe Anzahl von Mobbingopfern nannte auch Versetzung als Grund. Alle anderen Gründe wie Krankheit, Arbeits- oder Erwerbsunfähigkeit, rechtliche Schritte, Aussprache oder Einschreiten des Betriebsrats waren vergleichsweise selten, d.h., Mobbingprozesse werden in der Regel bis zum bitteren Ende durchgezogen und erst dadurch beendet, dass die Betroffenen weichen. »Weichere« Interventionen wie Aussprachen haben hauptsächlich in frühen Stadien des Mobbings eine Chance, den Prozess zu beenden.

Mobbing wirkt sich sowohl wirtschaftlich negativ auf den betroffenen Betrieb aus als auch zerstörerisch auf das innerbetriebliche Klima. Die durch Mobbing verursachten betriebswirtschaftlichen und gesellschaftlichen Kosten sind beträchtlich. Allein für einen Betrieb ergeben sich Kosten durch (Zuschlag 2001)

Betriebliche Kosten

- verminderte Arbeitsproduktivität bei Mobbingtätern und Mobbingopfern,
- höhere Fehlzeiten wegen Krankheit,
- höhere Fluktuation, mehr Kündigungen und Versetzungen,
- arbeitsorganisatorische Probleme wie beispielsweise ungenügende Informationsweitergabe,
- Verschlechterung des Betriebsklimas: Verweigerungshaltung, Dienst nach Vorschrift,
- arbeitsrechtliche Verfahren.

Exakte und wirklich überzeugende Kostenrechnungen liegen nicht vor. Nach Premper (2002) kann man aber grob davon ausgehen, dass den Unternehmen Kosten in Höhe von 15.000 bis 50.000 Euro pro Jahr und gemobbter Person entstehen. Für die Kosten von Fehlzeiten liegen genauere Daten vor, sodass die Größenordnung dieser Schätzung plausibel wird (Resch 1997).

Volkswirtschaftliche Kosten

Neben den betrieblichen Kosten entstehen auch der Gesellschaft insgesamt hohe Kosten, etwa durch Heilbehandlungen, Rehabilitationskuren, Dauerarbeitslosigkeit oder Frühverrentung.

3.5.3 Gesellschaft

Leistungsdruck

Leistungsverdichtung, Termindruck und die Notwendigkeit der eigenständigen Organisation von Arbeitsabläufen prägen die Anforderungen der Arbeitswelt. Die Erhöhung individueller Entscheidungs- und Handlungsspielräume sind dabei keine a priori negativen Bedingungen, sondern können die Arbeitszufriedenheit und die Selbstwirksamkeitserwartung auch stärken.

Standortnachteil

Im Zuge des härter werdenden Konkurrenzkampfes wird Mobbing aber auch zu einem wirtschaftlichen Kostenfaktor: Die schleichende Zerstörung funktionaler Arbeitsbeziehungen zieht eine übergreifende Gefährdung des Produktionsstandorts Deutschland nach sich. Steigende Kosten im Gesundheits- und Sozialversorgungssystem belasten die Beitragszahler und die öffentlichen Haushalte.

Gesamtschaden

Nach Hartmann (1995) ist von einem gesamtwirtschaftlichen Schaden in Höhe von 15 bis 50 Milliarden Euro in Deutschland auszugehen. Dazu gehören neben den betrieblichen Kosten auch Sozialversicherungsbeiträge, Steuerausfälle, partnerschaftliche und familiäre Probleme infolge psychischer und körperlicher Beschwerden und daraus resultierende Behandlungskosten (Heidenreich 2007). Eine genaue Quantifizierung ist letztlich nicht möglich, da man immer mit Annahmen arbeiten muss, speziell bei den indirekten Folgen und Kosten. Unabhängig davon, ob Mobbing 5 oder 30 Milliarden Euro kostet, ist eine volkswirtschaftliche Schädigung weitgehend unstreitig.

3.6 Gegenmaßnahmen

3.6.1 Individuum

Nach Knorz u. Zapf (1996) sind drei Ansatzpunkte für den erfolgreichen Umgang mit Mobbing wichtig:

Ansatzpunkte

1. Betroffene sollten frühzeitig Grenzen ziehen und konsequent aus dem Mobbingprozess aussteigen.
2. Eine persönliche Stabilisierung ist notwendig.
3. Mobbing lässt sich nur dann dauerhaft abstellen, wenn die Form der Zusammenarbeit oder die Interaktion von Mobbern und Gemobbten sich grundsätzlich ändern.

Das Durchstehen von Mobbing wird durch eine gute persönliche Konfliktfähigkeit, sozialen und beruflichen Rückhalt, eine hohe Konfliktkompetenz in der Organisation und externe Unterstützung erleichtert (Esser u. Wolmerath 2008).

Eine Grenzziehung (Knorz u. Zapf 1996) muss allerdings rechtzeitig und angemessen sein. Die weitverbreitete Ansicht, dass man keinesfalls die andere Wange hinhalten sollte und dass die, die sich nicht wehren, zu chronischen Opfern würden, ist empirisch nicht bestätigt, auch wenn man häufig Empfehlungen wie die folgenden liest (nach Schröter 2000):

Unklare Datenlage

- Werden Sie aktiv, sobald Sie merken, dass sich etwas gegen Sie zusammenbraut. Warten Sie nicht, bis die Attacken gegen Sie alltäglich werden.
- Wenn Sie wissen, wer die Angriffe gegen Sie anzettelt, sollten Sie diese Person zur Rede stellen.
- Unterstellt man Ihnen Fehler, oder verbreitet man Gerüchte über Sie, sollten Sie das sofort richtigstellen.
- Suchen Sie sich eine unabhängige Vertrauensperson, beispielsweise ein Betriebs- oder Personalratsmitglied.

Was tun?

Die empirischen Befunde (Knorz u. Zapf 1996) sprechen jedoch eher dafür, dass ein Vermeiden jeglicher Eskalation zu einer Besserung der Situation führt. Die häufigste Strategie besteht in der Kontaktaufnahme/Aussprache mit der Gegenseite (75 Prozent), gut ein Drittel machte dem Mobber Lösungsvorschläge, rund 6 Prozent mobben zurück. In den meisten Fällen waren diese Versuche nicht erfolgreich: Über 80 Prozent gaben an, dass ihre Klärungsversuche unterdrückt oder blockiert worden seien (Meschkutat et al. 2002). Auch diese Daten belegen, dass eine direkte Gegenwehr nur selten erfolgreich ist. Hilfreicher ist die möglichst frühe Suche nach Unterstützung – bei Kollegen, Vorgesetzten oder Mitgliedern der Interessenvertretungen. Oft reicht dies aber nicht aus, und die Betroffenen suchen Unterstützung außerhalb des Betriebs. ◘ Tab. 3.3 zeigt, welche Instanzen um Hilfe gebeten wurden und inwieweit die Betroffenen dies als Hilfe erlebten.

Tab. 3.3 Ansprechpersonen der Mobbingbetroffenen außerhalb des Betriebs (adaptiert nach Meschkutat et al. 2002)

Unterstützung gesucht ...	Gesamt (Prozent)	Konnten helfen (Prozent)
... beim Partner oder der Familie	76	54
... bei Freunden oder Bekannten	59	41
... beim Hausarzt	52	41
... beim Psychologen/Therapeuten	39	57
... bei der Gewerkschaft	32	39
... beim Rechtsanwalt	31	47
... bei einer Mobbingberatungsstelle	15	45
... bei einer Selbsthilfegruppe	8	57
... bei einer Lebens-/Krisenberatungsstelle	3	47
... bei sonstigen Stellen/Personen	12	47

Ansprechpartner

Eine zentrale Rolle spielen Familie und Freunde. Die Familienmitglieder werden fast zwangsläufig (76 Prozent) in den Mobbingprozess hineingezogen. Auch der Hausarzt wurde häufig einbezogen (52 Prozent), gefolgt von Psychologen (39 Prozent). In Relation zu allen anderen Bereichen wird die Unterstützung von Psychologen am häufigsten als hilfreich erlebt (Meschkutat et al. 2002). Besonders der Vergleich mit den Hausärzten zeigt, dass Mobbingbetroffenen oft eher psychologisch (57 Prozent) als medizinisch (41 Prozent) geholfen werden kann. Allerdings gab ein Drittel der Befragten an, dass keine der um Hilfe ersuchten Personen/Institutionen helfen konnte. Ob keine Hilfe geleistet wurde oder ob diese subjektiv als nicht hilfreich wahrgenommen wurde, bleibt offen.

Lage beurteilen

Bevor Personalrat, Personalabteilung oder der psychosoziale Dienst aktiv werden, sollte man genau prüfen, um welche Art von Konflikt oder Mobbingprozess es sich handelt. Vorschnelles Reagieren zugunsten des vermeintlichen Opfers kann viel Schaden anrichten, wenn sich später herausstellt, dass der Sachverhalt komplizierter ist als angenommen.

Kommunikation mit Mobbingopfern: Tipps zum Gesprächsverhalten

- Hören Sie sich die Geschichte mit Anteilnahme an, aber vermeiden Sie es, vorschnell Partei zu ergreifen.
- Versuchen Sie zuerst, Maßnahmen zu finden, die der Betroffene allein durchführen kann. Sichern Sie ihm dabei Unterstützung zu, ohne seine Position zu übernehmen, beispielsweise so: »Ich kann nicht beurteilen, was wirklich passiert ist, aber ich werde Sie dabei unterstützen, wenn Sie eine Klärung herbeiführen wollen.«

- Bevor Sie selbst handeln, erbitten Sie sich Bedenkzeit. Nutzen Sie diese Zeit, um den zugrunde liegenden Konflikt gründlich zu analysieren und verschiedene Sichtweisen kennenzulernen:
  - Worum geht es in dem Konflikt?
  - Wie ist der Verlauf des Konflikts?
  - Welche Parteien sind beteiligt?
  - Welche Machtpositionen haben die Beteiligten?
  - Welche Beziehungen gibt es zwischen den Beteiligten?
  - Welche Grundeinstellung zum Konflikt haben die Beteiligten?
  - Wird der Konflikt für lösbar gehalten?
  - Droht der Konflikt sich auszuweiten, oder ist er begrenzbar?

Folgen für die Täter

Rund 11 Prozent der von Meschkutat et al. (2002) Befragten gaben an, dass der Mobber im Betrieb versetzt wurde, ca. 8 Prozent wurde aufgrund des Mobbings gekündigt. Allerdings gaben rund 60 Prozent der Befragten an, dass das Mobbing keine Folgen für den Mobber nach sich gezogen habe.

3.6.2 Organisation

Ideal ist es, Mobbing bereits im Vorfeld den Nährboden zu entziehen. Dabei kommen mehrere Ansatzpunkte in Betracht (Glawe 2008; Heidenreich 2007; Meschkutat et al. 2002; Premper 2002):

Handlungsempfehlungen

- Arbeitsorganisation: Für größere Handlungs- und Entscheidungsspielräume der Mitarbeiter sorgen, betriebliche Entscheidungsprozesse transparent machen sowie generell die Informationspolitik verbessern und Zuständigkeiten klar regeln.
- Aufklärung und Schulung: 68 Prozent der Betroffenen sprechen sich dafür aus, Führungskräfte und Beschäftigte zum Thema Mobbing zu schulen. Präventiv wirkt auch ein kooperativer Führungsstil. Ein Betriebsklima, in dem gegenseitige Unterstützung geschätzt wird und Intrigen als unsozial und unerwünscht gelten, macht Mobbing schwierig. Regelmäßige gemeinsame Besprechungen in Arbeitsgruppen können dem Aufstauen und Verschleppen von Konflikten entgegenwirken.
- Konfliktbeauftragte: In größeren Organisationen besteht die Möglichkeit, eine Anlaufstelle zur Konfliktregelung bzw. für Mobbingbetroffene einzurichten. Idealerweise ist der Konfliktbeauftragte weder der Leitung noch der Arbeitnehmervertretung verpflichtet und kann Kontakt zu Psychologen, Ärzten, Rechtsanwälten vermitteln. 45 Prozent der Betroffenen schlagen die Einrichtung eines Mobbingbeauftragten vor.

- Betriebsvereinbarung: In vielen größeren Organisationen wurden Betriebsvereinbarungen zur Mobbingprävention und zum Umgang mit Mobbing geschlossen. Ausgehend von einer Mobbingdefinition wird ein Verhaltenskodex festgelegt. Ferner wird festgelegt, wie im Falle von Verstößen gegen den Verhaltenskodex zu verfahren ist. Rund die Hälfte der Betroffenen schlägt den Abschluss einer Betriebs-/Dienstvereinbarung zum Thema Mobbing vor. Inzwischen wird meist nicht nur Mobbing in solchen Vereinbarungen aufgegriffen, sondern allgemein unethisches Verhalten.
- Diversity-Management: Das Fördern personeller Vielfalt (Diversity) in Organisationen kann helfen, Unterschiede nicht negativ, sondern positiv zu bewerten. Ein Unternehmen, das sich aktiv für Vielfalt einsetzt, kann Mobbing den Nährboden entziehen.

Anzeichen für schlechtes Klima

Schlechtes Organisationsklima ist ein Hauptfaktor bei der Entstehung von Mobbing. Nach Resch (1997) gibt es eine Reihe von Anzeichen für ein schlechtes Klima: Häufige Beschwerden einzelner Mitarbeiter; Nachlassen gemeinsamer sozialer Aktivitäten wie Geburtstagsfeiern und Betriebsausflüge; Lieblosigkeit im Umgang mit gemeinsam genutzten Einrichtungen; Nach-außen-Tragen von Problemen zwischen Personen oder innerhalb der Abteilung; Hochkochen von Gerüchten, vor allem über einzelne Personen, ohne dass die Betreffenden direkt angesprochen werden.

Letztlich gibt es jedoch noch keine verlässlichen Daten zur Wirksamkeit unternehmensbezogener Handlungsempfehlungen (Willingstorfer et al. 2002), sodass es letztlich vom Willen und der Überzeugung der Beteiligten abhängt, ob eine Vereinbarung gegen »unethisches Verhalten« abgeschlossen wird.

3.6.3 Gesellschaft

Von den Betroffenen schlagen rund drei Viertel die Einrichtung von Mobbingberatungsstellen vor, 60 Prozent plädieren für die Verabschiedung eines Anti-Mobbing-Gesetzes. Die Durchführung von Anti-Mobbing-Kampagnen erscheint rund 40 Prozent der Betroffenen sinnvoll, spezielle Mobbingkliniken werden von 28 Prozent vorgeschlagen (Meschkutat et al. 2002). Neben Rechtssicherheit ist den Betroffenen auch eine Sensibilisierung für das Thema wichtig.

Bei der Schaffung von Hilfsmöglichkeiten für Mobbingopfer sind nach Zuschlag (2001) folgende Aspekte wichtig:
- Einrichtung von Beratungsstellen speziell für Mobbingfragen.
- Rechtsberatung in Bezug auf mögliche arbeits- oder dienstrechtliche Sanktionen bei Mobbing, das zugleich strafrechtliche relevante Handlungen enthält.
- Im Hinblick auf ärztliche Beratung und Behandlung ist die erste Anlaufstelle häufig der Hausarzt, d.h., dass an der Fortbildung

der Hausärzte angesetzt werden muss. Problematisch sind Fehldiagnosen und Fehlbehandlungen.
- Psychologische Beratung und psychotherapeutische Behandlung.

3.7 Rechtsfragen

Keine speziellen Rechtsvorschriften

Anders als in einigen anderen europäischen Ländern wie etwa Frankreich und Schweden existieren in Deutschland keine speziellen Rechtsvorschriften zum Schutz der Arbeitnehmer vor Mobbing. Ein Anti-Mobbing-Gesetz ist zwar vielfach gefordert, aber bisher nicht umgesetzt worden (vgl. Däubler-Gmelin 2012, S. 38ff.). Dies bedeutet aber nicht, dass die Betroffenen rechtlich schutzlos wären. In Mobbingfällen können die allgemeinen Regelungen des deutschen Zivil- und Arbeitsrechts herangezogen werden.

3.7.1 Definition

Ein Arbeitnehmer kann im Arbeitsverhältnis verschiedenen Formen der Schikane und Herabwürdigung ausgesetzt sein, die für sich genommen bereits rechtswidrig sind. So stellt beispielsweise die Beleidigung eines Arbeitnehmers durch seinen Vorgesetzten einen Straftatbestand dar (§ 185 StGB). Auch eine ehrverletzende Abmahnung durch einen Arbeitgeber ist rechtswidrig. Der Betroffene kann ihre Entfernung aus der Personalakte verlangen (BAG v. 5.8.92, NZA 1993, S. 838). Einzelne solcher Handlungen sind aber noch kein Mobbing.

Systematik

Die Besonderheit bei Mobbing liegt darin, dass nicht eine einzelne, abgrenzbare Handlung, sondern die Zusammenfassung mehrerer Einzelakte in einem Prozess zu einer Verletzung des Persönlichkeitsrechts, der Ehre und/oder der Gesundheit des betroffenen Arbeitnehmers führen kann (BAG v. 16.5.07, NZA 2007, S. 1154; BAG v. 28.10.10, NZA-RR 2011, S. 378). Damit können Sachverhalte rechtlich erfasst werden, die bei isolierter Betrachtung der einzelnen Handlungen keine Rechtswidrigkeit darstellen würden. Die Rechtswidrigkeit resultiert erst aus der Zusammenschau verschiedener Einzelhandlungen. Das Bundesarbeitsgericht (BAG) hat bereits in einer früheren Entscheidung Mobbing folgerichtig als »systematisches Anfeinden, Schikanieren oder Diskriminieren von Arbeitnehmern untereinander oder durch Vorgesetzte« definiert (BAG v. 15.1.97, BAGE 85, S. 56).

Bei der Prüfung der Frage, ob in einem konkreten Fall Mobbing vorliegt, sind drei Erfordernisse zu beachten:

Juristische Voraussetzungen

1. Es muss sich um ein systematisches, zielgerichtetes Vorgehen mit mehreren Einzelakten handeln,
2. es muss ein Rechtsgut des Betroffenen verletzt worden sein (Persönlichkeitsrecht und/oder die Gesundheit), und
3. es muss eine Täter-Opfer-Konstellation vorliegen (Benecke 2008, S. 360f.).

3

Auf jeden dieser Punkte wird nachfolgend ausführlich eingegangen.

Systematisches und zielgerichtetes Vorgehen

Kein Schwellenwert

Unter Mobbing ist ein systematisches bzw. fortgesetztes Handeln zu verstehen. Danach sind Einzelhandlungen kein Mobbing, auch wenn diese bereits für sich genommen rechtswidrig sein können. Die Systematik des Handelns mit dem Ziel, den Betroffenen in seiner Persönlichkeit oder Gesundheit zu verletzen, ist nur bei einer Handlungsfolge anzunehmen. Hierbei gibt es keinen festen Wert, wie viele Handlungen in welcher Zeit erfolgen müssen, um diese Systematik bejahen zu können. In den meisten der bisher entschiedenen Fälle konnte eine Vielzahl von Mobbinghandlungen über einen Zeitraum von mehreren Monaten oder Jahren festgestellt werden, beispielsweise schikanöse und herabwürdigende Einzelmaßnahmen über einen Zeitraum von etwa zwei Jahren durch einen Chefarzt gegenüber einem Oberarzt, die vom BAG als sog. Mobbing qualifiziert wurden (BAG v. 27.10.07, NZA 2008, S. 223). Mobbing wird aber auch dann anzunehmen sein, wenn mehrere besonders massive Beleidigungen und Drohungen innerhalb eines kurzen Zeitraums erfolgen, so im Fall eines Arbeitnehmers, der innerhalb von zehn Tagen mehrfach vom Personalleiter telefonisch in vulgärer Weise beschimpft und bedroht wurde (LAG Hessen v. 7.11.05 – 7 Sa 520/05).

Gehen die Handlungen von mehreren Personen aus, bedarf es eines Zusammenwirkens der Handelnden (Sasse 2008, S. 1452). Weiterhin fehlt es an einer Systematik, wenn die einzelnen Mobbinghandlungen zeitlich weit auseinander liegen (BAG v. 16.5.07, NZA 2007, S. 1154; LAG Berlin-Brandenburg v. 18.6.10 – 6 Sa 271/10).

Rechtsgutverletzung

Nicht jeder Konflikt ist Mobbing

Nicht jede Auseinandersetzung am Arbeitsplatz kann als Mobbing qualifiziert werden. So gibt es im Arbeitsleben im üblichen Rahmen liegende Konfliktsituationen, die ohne Rücksicht auf die subjektiven Empfindungen des betroffenen Arbeitnehmers aufgrund einer objektiven Betrachtungsweise nicht als Mobbing zu bewerten sind (▶ Praxistipp). So sind Weisungen des Arbeitgebers, die sich im Rahmen seines Direktionsrechts halten und bei denen nicht eindeutig eine schikanöse Tendenz erkennbar ist, im Regelfall kein Mobbing (BAG v. 16.5.07, NZA 2007, S. 1154). Selbst das Direktionsrecht überschreitende Weisungen sind regelmäßig nicht als Mobbing zu bewerten, wenn ihnen sachlich nachvollziehbare Erwägungen des Arbeitgebers zugrunde liegen (BAG v. 16.5.07, NZA 2007, S. 1154). In einer wenig beachteten Entscheidung des Zweiten Senats des Bundesarbeitsgerichts hat dieser ausgeführt, dass nicht jede »unberechtigte Kritik, überzogene Abmahnung oder gar unwirksame Kündigung« eine Persönlichkeitsrechtsverletzung darstelle, zumal ein Arbeitgeber eine Personalmaßnahme »grundsätzlich auch muss versuchen dürfen« (BAG v. 13.3.08 – 2 AZR 88/07). Die Grenze zum Mobbing ist insbesondere dann überschritten, wenn der Bereich des Sachlichen, auch bei objektiver Betrachtung, nicht nur im Einzelfall verlassen wird. Dies ist insbesondere bei wiederholten Beschimpfungen, Demütigungen, Herabwürdigungen und/oder Diskriminierungen der Fall (so die Fallkonstellationen zu den Urteilen: LAG Thüringen v. 15.2.01, NZA-RR 2001, S. 577; LAG Rheinland-Pfalz v. 16.8.01, NZA-RR 2002, S. 121; BAG v. 25.10.07, NZA 2008, S. 223).

- **Abmahnungsmobbing**

Häufig fühlen sich Betroffene dadurch gemobbt, dass sie vom Arbeitgeber mit aus ihrer Sicht ungerechtfertigten Abmahnungen überzogen werden. Grundsätzlich gilt, dass ein Arbeitgeber, der ein vertragswidriges Verhalten eines Arbeitnehmers sanktionieren möchte, in der Regel zunächst eine Abmahnung aussprechen muss. Die Rechtsprechung verlangt vom Arbeitgeber den Ausspruch einer oder mehrerer Abmahnungen als milderes Mittel im Vergleich zu einer verhaltensbedingten Kündigung. Der Arbeitnehmer soll die Möglichkeit erhalten, sein Verhalten zukünftig zu ändern. Wirksamkeitsvoraussetzungen für eine Abmahnung sind, dass das Fehlverhalten konkret benannt wird und arbeitsrechtliche Schritte wie etwa eine Kündigung für den Wiederholungsfall angedroht werden (BAG v. 18.1.80, DB 1980, S. 1351). Auch wenn in einer solchen Formulierung eine gewisse sprachliche Schärfe zu sehen ist, stellt eine berechtigte Abmahnung in der Regel kein Mobbing dar. Selbst der Ausspruch einer Vielzahl von Abmahnungen über einen längeren Zeitraum ist nicht als Mobbing zu qualifizieren, wenn diese sachlich begründet sind (LAG Niedersachsen v. 9.2.10 – 13 Sa 896/09). Auch der Ausspruch einer rechtswidrigen Abmahnung stellt für sich genommen noch kein Mobbing dar (LAG Rheinland Pfalz v. 2.8.07 – 11 Sa 302/07).

Anders sind Fälle zu beurteilen, in denen der Arbeitnehmer zermürbt werden soll (sog. Abmahnungsmobbing). Einem Arbeitnehmer soll auf diese Weise signalisiert werden, dass er nicht mehr erwünscht ist. Häufig erfolgt im Anschluss eine verhaltensbedingte Kündigung aus ebenfalls fadenscheinigen Gründen, um in einem möglichst frühen Stadium eines arbeitsgerichtlichen Verfahrens einen für den Arbeitgeber kostengünstigen Abfindungsvergleich abzuschließen. Soweit vor diesem Hintergrund eine verwerfliche Motivation erkennbar ist, kann darin auch ein Mobbingverhalten gesehen werden. Indizien hierfür können unter anderem sein:

Indizien

- Die Abmahnungen enthalten bewusst beleidigende und/oder abwertende Formulierungen.
- Die Abmahnungen werden aus nichtigen Anlässen ausgesprochen, denen erkennbar keine rechtliche Relevanz zukommt.
- Es wird eine Vielzahl von Abmahnungen innerhalb kurzer Zeit ausgesprochen. In einer Entscheidung des ArbG Kiel wurde das Verhalten eines Arbeitgebers beanstandet, der gegenüber einem erkrankten Arbeitnehmer innerhalb von neun Tagen insgesamt neun Abmahnungen ausgesprochen hat, wobei das beanstandete Verhalten teilweise ein halbes Jahr zurücklag (ArbG Kiel v. 16.1.97 – 5d Ca 2306/96).

Im gleichen Kontext sind auch Kündigungen zu sehen, die ebenfalls aus verwerflichen Motiven erfolgen können.

- **Verbale Entgleisungen**

In der betrieblichen Praxis kommt es nicht selten zu verbalen Entgleisungen, insbesondere im Verhältnis der Vorgesetzten zu ihren Mitarbeitern. Die Rechtsprechung stellt hier insbesondere auf die Art des Betriebes und die im Kreis der Beschäftigten üblichen sozialen Umgangsformen ab. So gehe es in Handwerksbetrieben generell »etwas derber« zu (LAG Köln v. 20.11.08 – 7 Sa 857/08). Daher sah das Gericht die lautstark erfolgten Arbeitsanweisungen durch den Vorgesetzten in einer Bäckerei, die der Arbeitnehmer als »Anbrüllen« empfand, noch als sozial adäquat an. Im Fall eines LKW-Fahrers, der sich anhören musste, dass er fahre »wie ein Schwein«, »keine Ahnung von seinem Job« habe und dass der Arbeitgeber dafür sorgen werde, dass er »kein Bein mehr an die Erde« kriege, sah ein anderes Gericht keine Persönlichkeitsrechtsverletzung (LAG Nürnberg v. 15.8.06 – 6 Sa 537/04).

Täter-Opfer-Konstellation

Ungleicher Konflikt

Damit man rechtlich von Mobbing ausgehen kann, wird ferner eine Täter-Opfer-Konstellation verlangt. Gehen die Handlungen im Rahmen eines wechselseitigen Eskalationsprozesses von beiden Parteien aus, scheiden Ansprüche aufgrund von Mobbing aus (LAG Thüringen v. 10.4.01, DB 2011, S. 1204; Bauer 2008, S. 91; Dormann 2012, S. 209). Gleiches gilt, wenn die Verhaltensweisen lediglich eine Reaktion auf Provokationen durch den vermeintlich gemobbten Arbeitnehmer darstellen (BAG v. 16.5.07, NZA 2007, S. 1154). Eine Abgrenzung ist in der Praxis schwierig, da nicht alle Mobbingopfer ihr Leiden still erdulden, sondern sich zur Wehr setzen. Es ist also im Einzelfall zu prüfen, ob das Mobbing von beiden Parteien ausgeht oder ob nur eine Reaktion des Betroffenen vorliegt (Benecke 2008, S. 361). In den zugunsten von Mobbingopfern entschiedenen Fällen waren die Mobbingtäter weit überwiegend Vorgesetzte mit klaren Täter-Opfer-Konstellationen (Benecke 2008, S. 361).

Praxistipp

In der arbeitsgerichtlichen Praxis ist eine gewisse inflationäre Tendenz erkennbar, wonach sich Arbeitnehmer insbesondere im Rahmen von Kündigungsstreitigkeiten zunehmend auf angebliche Mobbingsachverhalte berufen. Hier ist jedoch Vorsicht geboten. Wie eine Entscheidung des LAG Schleswig-Holstein zeigt, gefährdet derjenige, der andere leichtfertig des Mobbings bezichtigt, seinen Arbeitsplatz. In dem entschiedenen Fall hatte ein Mitarbeiter, dem krankheitsbedingt gekündigt wurde, behauptet, seine Erkrankung sei auf Mobbing durch Kollegen und Vorgesetzte zurückzuführen. Da er hierzu keine ausreichenden Tatsachen vortragen konnte, gab das Gericht einem sog. Auflösungsantrag des Arbeitgebers statt. Danach kann das Arbeitsverhältnis bei einer unwirksamen ordentlichen Kündigung vom Gericht aufgelöst werden, wenn Gründe vorliegen, die eine den Betriebszwecken dienliche weitere Zusammenarbeit zwischen Arbeitgeber und Arbeitnehmer nicht erwarten lassen (§ 9 Abs. 1 KSchG). Dem Arbeitnehmer stand zwar eine angemessene Abfindung zu (§ 10 KSchG), er verlor jedoch seinen Arbeitsplatz (LAG Schleswig-Holstein v. 18.12.01 – 5 Sa 300/01).

3.7.2 Pflichten des Arbeitgebers

Fürsorgepflicht

Ein Arbeitgeber darf keine Mobbinghandlungen gegen seine Mitarbeiter vornehmen. Dies gilt auch bei einem möglichen Zusammenwirken mit anderen Mitarbeitern. Darüber hinaus ist der Arbeitgeber gegenüber den Arbeitnehmern zur Fürsorge verpflichtet (§§ 241 Abs. 2, 242 BGB). Danach ist der Arbeitgeber gehalten, die Arbeitnehmer vor Mobbing durch Vorgesetzte, Kollegen oder auch Dritte zu schützen, soweit er hierauf Einfluss hat (BAG v. 25.10.07, NZA 2008, S. 223).

... nicht in jedem Einzelfall

Der Arbeitgeber ist hingegen nicht verpflichtet, bei jeder Meinungsverschiedenheit zwischen Arbeitnehmern und Vorgesetzten in Sachfragen einzugreifen. Dies gilt auch dann, wenn die Auseinandersetzung im Einzelfall die Ebene der Sachlichkeit verlässt. Aufgrund der Tatsache, dass es im Arbeitsleben im Umgang der Arbeitnehmer untereinander und im Verhältnis zum Vorgesetzten zwangsläufig zu Konflikten kommt, dürfen nach der Rechtsprechung des Bundesarbeitsgerichts keine überspannten Anforderungen an Inhalt und Reichweite der Schutzpflichten gestellt werden (BAG v. 16.5.2007, NZA 2007, S. 1154).

Handlungsmöglichkeiten

Liegt ein Mobbingfall vor, ist der Arbeitgeber verpflichtet, die im Einzelfall »geeigneten, erforderlichen und angemessenen Maßnahmen« wie Abmahnung, Umsetzung, Versetzung oder Kündigung gegen den oder die Mobber zu ergreifen (analoge Anwendung des § 12 Abs. 3 des Allgemeinen Gleichbehandlungsgesetzes auf Mobbingfälle – BAG v. 25.10.07, NZA 2008, S. 223; MüArbR-Reichold, § 49, Rn. 41; Tschöpe-Schmalenberg, Teil 2 A, Rn. 764). Dem Arbeitgeber steht danach ein abgestuftes Sanktionsinstrumentarium zur Verfügung, das je nach Schwere der Pflichtverstöße und in Abhängigkeit davon, ob es sich um Wiederholungstaten handelt, eingesetzt werden kann. In der Regel wird der Arbeitgeber zunächst versuchen, die Konfliktsituation im Rahmen von Personalgesprächen zu entschärfen. Fruchten diese nicht, ist als erste arbeitsrechtliche Maßnahme an eine Abmahnung zu denken.

Außerordentliche Kündigung

Wer systematisch das Persönlichkeitsrecht, die Ehre oder die Gesundheit eines Mitarbeiters oder Kollegen durch Mobbing massiv verletzt, kann vom Arbeitgeber außerordentlich gekündigt werden. In extremen Fällen ist eine vorherige Abmahnung entbehrlich (H/W/K-Thüsing, Rn. 355 zu § 611 BGB). Das LAG Thüringen hat dies in einem Fall angenommen, in dem ein mobbender Arbeitnehmer das Mobbing fortgeführt hat, nachdem das Mobbingopfer infolge des Mobbings bereits erkennbar erkrankt war (LAG Thüringen v. 15.2.2001, NZA-RR 2001, S. 577).

Kein Anspruch auf konkrete Maßnahme

Einen Anspruch auf eine bestimmte Maßnahme seitens des Arbeitgebers hat ein von Mobbing Betroffener in der Regel nicht. Einen Entscheidungsspielraum, welche konkrete Maßnahme eingesetzt wird, hat ein Arbeitgeber allerdings nur bei der Auswahl zwischen verschiedenen gleichermaßen geeigneten Gegenmaßnahmen (ErfK-Schlachter, Rn. 3 zu § 12 AGG; Sasse 2008, S. 1452). In einem vom Bundesarbeitsgericht entschiedenen Fall scheiterte ein Oberarzt mit seinem Antrag, den ihn mobbenden Chefarzt zu entlassen (BAG v. 25.10.07, NZA 2008, S. 223). Eine Entlassung wäre nur in Betracht gekommen, wenn der Mobbingtäter zuvor abgemahnt worden wäre. Auch der hilfsweise gestellte Antrag auf Versetzung des Oberarztes auf eine vergleichbare Position, bei der er keinen Kontakt zum Mobbingtäter gehabt hätte, scheiterte, da kein vergleichbarer Arbeitsplatz für einen Facharzt für Neurochirurgie vorhanden war. Es sind aber Fallkonstellationen, etwa bei weniger qualifizierten Tätigkeiten, denkbar, bei denen als einzig ermessensfehlerfreie Entscheidung des Arbeitgebers nur die Versetzung von Mobbingtäter oder Mobbingopfer in Betracht kommt (Benecke 2008, S. 364).

3.7.3 Einflussmöglichkeiten des Betriebsrats/Personalrats

Der Schutz und die Förderung der freien Entfaltung der Persönlichkeit der Arbeitnehmer gehört zu den originären Aufgaben des Betriebsrats (§ 75 BetrVG). Dieser ist daher auch ohne formelle Beschwerde des Betroffenen verpflichtet, gegen Mobbing vorzugehen (Küttner-Reinecke, Mobbing, Rn. 7).

Arbeitsgericht

In extremen Fällen kann der Betriebsrat gem. § 104 BetrVG die Versetzung oder gar Kündigung des Mobbers verlangen (Küttner-Reinecke, Mobbing, Rn. 7; Wolmerath 2007, S. 159ff.; Fitting, Rn. 5 zu § 104 BetrVG mit dem Hinweis auf Psychoterror). Kommt der Arbeitgeber einer solchen Aufforderung nicht nach, kann der Betriebsrat das Arbeitsgericht anrufen. Gibt das angerufene Gericht dem Antrag des Betriebsrats statt, kann die gerichtliche Entscheidung durch die Verhängung eines Zwangsgeldes gegen den Arbeitgeber durchgesetzt werden.

Betriebsvereinbarung

Zur Mobbingprävention und zur angemessenen Behandlung von Mobbingfällen kann der Abschluss einer Betriebs- oder Dienstvereinbarung zwischen dem Arbeitgeber und dem Betriebs- bzw. Personalrat zum Thema Mobbing hilfreich sein. Solche Vereinbarungen bestärken die Selbstverpflichtung der Betriebsparteien, gegen Mobbing vorzugehen. Zugleich mindern sie die Scheu der Betroffenen, sich gegen Mobbing zu wehren, da häufig Anlaufstellen für Betroffene benannt und eingerichtet werden und ein klarer Verfahrensablauf für Mobbingfälle festgelegt wird. Damit erhalten Mobbingopfer Verfahrenssicherheit.

Einigungsstelle

Der Betriebsrat kann den Abschluss einer Betriebsvereinbarung zum Schutz vor Mobbing erzwingen (LAG München v. 20.10.05, dbr 2005, S. 39; LAG Düsseldorf v. 22.7.04, AiB 2005, S. 122; Küttner-Reinecke, Mobbing, Rn. 7; D/K/K-Klebe, Rn. 52 zu § 87 BetrVG; Esser u. Wolmerath 2008, S. 102f.; a.A. LAG Hamburg v. 15.7.98 – 5 TaBV 4/98). Verweigert sich der Arbeitgeber einer solchen Initiative des Betriebsrats, kann dieser das Zustandekommen der Betriebsvereinbarung durch die Anrufung einer sog. Einigungsstelle erwirken (Esser u. Wolmerath 2008, S. 102). Das Einigungsstellenverfahren ist in § 76 BetrVG geregelt. Ein vergleichbares Verfahren sehen die §§ 69 ff. BPersVG im Bereich der Personalvertretung für den Abschluss einer Dienstvereinbarung vor.

Dienstvereinbarung

Regelungspunkte einer Betriebs- oder Dienstvereinbarung gegen Mobbing können unter anderem sein:

- Präambel: Sinn und Zweck der Regelung,
- Geltungsbereich: räumlich/persönlich/zeitlich
- Definition Mobbing: Abgrenzung zu sozialverträglichem Verhalten, beispielhafte Aufzählung von Mobbinghandlungen,
- Mobbingbeauftragter: Anlaufstelle für Betroffene,
- Beschwerdeverfahren: strukturiertes Verfahren in Mobbingfällen,
- Sanktionen: Abstufung geeigneter Maßnahmen.

Aufgrund der sich teilweise überschneidenden Regelungskreise sehen einige Betriebsvereinbarungen (z.B. der Opel AG) bzw. Dienstvereinbarungen (z.B. der AOK Thüringen) Regelungen für Mobbing, Diskriminierung und sexuelle Belästigung vor.

Mobbingschulungen

Soweit Mobbingfälle im Betrieb belegt werden können, bejaht das Bundesarbeitsgericht die Notwendigkeit einer Mobbingschulung einzelner Betriebsratsmitglieder gemäß § 37 Abs. 6 BetrVG (BAG v. 15.1.97, NZA 1997, S. 781). Die Arbeitsgerichte der unteren Instanzen verlangen teilweise nur erste Anzeichen eines Konfliktfalles (LAG Rheinland-Pfalz v. 13.10.04, NZA-RR 2005, S. 376f.) oder sehen sogar ein Erfordernis für Mobbingschulungen ohne konkrete Konfliktsituation aus präventiven Erwägungen heraus (ArbG Bremen v. 17.12.03, NZA-RR 2004, S. 538ff.). Nach einer Entscheidung des LAG Mecklenburg-Vorpommern besteht keine Notwendigkeit für ein weiteres, vertiefendes Seminar zum Thema Mobbing ohne Häufung von ernsthaften Mobbingfällen in einem Betrieb mit ca. 50 Mitarbeitern (LAG Mecklenburg-Vorpommern v. 18.3.09 – 2 TaBV 18/08).

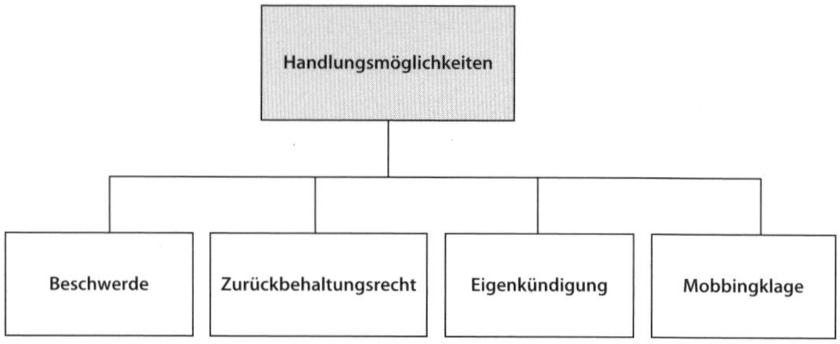

■ **Abb. 3.1** Handlungsmöglichkeiten des Mobbingopfers

3.7.4 Handlungsmöglichkeiten des Mobbingopfers

Einem von Mobbing Betroffenen stehen verschiedene Handlungsmöglichkeiten zu, um sich gegen Mobbing zur Wehr zu setzen (■ Abb. 3.1). Dieses Instrumentarium wird sinnvollerweise erst dann (abgestuft) eingesetzt, wenn eine Konfliktlösung auf der persönlichen Ebene nicht mehr möglich erscheint.

Beschwerde

Für Arbeitnehmer, die sich vom Arbeitgeber oder anderen Arbeitnehmern benachteiligt oder ungerecht behandelt (gemobbt) fühlen, sieht das Gesetz zwei Möglichkeiten zu einer Beschwerde vor: Der Arbeitnehmer hat gemäß § 84 BetrVG das Recht, sich direkt bei der »zuständigen Stelle des Betriebes zu beschweren«. Als Beschwerdegegenstand kommt auch Mobbing in Betracht (Struck u. Fleissner 2005, S. 61; HRM-Hänsch 2004, S. 142; ErfK-Kania, Rn. 5 zu § 84 BetrVG). Dieses Recht gilt unabhängig davon, ob in dem Betrieb ein Betriebsrat existiert (ErfK-Kania, Rn. 1 zu § 84 BetrVG). Die zuständige Stelle ist in der Regel der unmittelbare Vorgesetzte (vgl. Fitting, Rn. 13 zu § 84 BetrVG). Soweit dieser selbst den Anlass für die Beschwerde geliefert hat, kommt der nächsthöhere Vorgesetzte in Betracht. Der Arbeitnehmer kann zur Unterstützung oder Vermittlung ein Mitglied des Betriebsrats hinzuziehen. Falls der Arbeitgeber die Beschwerde für berechtigt erachtet, hat er – soweit er die Möglichkeit hierzu hat – für Abhilfe zu sorgen (▶ Praxistipp).

Dem Arbeitnehmer steht weiterhin gemäß § 85 BetrVG das Recht zu, die Beschwerde unmittelbar beim Betriebsrat einzulegen. Soweit der Betriebsrat die Beschwerde für berechtigt hält, hat er beim Arbeitgeber auf Abhilfe hinzuwirken. Bei Meinungsverschiedenheiten zwischen Betriebsrat und Arbeitgeber kann der Betriebsrat die Einigungsstelle anrufen. Die Einigungsstelle kann jedoch nicht über Rechtsansprüche entscheiden. Ein Rechtsanspruch ist gegeben, wenn der Arbeitnehmer den Anspruch auch beim Arbeitsgericht gerichtlich durchsetzen könnte. Die Einigungsstelle kann nur über einen tatsächlichen Beschwerdegegenstand im Sinne einer Benachteiligung oder sonstigen Beeinträchtigung eines Arbeitnehmers befinden. Nachstehend einige Beispiele für Rechtsansprüche sowie tatsächliche Beschwerdegegenstände:

Betriebsrat

- Rechtsanspruch: Rücknahme einer unberechtigten Abmahnung, Zahlung des vereinbarten Lohns.
- Tatsächlicher Beschwerdegegenstand: ungerechte Behandlung, Nichteinhaltung von Zusagen, Ausschluss von Informationen (damit auch typische Mobbinghandlungen, vgl. LAG Hamm v. 5.10.09 – 10 TaBV 63/09).

Einigungsstelle

Der Spruch der Einigungsstelle ersetzt die Einigung zwischen Arbeitgeber und Betriebsrat (zu Mobbing vgl. BAG v. 15.1.1997, NZA 1997, S. 781). Sieht die Einigungsstelle die Beschwerde als berechtigt an, so hat der Arbeitgeber der Beschwerde abzuhelfen. Die Art und Weise der Abhilfe bestimmt der Arbeitgeber. Dem Arbeitnehmer erwächst durch den Spruch der Einigungsstelle ein Anspruch auf Abhilfe, den er im Urteilsverfahren beim Arbeitsgericht gegen den Arbeitgeber durchsetzen kann (ErfK-Kania, Rn. 6 zu § 85 BetrVG).

In öffentlichen Dienststellen und Verwaltungen können die Arbeitnehmer ihre Beschwerde beim Personalrat einreichen (§ 68 Abs. 1 Nr. 3 BPersVG bzw. die entsprechenden Bestimmungen der Landespersonalvertretungsgesetze).

Praxistipp

Die Einreichung einer Beschwerde ist häufig das erste juristische Mittel der Wahl, da mit ihr möglicherweise eine gerichtliche Auseinandersetzung vermieden werden kann. Sie empfiehlt sich vor allem dann, wenn das Mobbing – soweit erkennbar – nicht vom Arbeitgeber ausgeht bzw. gebilligt wird (Struck u. Fleissner 2005, S. 62). Ein Vorteil der Beschwerde ist darin zu sehen, dass der Arbeitgeber später nicht mehr behaupten kann, von den Mobbinghandlungen nichts gewusst zu haben. Diese Kenntnis kann den Arbeitgeber dazu anhalten, zukünftige Mobbinghandlungen durch aktives Tun zu unterbinden, um gegen ihn gerichtete Ansprüche zu vermeiden. Dem Beschwerdeführer dürfen im Übrigen aus der Beschwerde keine Nachteile erwachsen (Benachteiligungsverbot – § 84 Abs. 3 BetrVG).

Zurückbehaltungsrecht

Einem Mobbingbetroffenen kann ein Recht auf Zurückbehaltung seiner Arbeitsleistung bei Fortzahlung seiner Vergütung gemäß §§ 273, 615 BGB zustehen, wenn der Arbeitgeber nicht gegen Mobbing in seinem Unternehmen vorgeht (BAG v. 23.1.07, ZTR 2007, S. 465; LAG Frankfurt v. 26.8.97, ArztR 1998, S. 146). Voraussetzung dafür ist, dass der Arbeitgeber auf die Mobbinghandlungen hingewiesen und ihm eine angemessene Frist zur Abhilfe eingeräumt wurde (Dreißiger 2012, S. 195). Erforderlich ist insoweit die genaue Benennung der behaupteten Pflichtverletzungen des Arbeitgebers (► Praxistipp). Ein pauschales Berufen auf einen Mobbingsachverhalt reicht hierzu nicht aus (BAG v. 13.8.08 – 2 AZR 88/07). Der Betroffene kann im Rahmen einer Feststellungsklage gerichtlich überprüfen lassen, ob ihm ein Zurückbehaltungsrecht bezüglich seiner Arbeitsleistung zusteht (BAG v. 23.1.07, ZTR 2007, S. 465).

Praxistipp

Die Geltendmachung eines Zurückbehaltungsrechts kann den Druck auf den Arbeitgeber erhöhen, gegen den oder die Mobber vorzugehen. Der Einsatz eines Zurückbehaltungsrechts ist jedoch sorgfältig abzuwägen. Ein Arbeitgeber wird in der Regel das Zurückbehaltungsrecht nicht akzeptieren und zur Zahlung der Vergütung verklagt werden müssen. Erkennt das Gericht ein Zurückbehaltungsrecht nicht an, steht der Betroffene ohne Vergütung da. Der Arbeitgeber könnte weiterhin mit einer außerordentlichen Kündigung des Arbeitsverhältnisses reagieren, mit der Begründung, der Arbeitnehmer sei eigenmächtig und unentschuldigt der Arbeit ferngeblieben (Esser u. Wolmerath 2008, S. 228). Zwar liegt nach der Rechtsprechung des Bundesarbeitsgerichts kein wichtiger Grund für eine Kündigung vor, wenn dem Betroffenen tatsächlich kein Zurückbehaltungsrecht zusteht, er sich aber in einem unverschuldeten Rechtsirrtum befunden hat (BAG v. 13.3.08 – 2 AZR 88/07; BAG v. 12.11.92, AP Nr. 1 zu § 285 BGB). Dies setzt aber voraus, dass der Betroffene die Rechtslage sorgfältig geprüft oder er sich über diese zuverlässig erkundigt hat. Da sich der Betroffene damit auf »dünnem Eis« bewegt, sollte die Geltendmachung des Zurückbehaltungsrechts auf besonders gravierende Fälle beschränkt und nicht einfach als taktisches Mittel eingesetzt werden.

Eigenkündigung

Bei schweren Fällen

In schwerwiegenden Mobbingfällen hat der Betroffene das Recht zur (fristlosen) Eigenkündigung mit der möglichen Folge der Haftung des Arbeitgebers für das sog. Auflösungsverschulden gemäß § 628 Abs. 2 BGB (HK-ArbR/Kreuder, Rn. 519 zu § 611 BGB). Dies setzt ein schuldhaftes Verhalten des Arbeitgebers oder ein ihm zurechenbares Verhalten eines Mitarbeiters, des sog. Erfüllungsgehilfen, gemäß § 278 BGB voraus. In Betracht kommen hier schwere Fälle von Mobbing durch den Arbeitgeber selbst oder durch einen Vorgesetzten (► Praxistipp). Gleiches gilt, wenn der Arbeitgeber in schweren Mobbingfällen trotz Aufforderung und Fristsetzung nicht einschreitet, soweit ihm dies zumutbar ist und in seinen Einflussbereich fällt. Das Auflösungsverschulden muss das Gewicht eines wichtigen Grundes nach § 626 Abs. 1 BGB erreichen, das zu einer außerordentlichen Kündigung berechtigt (BAG v. 26.7.01, NZA 2002, S. 325). Nach der Rechtsprechung des Bundesarbeitsgerichts ist die Haftung des Arbeitgebers auf den entgangenen Verdienst bis zum Ablauf der ordentlichen Kündigungsfrist sowie eine angemessene Abfindung für den Verlust des Arbeitsplatzes gemäß §§ 13 Abs. 1, S. 3, 9 KSchG beschränkt, wenn das Arbeitsverhältnis in den Schutzbereich des Kündigungsschutzgesetzes fällt (BAG v. 26.7.01, NZA 2002, S. 325).

Haftungsbegrenzung

Die maximale Abfindungshöhe beläuft sich danach auf 12 Monatsgehälter (§ 10 KSchG). Hat der Arbeitnehmer das 50. bzw. 55. Lebensjahr vollendet und beträgt die Beschäftigungsdauer mindestens 15 bzw. 20 Jahre, so erhöht sich die Obergrenze auf 15 bzw. 18 Monatsgehälter. Die Haftung des Arbeitgebers ist also begrenzt, um einen »Endlosschadensersatz« des Arbeitgebers zu vermeiden (HK-ArbR/Waas/Palonka, Rn. 19 zu § 628 BGB).

Keine Haftungsbegrenzung

Die Haftungsbegrenzung gilt jedoch nicht bei einer Haftung eines Vorgesetzten oder Kollegen als Mobbingtäter. Eine Haftung kommt hier aus unerlaubter Handlung in Betracht (§ 823 Abs. 1 BGB i.V.m. Art. 1 u. 2 GG, § 823 Abs. 2 i.V.m. einem Schutzgesetz, beispielsweise §§ 240, 241 StGB bei Nötigungen bzw. Bedrohungen). In einem vom LAG Hessen entschiedenen Fall musste ein Personalleiter, der einen Mitarbeiter durch massive Beleidigungen und Bedrohungen zur Kündigung des Arbeitsverhältnisses veranlasste, die Differenz zwischen dem früheren Verdienst des Betroffenen und dem Arbeitslosengeld für neun Monate in Höhe von ca. 10.500 Euro erstatten (LAG Hessen v. 7.11.05 – 7 Sa 520/05).

Praxistipp

Mit einer Eigenkündigung des Betroffenen wird von den Mobbern möglicherweise genau das erreicht, was sie angestrebt haben, nämlich die Zermürbung des Betroffenen, bis dieser entnervt aufgibt. Der mögliche Schadensersatz stellt häufig nur eine unzureichende Kompensation für den Verlust des Arbeitsplatzes dar. Trotzdem muss diese Notfallstrategie in denjenigen Fällen gewählt werden, in denen die Mobbinghandlungen – etwa in Form von Beleidigungen oder Drohungen – derart massiv sind, dass eine weitere Tätigkeit unzumutbar erscheint. Dies gilt auch in den Situationen, in denen durch massives Mobbing gesundheitliche Schäden drohen oder bereits eingetreten sind (z.B. Depressionen). Unter der Berücksichtigung, dass nach Schätzungen bis zu 20 Prozent der Suizide in Deutschland durch Mobbing verursacht werden (Bämayr 2001, A-1811), kann ein rechtzeitiger Ausstieg aus dem Arbeitsverhältnis der Notausgang sein.

Mobbingklage

Risiken

Die Einleitung eines Klageverfahrens gegen den Arbeitgeber oder gegen den mobbenden Vorgesetzten bzw. Kollegen ist insbesondere in einem laufenden Arbeitsverhältnis mit Risiken verbunden. Selbst wenn ein solcher Rechtsstreit gewonnen wird, ist nicht sichergestellt, dass danach der betriebliche Frieden wiederhergestellt werden kann. Allein schon aufgrund der Beweisprobleme kann im Übrigen der Prozessausgang in Mobbingfällen nicht sicher prognostiziert werden. Viele Mobbingopfer machen daher ihre Ansprüche erst geltend, wenn das Arbeitsverhältnis bereits beendet ist, etwa durch eine Eigenkündigung, oder wenn im Rahmen eines Kündigungsrechtsstreits ein hoher Eskalationsgrad erreicht ist.

Psychische Belastung

Es ist weiterhin zu bedenken, dass ein Mobbingopfer im Rahmen eines solchen Rechtsstreits zwar eine gewisse Wiedergutmachung in Form von Schadensersatz und Schmerzensgeld erreichen kann; zugleich stellt ein solches Verfahren aber eine zusätzliche psychische Belastung dar, da das Mobbingopfer wieder mit den Mobbingattacken konfrontiert wird. Auch ist damit zu rechnen, dass die Sachverhaltsdarstellungen vom Haftungsgegner zumeist bestritten werden und nicht selten auch schlicht gelogen wird. Der Erhaltung bzw. Wiederherstellung der psychischen Gesundheit des Mobbingopfers muss gegen die Vorteile eines risikobehafteten Rechtsstreits abgewogen werden.

Hoher Aufwand

Schließlich ist noch zu erwähnen, dass Mobbingverfahren in der Regel sehr aufwendig sind. Allein die Sachverhaltsdarstellungen in einer Klageschrift können 50 A4-Seiten und mehr umfassen. Bei entsprechender Gegenäußerung können die Verfahren zu ausufernden Papierschlachten geraten (Sasse 2008, S. 1453f.). Mobbingverfahren sind daher bei Rechtsanwälten häufig wenig beliebt. Teilweise verlangen diese den Abschluss einer Honorarvereinbarung (nach Stunden oder pauschal). Die dann anfallenden Gebühren liegen danach über den gesetzlichen Anwaltsgebühren. Im Übrigen treten die Rechtsschutzversicherungen auch nur im Umfang der gesetzlichen Gebühren für die Kosten ein. Aufgrund der komplexen Rechtsmaterie sollte für Mobbingklagen ein Fachanwalt für Arbeitsrecht hinzugezogen werden, mit dem bereits im Rahmen der Erstberatung auch die Honorarfrage zu klären ist.

Umfangreiche Beweisaufnahme

Auch bei den ohnehin stark belasteten Arbeitsgerichten werden Mobbingverfahren teilweise wenig geschätzt. Umfangreiche Beweisaufnahmen mit einer Vielzahl an Zeugen, die für zahlreiche Sachverhalte benannt werden, können einen ganzen Verhandlungstag einnehmen. Insgesamt ist aber bei den Arbeitsgerichten auch aufgrund der neueren Rechtsprechung des Bundesarbeitsgerichts (BAG v. 16.5.07, NZA 2007, S. 1154; BAG v. 25.10.07, NZA 2008, S. 223) tendenziell eine höhere Sensibilität für Mobbingfälle erkennbar.

▪ Darlegungs- und Beweisprobleme

Der Nachweis von Mobbing stellt die Betroffenen vor erhebliche Probleme, da jede Mobbinghandlung konkret dargelegt und im Fall des Bestreitens bewiesen werden muss (BAG v. 16.5.07, NZA 2007,

S. 1154). Nicht ausreichend sind pauschale Behauptungen und wertende Sachverhaltsdarstellungen. So reicht die Darlegung, der Arbeitnehmer sei »gegängelt« worden (LAG Schleswig-Holstein v. 23.8.06, NZA-RR 2006, S. 402) ebenso wenig aus wie der Vortrag, der Arbeitnehmer sei »beschimpft« (LAG Nürnberg v. 5.9.2006 – 6 Sa 537/04) oder »ausgebremst« und »mit Arbeit zugeschüttet« worden (LAG Schleswig Holstein v. 10.10.08 – 3 Sa 196/08). Erforderlich sind eine genaue Schilderung der Ereignisse und die Benennung von Beweismitteln: Wer hat was wann und wo getan, und welche Beweismittel werden hierfür angeboten? Beispiele:

- Nicht ausreichend: »Herr Klaus Meyer hat mich in den letzten Monaten mehrfach herabwürdigend behandelt und vor Kollegen heruntergeputzt.«
- Ausreichend hingegen: »Herr Klaus Meyer kam am 24. Januar 2011 um ca. 16.00 Uhr in mein Büro und sagte in lautem Ton zu mir, dass ich offenkundig zu blöd sei, auch nur die einfachsten Arbeiten zu erledigen. Weiterhin äußerte er, dass meine Tage im Unternehmen gezählt seien.« Beweis: Zeugnis der anwesenden Arbeitskolleginnen Vera Müller und Bettina Schweighöfer.

Mobbingtagebuch

Da sich die Mobbinghandlungen über Monate hinziehen und eine Fülle von einzelnen Sachverhalten betreffen können, ist eine sorgfältige Tatsachendokumentation etwa in Form eines Mobbingtagebuchs erforderlich. Konkrete Empfehlungen hierzu enthält der folgende ► Praxistipp.

Praxistipp

Legen Sie zum Nachweis der Mobbinghandlungen möglichst frühzeitig ein Mobbingtagebuch an. Hierbei sollten Sie den jeweiligen Sachverhalt systematisch aufbereiten. Eine Unterteilung könnte beispielsweise wir folgt aussehen:

- Was ist vorgefallen? (Möglichst wörtliche Wiedergabe von Äußerungen)
- Wer hat gehandelt? (Zuordnung jeder Handlung zu einer Person bzw. mehreren Personen)
- Ort/Datum/Uhrzeit: Wo und wann fanden die Mobbinghandlungen statt?
- Beweismittel für den Sachverhalt: Zeugen, Schriftstücke, Fotos etc.
- Eigene Reaktion auf die Mobbinghandlung, beispielsweise Weinkrampf.
- Beweismittel für die Reaktion: Zeugen, ärztliche Atteste etc.

Weiterhin sollten im Tagebuch auch sonstige relevante Ereignisse, wie Arztbesuche, Gespräche mit dem Arbeitgeber oder einer Beratungsstelle, genau notiert werden. Erwähnt werden sollten auch mögliche Gründe für eine zeitliche Unterbrechung der Mobbinghandlungen durch den Mobbingtäter wie etwa Urlaub oder eine externe Fortbildungsveranstaltung. Nicht aufgenommen werden sollten dagegen persönliche Wertungen oder Unterstellungen.

Fehlende Zeugen

Für ein Mobbingopfer besteht eine weitere Problematik darin, dass für viele Mobbinghandlungen keine Zeugen vorhanden sind. Der daraus resultierenden Beweisnot kann durch die prozessualen Mittel des Gerichts der Parteianhörung (§ 141 ZPO) und der Parteivernehmung (§§ 445, 448 ZPO) Rechnung getragen werden (BAG v. 16.5.07, NZA 2007, S. 1154). Das Gericht kann danach ein Mobbingopfer zum Sachverhalt persönlich anhören oder auch unter bestimmten Voraussetzungen zur Beweiserhebung vernehmen.

Gesundheitliche Folgen

Eine besondere Schwierigkeit besteht ferner in dem Nachweis gesundheitlicher Mobbingfolgen. Hier reicht die Vorlage ärztlicher Bescheinigungen mit dem Inhalt, dass die psychische Erkrankung auf Mobbing beruhe, nicht aus. Der Arzt kenne nämlich die Situation am Arbeitsplatz nicht, sondern sei auf die Schilderungen des Arbeitnehmers angewiesen (LAG Baden-Württemberg v. 28.6.06 – 6 Sa 93/06; LAG Hamm v. 19.12.06 – 9 Sa 836/06). Das BAG hat unter kritischer Würdigung einer Entscheidung des LAG Thüringen (v. 15.2.2011, NZA-RR 2001, S. 577) eine Beweiserleichterung, die mit dem Argument gefordert wurde, dass ein »mobbingtypischer« medizinischer Befund für die Richtigkeit der Behauptung der Mobbinghandlungen spräche, abgelehnt. Eine solche Unterstellung bilde einen nicht zulässigen Zirkelschluss (BAG v. 16.5.2007, NZA 2007, S. 1154).

■ Ausschluss- und Verjährungsfristen

Zahlreiche Tarifverträge und auch viele Arbeitsverträge enthalten sog. Ausschlussfristen, wonach Ansprüche aus dem Arbeitsverhältnis verfallen, wenn sie nicht innerhalb der Ausschlussfrist schriftlich geltend gemacht (häufig die erste Stufe der Frist) bzw. nach einer weiteren Frist nicht gerichtlich eingeklagt werden (meist die zweite Stufe der Frist). Die Ausschlussfristen belaufen sich meist auf einen kurzen Zeitraum, häufig drei Monate, und sind daher für ein Mobbingopfer in der Praxis ein großes Hindernis. Auch die Ansprüche aufgrund von Persönlichkeitsrechtsverletzungen, wie etwa bei Mobbing, werden grundsätzlich von diesen Ausschlussfristen erfasst (BAG v. 16.5.07, NZA 2007, S. 1154; Benecke 2008, S. 358). Allerdings beginnt der Lauf der Ausschlussfrist regelmäßig erst mit der zeitlich letzten vorgetragenen Mobbinghandlung (BAG v. 16.5.07, NZA 2007, S. 1154; Benecke 2008, S. 358f.).

Grundsätzlich verjähren Ansprüche wegen Mobbings nach drei Jahren ab Kenntnis oder Kennenmüssen des Anspruchs (§ 195 BGB). Für Schadensersatzansprüche, die auf der Verletzung des Lebens, des Körpers, der Gesundheit oder der Freiheit beruhen, gilt eine Verjäh-

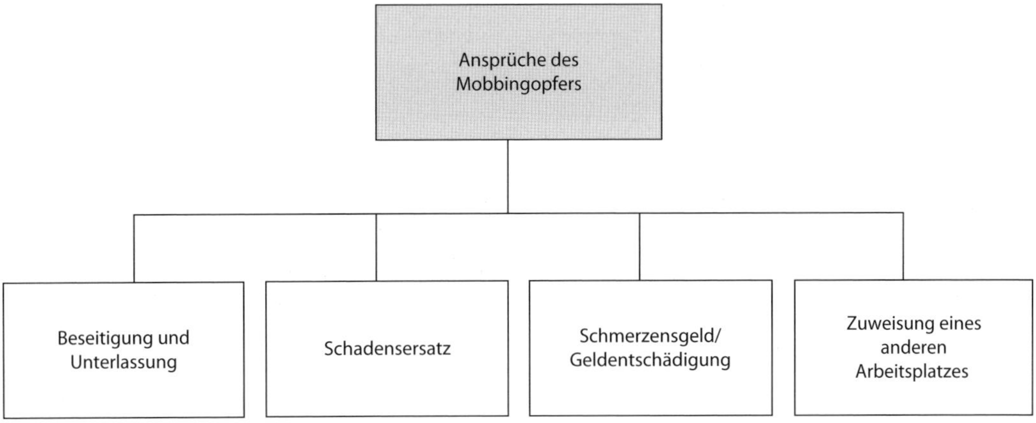

Abb. 3.2 Ansprüche des Mobbingopfers

rungsfrist von 30 Jahren (§ 199 Abs. 2 BGB). Unklar ist, ob die 30-jährige Verjährungsfrist analog auch für die Verletzung des allgemeinen Persönlichkeitsrechts gilt (kritisch hierzu Palandt-Heinrichs, Rn. 41 § 199 BGB). In der Praxis dürfte der Frage jedoch wenig Relevanz zukommen, da die Verjährungsfrist, wie bei den zuvor angesprochenen Ausschlussfristen, erst mit der letzten Mobbinghandlung beginnt (LAG Schleswig-Holstein v. 10.10.08 – 3 Sa 196/08; Rieble u. Klumpp 2002, S. 380; HRM-Hänsch 2004, S. 245; Struck u. Fleissner 2005, S. 164).

3.7.5 Ansprüche des Mobbingopfers

Einem Mobbingopfer können je nach Fallkonstellation und in Abhängigkeit von der Schwere der Persönlichkeits- oder Gesundheitsverletzung verschiedene gerichtlich durchsetzbare Ansprüche zustehen, die teilweise auch nebeneinander geltend gemacht werden können (Abb. 3.2): Beseitigung und Unterlassung, Schadensersatz, Schmerzensgeld/Geldentschädigung, Zuweisung eines anderen Arbeitsplatzes.

Beseitigung und Unterlassung

Das Mobbingopfer kann die Beseitigung bzw. Unterlassung solcher Maßnahmen verlangen, die eine Arbeitsvertrags- oder Rechtsgutverletzung darstellen. Es genügt, dass eine solche Maßnahme rechtswidrig ist. Ein Verschulden ist nicht erforderlich. Die Ansprüche können auf dem Klageweg und in Eilfällen per einstweiliger Verfügung durchgesetzt werden. Der Anspruchsinhalt kann sehr unterschiedlich ausgestaltet sein, wie verschiedene Beispiele aus der Rechtsprechung zeigen:

Rechtsprechung

- Anspruch auf Widerruf und Unterlassung ehrverletzender Äußerungen: öffentliche Herabwürdigung einer Arbeitnehmerin

als »faulste Mitarbeiterin Deutschlands« (BAG v. 18.8.1999, NJW 1999, S. 1988),
- Anspruch auf Entfernung einer rechtswidrigen Abmahnung aus der Personalakte, insbesondere bei unzutreffendem Sachverhalt (BAG v. 18.11.08, DB 2009, S. 458) oder ehrverletzendem Inhalt (HK-ArbR/Kreuder, Rn. 568 zu § 611 BGB),
- Anspruch auf Unterlassung der Zuweisung vertraglich nicht geschuldeter Arbeiten: Zuweisung von Aufgaben außerhalb der einschlägigen Vergütungsgruppe II BAT bei einem Sparkassenmitarbeiter (LAG Thüringen v. 10.4.01, NZA-RR 2001, S. 347),
- Anspruch auf vertragsgemäße Beschäftigung: Beschäftigung als Leiter einer Linien-, Fach- oder Projektfunktion der Führungsebene 2 bei DaimlerChrysler, nachdem dem Betroffenen über einen längeren Zeitraum keine adäquate Tätigkeit zugewiesen wurde (LAG Baden-Württemberg v. 12.6.06 – 4 Sa 68/05),
- Anspruch auf Unterlassung rechtswidriger Weisungen: Reduzierung von häufig angesetzten Mitarbeiterbesprechungen zur Leistungskontrolle, die die Betroffene nach Auffassung des Gerichts zermürben und zur Aufgabe ihrer Tätigkeit bringen sollten (LAG Baden-Württemberg v. 27.6.01 – 5 Sa 72/01).

Schadensersatz

Bei Gesundheitsbeeinträchtigungen, die einem Betroffenen infolge von Mobbing entstehen, kommt für die materiellen Schäden eine Haftung aus Vertrag (§ 280 Abs. 1 BGB) oder aus Deliktsrecht (Recht der unerlaubten Handlungen gemäß §§ 823 ff. BGB) in Betracht. Der Schaden kann beispielsweise einen Verdienstausfall oder die Differenz zwischen dem Bruttoverdienst und dem Krankengeld umfassen (BAG v. 16.5.2007, NZA 2007, S. 1154). Die Heilbehandlungskosten, wie etwa Arztkosten, werden demgegenüber in der Regel von den Sozialversicherungsträgern übernommen. Diesen kann diesbezüglich ein Rückgriffsanspruch gegen den Mobbingtäter zustehen.

Schmerzensgeld/Geldentschädigung

Neben dem Ersatz der materiellen Schäden, kann dem Betroffenen aufgrund der Verletzung des Persönlichkeitsrechts und/oder der Gesundheit ein Ausgleich für die immateriellen Schäden zukommen. Soweit durch die Mobbinghandlungen die Gesundheit des Betroffenen geschädigt wird, kommt ein vertraglicher oder gesetzlicher Anspruch (aufgrund einer unerlaubten Handlung) auf Schmerzensgeld in Betracht (§§ 241 Abs. 2, 253 Abs. 2, 280 Abs. 1 BGB bzw. §§ 823 i.V.m. § 253 Abs. 2 BGB).

Geldentschädigung

Bei schwerwiegenden Eingriffen in das Persönlichkeitsrecht kann dem Betroffenen ein Anspruch auf eine Geldentschädigung zustehen (§ 823 BGB i.V.m. mit Art. 1 u. 2 GG). Sie dient der Genugtuung für das Mobbingopfer und der Prävention. Die Bewertungskriterien sind Bedeutung und Tragweite des Eingriffs, Anlass und Beweggrund sowie der Verschuldensgrad (Benecke 2008, S. 363).

Wie die nachfolgenden Beispiele aus der Rechtsprechung zeigen, ist es bei den positiv entschiedenen Fällen in der Regel bereits zu einer mobbingbedingten psychischen Erkrankung gekommen.

Rechtsprechung

- Das Arbeitsgericht Eisenach sprach einem Mobbingopfer, das zahlreichen diskreditierenden und schikanösen Handlungen mit dem Ziel seiner Entfernung aus dem Arbeitsverhältnis ausgesetzt war, eine Geldentschädigung für die Persönlichkeitsrechtsverletzungen von 10.000 Euro und, da das Opfer infolge der Handlungen an Depressionen erkrankte, weitere 7.500 Euro als Schmerzensgeld zu (ArbG Eisenach v. 30.8.05 – 3 Ca 1226/03).
- Vom Arbeitsgericht Dresden wurde einem Mobbingopfer, das nach einer Vielzahl von schikanösen und diskriminierenden Handlungen und wiederholten Anfeindungen derart schwer psychisch erkrankte, dass eine vollständige Wiedergenesung und Wiedereingliederung in das Arbeitsleben nicht zu erwarten ist, eine Geldentschädigung von 25.000 Euro und ein Schmerzensgeld von 15.000 Euro zugesprochen (ArbG Dresden v. 7.7.03 – 5 Ca 5954/02).
- Ein Topmanager des DaimlerChrysler-Konzerns, der mehr als zwei Jahre nicht beschäftigt und sozial isoliert wurde und in der Folge auch psychisch erkrankte, erhielt vom LAG Baden-Württemberg eine Geldentschädigung und ein Schmerzensgeld in Höhe von insgesamt 25.000 Euro zuerkannt, wobei zwischen beiden Ansprüchen nicht differenziert wurde (LAG Baden-Württemberg v. 12.6.06, AuA 2007, S. 122).
- Das Bundesarbeitsgericht hat einem leitenden Oberarzt, der vom Chefarzt gemobbt wurde, dem Grunde nach ein Schmerzensgeld zugesprochen. Der Rechtsstreit wurde an das zuständige Landesarbeitsgericht zurückverwiesen, das über die Höhe des Entschädigungsanspruchs entscheiden sollte (BAG v. 25.10.07, NZA 2008, S. 223). Vor dem Landesarbeitsgericht haben sich Oberarzt und Krankenhaus dann auf einen Vergleich geeinigt, wonach der Oberarzt im medizinischen Controlling eingesetzt wird und damit nicht mehr den Weisungen des Chefarztes unterliegt. In einem weiteren Verfahren verklagte der Oberarzt den Chefarzt auf Schadensersatz im Umfang von knapp 500.000 Euro. Der Oberarzt unterlag in zweiter Instanz, da das Gericht nach einer umfangreichen Beweisaufnahme zu dem Ergebnis gelangte, dass ein Überschreiten des sozial- und rechtsadäquaten Verhaltens durch den Chefarzt nicht bewiesen werden konnte (vgl. LAG Hamm v. 10.1.2012 – 11 Sa 722/10).

Anspruch auf Zuweisung eines anderen Arbeitsplatzes

Voraussetzung

Der Betroffene kann von seinem Arbeitgeber die Zuweisung eines anderen Arbeitsplatzes, an dem er nicht mehr den Mobbinghandlungen seines Vorgesetzten ausgesetzt ist, dann verlangen, wenn ein solcher gleichwertiger Arbeitsplatz vorhanden und frei ist (BAG v. 25.10.07,

NZA 2008, S. 223; D/L/W-Dörner, Kap. C, Rn. 2329). Der Arbeitgeber muss keinen passenden Arbeitsplatz für ein Mobbingopfer schaffen.

- **Ansprüche nach dem Allgemeinen Gleichbehandlungsgesetz (AGG)**

Nach der Rechtsprechung des Bundesarbeitsgerichts erfährt der Begriff des Mobbings eine weitgehende Übereinstimmung mit der in § 3 Abs. 3 AGG enthaltenen Definition der Belästigung (BAG v. 25.10.07, NZA 2008, S. 223; LAG Berlin-Brandenburg v. 18.6.10 – 6 Sa 271/10; Fitting, Rn. 62 zu § 75 BetrVG; Tschöpe-Schmalenberg, Teil 2 A, Rn. 764; kritisch Benecke 2008, S. 364). Eine Belästigung stellt eine Sonderform einer Benachteiligung dar. Eine solche Benachteiligung nach § 3 Abs. 3 AGG liegt vor, »wenn unerwünschte Verhaltensweisen, die mit einem in § 1 AGG genannten Grund in Zusammenhang stehen, bezwecken oder bewirken, dass die Würde der betreffenden Person verletzt und ein von Einschüchterungen, Anfeindungen, Erniedrigungen, Entwürdigungen oder Beleidigungen gekennzeichnetes Umfeld geschaffen wird«. Diese sprachlich wenig gelungene Norm erlaubt die Anwendung der Regelungen des Allgemeinen Gleichbehandlungsgesetzes, wenn die Benachteiligung (Mobbinghandlungen) aus Gründen

- der Rasse,
- der ethnischen Herkunft,
- des Geschlechts,
- der Religion,
- der Weltanschauung,
- einer Behinderung,
- des Alters oder
- der sexuellen Identität

erfolgt ist (§ 1 AGG). Die Anwendbarkeit des AGG in einem Mobbingfall gewährt dem Betroffenen gegebenenfalls Ansprüche auf Schadensersatz (§ 15 Abs. 1 AGG) und Geldentschädigung (§ 15 Abs. 2 AGG) sowie auch Beweiserleichterungen (§ 22 AGG). Sofern Mobbing wegen anderer Gründe erfolgte, greift das AGG nicht.

3.7.6 Haftungsgegner

Mobbingtäter

Als Haftungsgegner kommen zunächst der oder die Mobbingtäter in Betracht. Mobbingtäter können Arbeitgeber, Vorgesetzte, Kollegen und nachgeordnete Mitarbeiter oder Dritte sein. Der Arbeitgeber haftet auch dann, wenn ihm Handlungen seiner Mitarbeiter zugerechnet werden oder eine Verletzung der Fürsorgepflicht gegenüber seinen Arbeitnehmern vorliegt. Der Arbeitgeber kann neben dem Mobbingtäter gesamtschuldnerisch haften (ArbG Eisenach v. 30.8.05 – 3 Ca 1226/03). Das Mobbingopfer kann in einem solchen Fall Arbeitgeber und Mobbingtäter zusammen verklagen, die Forderung jedoch nur einmal verlangen.

Haftung des Mobbingtäters

Geht Mobbing von Vorgesetzen oder Kollegen aus, so scheiden vertragliche Ansprüche des Betroffenen gegen die Täter aufgrund einer fehlenden vertraglichen Beziehung aus. Vielmehr kommt ein gesetzlicher Anspruch aus unerlaubter Handlung (Deliktsrecht) in Betracht. Als Anspruchsnorm kommen § 823 Abs. 1 BGB, § 823 Abs. 2 BGB i.V.m. einem Schutzgesetz (etwa § 185 StGB Beleidigung) sowie auch eine vorsätzliche sittenwidrige Schädigung nach § 826 BGB in Betracht. Während Arbeitnehmer im Verhältnis zum Arbeitgeber bei Pflichtverletzungen im Zusammenhang mit der Ausübung der Tätigkeit nur eingeschränkt haften (aufgrund des sog. Haftungsprivilegs), gilt dies im Verhältnis zu anderen Arbeitnehmern, also möglichen Mobbingopfern, nicht (BAG v. 25.10.07, NZA 2008, S. 223). Das Haftungsprivileg dient dazu, das Haftungsrisiko eines Arbeitnehmers gegenüber seinem Arbeitgeber abzumildern. Die Haftung richtet sich hierbei nach dem Grad des Verschuldens.

Haftung des Arbeitgebers

Ein Arbeitgeber haftet für eigenes Mobbing (in Betracht kommen vertragliche und deliktische Ansprüche nach § 280 BGB bzw. §§ 823 ff. BGB) und für das seiner Erfüllungs- bzw. Verrichtungsgehilfen gemäß § 278 BGB bzw. § 831 BGB. Erfasst werden davon alle Mitarbeiter, die der Arbeitgeber zur Ausübung des ihm zustehenden Weisungsrechts gegenüber den Arbeitnehmern ermächtigt hat und die im Zusammenhang mit der Ausübung dieses Rechts schuldhaft die Persönlichkeit oder die Gesundheit von Arbeitnehmern verletzen. Dies wird regelmäßig nur für Vorgesetzte gelten (BAG v. 16.5.07, NZA 2007, S. 1154; Benecke 2008, 360f.). Eine Zurechnung scheidet daher bei gleichgestellten Kollegen aus (BAG v. 16.5.07, NZA 2007, S. 1154; H/W/K-Thüsing, Rn. 256 zu § 611 BGB). Die Haftung besteht unabhängig davon, ob der Arbeitgeber Kenntnis von den Mobbinghandlungen des Vorgesetzten hatte. Bei einer Haftung für den Verrichtungsgehilfen gemäß § 831 BGB kann sich der Arbeitgeber möglicherweise von einem Verschulden entlasten (exkulpieren), wenn er den Verrichtungsgehilfen sorgfältig ausgewählt und überwacht hat (BAG v. 16.5.07, NZA 2007, S. 1154) und es trotz dieser Sorgfalt zu vom Verrichtungsgehilfen ausgehenden Mobbinghandlungen gekommen ist.

Pflichtverletzung

Der Arbeitgeber haftet weiterhin auch dann, wenn er seine Pflicht verletzt hat, die Persönlichkeit der Arbeitnehmer zu schützen und Mobbinghandlungen von Vorgesetzten und Kollegen zu verhindern (§§ 241 Abs. 2, 278, 280 Abs. 1 BGB). Eine schuldhafte Verletzung der arbeitgeberseitigen Schutzpflicht setzt voraus, dass der Arbeitgeber von den Verletzungshandlungen durch andere Arbeitnehmer Kenntnis hat (BAG v. 16.5.07, NZA 2007, S. 1154). Weiterhin hat der Arbeitgeber seine Betriebs- und Arbeitsstrukturen so zu organisieren, dass Mobbing möglichst vermieden wird (Organisationspflicht; Wolmerath 2004, S. 330).

3.7.7 Strafrechtliche Aspekte

Durch Mobbinghandlungen können verschiedene Straftatbestände des Strafgesetzbuches (StGB) verwirklicht werden wie etwa:
- Bedrohung (§ 241 StGB),
- Beleidigung (§ 185 StGB),
- Körperverletzung (§ 223 StGB),
- Nachstellung (§ 238 StGB),
- Nötigung (§ 240 StGB),
- Sachbeschädigung (§ 303 StGB),
- üble Nachrede (§ 186 StGB),
- Verleumdung (§ 187 StGB).

Ausführlich hierzu: Esser u. Wolmerath (2008, S. 195ff.).

3.7.8 Sozialer Schutz von Mobbingopfern

Für Mobbingopfer können einige soziale Schutzregelungen relevant sein. Der Schutzumfang ist allerdings sehr beschränkt, soweit aufgrund des Mobbings eine dauernde Arbeitsunfähigkeit bei dem Opfer eintritt.

Anspruch auf Arbeitslosengeld bei Eigenkündigung

Keine Sperrzeit

Soweit ein Arbeitnehmer aufgrund des Mobbings einen wichtigen Grund für die außerordentliche Kündigung seines Arbeitsverhältnisses hat, darf gegen den Betroffenen von der Agentur für Arbeit keine Sperrzeit für den Bezug von Arbeitslosengeld verhängt werden (BSG v. 21.10.03, SozR 4-4300 § 144 Nr. 4; Küttner-Reinecke, Mobbing, Rn. 16; Struck u. Fleissner 2005, S. 99). Um hier mehr Sicherheit zu erlangen, sollte der Betroffene vor Ausspruch der Kündigung versuchen, die Problematik der Sperrzeit bei der zuständigen Agentur für Arbeit zu klären.

Betriebliches Beschäftigungsverbot

Schwangerschaft

Es kann ein gesetzliches Beschäftigungsverbot nach § 3 Abs. 1 Mutterschutzgesetz (MuSchG) bestehen, wenn Leben oder Gesundheit einer schwangeren Arbeitnehmerin und/oder des Kindes durch psychisch bedingten Stress aufgrund der Arbeitssituation gefährdet sind (BAG v. 21.3.2001, BB 2001, S. 2430). Das Bundesarbeitsgericht hat in seiner Entscheidung betont, dass es hierbei nicht darauf ankomme, ob die Klägerin objektiv unter Psychoterror oder Mobbing am Arbeitsplatz leide. Es genüge, wenn die werdende Mutter aufgrund subjektiver Empfindungen einer psychischen Belastung ausgesetzt wird, durch die bei einer Fortdauer der Arbeit Gesundheit oder Leben von Mutter oder Kind gefährdet würden. Der Arbeitgeber ist in diesem Fall zur Fortzahlung der Vergütung verpflichtet (§ 11 MuSchG). Ihm steht jedoch nach dem Aufwendungsausgleichsgesetz ein Erstattungsanspruch gegen die zuständige Krankenkasse zu.

Berufskrankheit

Keine Berufskrankheit als Mobbingfolge

Eine Krankheit wird dann als Berufskrankheit anerkannt, wenn sie in der Berufskrankheitenliste in der Anlage zur Berufskrankheitenverordnung aufgeführt ist. Da Mobbing selbst keine Krankheit ist, taucht der Begriff *Mobbing* folgerichtig nicht in dieser Liste auf. Auch psychische Erkrankungen sind derzeit in der Berufsunfähigkeitenliste nicht aufgeführt. Damit werden auch mobbingbedingte psychische Erkrankungen nicht erfasst (LSG Hessen v. 1.12.09 – L 3 U 157/07; SG Dortmund v. 19.2.03, AiB 2004, S. 111; Wolmerath 2004, S. 337f.). Nach Auffassung der Sozialgerichte liegen auch keine neuen wissenschaftlichen Erkenntnisse vor, wonach bestimmte Personen- bzw. Berufsgruppen einem besonders hohen Risiko ausgesetzt sind, durch Mobbing verursachte Krankheiten zu entwickeln (LSG Hessen v. 1.12.09 – L 3 U 157/07; LSG Baden-Württemberg v. 16.8.01 – L 7 U 18/01; HRM-Coseriu 2004, S. 327).

Arbeitsunfall

Mobbing kann in der Regel nicht als Arbeitsunfall anerkannt werden, da es sich hierbei nicht um ein plötzlich von außen einwirkendes zeitlich begrenztes Ereignis handelt (sog. Unfallereignis, § 8 Abs. 1 S. 2 SGB VII). Mobbing ist demgegenüber gerade dadurch gekennzeichnet, dass es sich um einen Mobbingprozess handelt, der mehrere Einzelhandlungen umfasst (LSG Hessen v. 1.12.09 – L 3 U 157/07; LSG Baden-Württemberg v. 16.8.01 – L 7 U 18/01).

Eine Anerkennung als Arbeitsunfall kommt nur ausnahmsweise dann in Betracht, wenn eine einzelne (Mobbing-)Handlung der unmittelbare Auslöser für einen physischen oder psychischen Gesundheitsschaden ist. Hierzu liegen vereinzelte Entscheidungen vor:

Seltene Ausnahmen

- Ein Arbeitsunfall wurde bei einem Angestellten anerkannt, der infolge eines Personalgesprächs mit der Geschäftsführung, in dem ihm verschiedene Maßnahmen, wie die Entziehung der Leitungsfunktion, eine Gehaltskürzung sowie eine Abmahnung mit Kündigungsandrohung, eröffnet wurden, Suizid begangen hat (LSG Bayern v. 29.4.08, NZS 2009, S. 232).
- Ebenfalls als Arbeitsunfall wurde der Zusammenbruch eines Servicetechnikers angesehen, nachdem er von seinem Vorgesetzten massiv verbal angegangen wurde. Ein Zeuge hatte in dem Verfahren ausgesagt, der Vorgesetzte habe den betroffenen Mitarbeiter »an die Wand nageln« wollen (SG Lüneburg v. 28.7.08 – S 3 U 4/06).

Opferentschädigung

Nach § 1 Abs. 2 des Opferentschädigungsgesetzes erhalten diejenigen, die infolge eines vorsätzlichen, rechtswidrigen tätlichen Angriffs eine gesundheitliche Schädigung erleiden, Versorgungsleistungen. Nach der Rechtsprechung des Bundessozialgerichts ist dafür ein tätlicher Angriff erforderlich, der in ehrverletzenden oder herabsetzenden Mobbinghandlungen auch dann nicht gesehen werden könne, wenn das Opfer in Folge der Mobbingattacken psychisch erkranke (BSG v. 14.2.01 – B 9 VG 4/00 R).

Burn-out

Der folgende, einer Studie von Kämpf et al. (2011) entnommene Ausschnitt aus einem Interview (IT-Branche) veranschaulicht die Wirkung von Dauerstress und das Entstehen von Burn-out:

Symptome

» … es ist halt so, die Verantwortung erzeugt hohen Druck, und diesen Druck, den nimmt man halt mit, wenn man hier das Unternehmen verlässt. Dann fängt man zu Hause an, die Gedanken weiterzuspinnen … ich schlafe schlecht, ich bin in der Früh zu zeitig wach, ich bin hier schon um sechs wieder bei der Arbeit, und dann geht es weiter, und man kommt nicht mehr zur Ruhe, und das ist halt, das geht halt irgendwo nicht mehr (Kämpf et al. 2011, S. 122). «

Kämpf et al. (2011) beschreiben für die IT-Branche, was auch in anderen Branchen zu vermuten ist: Viele Mitarbeiter befinden sich in einem Zustand »permanenter Bewährung«.

Nicht nur Überlastung und Enttäuschung können zum Burn-out führen, sondern auch die erlebte Sinn- und Wertlosigkeit der eigenen Tätigkeit. Das zeigt das Beispiel einer Beamtin bei einer Nachfolgeorganisation der ehemaligen Bundespost:

» Ob ich da hingehe und arbeite oder nicht, das ist doch völlig egal. Eine sinnvolle Aufgabe habe ich schon seit Jahren nicht mehr. Die wären froh, wenn ich nicht mehr kommen würde; hinter vorgehaltener Hand sagt das jeder, auch der Amtsarzt hat schon gefragt, ob ich nicht besser in Pension gehen sollte. Natürlich habe ich keinen Spaß mehr an der Arbeit. An welcher auch? Ich fühle mich kaputt, trinke zu viel … Als ich Beamtin wurde, war ich froh, meine Eltern stolz … Na gut, das Geld stimmt, aber ansonsten ist es ein Scheiß (Hillert u. Marwitz 2006, S. 25). «

Jeder ist gefährdet

Neben physischen Beanspruchungen am Arbeitsplatz, wie z.B. lange Arbeitszeiten, wirken auch psychische Faktoren negativ auf Menschen, die viel Zeit in zwischenmenschlichen Beziehungen mit anderen Menschen verbringen und dabei häufig Konflikte, Frustrationen und Stress erleben. Neben solchen spezifischen Risiken kann der allgemein steigende Veränderungsdruck in der Arbeitswelt zur Überforderung führen. Zielke u. Leidig (2003) weisen zu Recht auf die Stresswirkung von Veränderungen in der Arbeitswelt und auf mögliche Gesundheitsfolgen hin. Der Begriff *Burn-out* hat sich aus der Fokussierung auf psychosoziale Berufe gelöst und wurde bei vielen Berufsgruppen beschrieben, beispielsweise bei Anwälten, Bestattern, Stewardessen, Fluglotsen, Journalisten, Verwaltungsbeamten und IT-Personal (Gerlmaier u. Latniak 2011). Von Dienstleistungsberufen als Risikoberufen für Burn-out spricht man daher heute nicht mehr (Demerouti 1999), ebenso wenig von Burn-out als Managerkrankheit (Becker 2011). Die ursprüngliche Vermutung, dass Burn-out speziell bei Personen mit emotionalem Kontakt zu Patienten oder Klienten zu finden sei, wurde folgerichtig weitgehend fallen gelassen (Kernen

1999; Maslach et al. 2001; Schaufeli u. Enzmann 1998; Zapf 2002). Burn-out kann in jedem Beruf auftreten (Gerlmaier 2011). Die Studie von Siebecke (2010) zeigt beispielsweise, dass Burn-out auch in der IT-Branche weitverbreitet ist. Nicht nur der konfliktbeladene Kontakt mit Patienten, Klienten oder Kunden kann überlasten, sondern auch die Nichtpassung zwischen persönlichen Leistungserwartungen und Arbeitsbedingungen (Siebecke 2010). Nach Siebecke (2010) besteht beispielsweise bei leistungsorientierten Menschen ein erhöhtes Burn-out-Risiko, wenn diese in der Zielerreichung behindert werden oder ihre Leistung unzureichend gewürdigt wird. Führt man diesen Gedanken weiter, so sind Leistungsträger besonders gefährdet, wenn sie in ihrer Arbeit behindert werden und wenn sie ihre Arbeitsbedingungen als dysfunktional empfinden.

Burn-out ist nicht nur im qualitativen Sinne ein Problem, weil Leistungsträger betroffen sind, sondern auch im quantitativen Sinne: Nach Siefer u. Beermann (2010) sind in Deutschland rund 7 Prozent der Erwerbsbevölkerung von Burn-out betroffen. Nach dem BKK-Gesundheitsreport (2010; 2011) steigt die Zahl der durch Burn-out verursachten Krankheitstage kontinuierlich an.

4.1 Definition

Ausbrennen

In der englischen Umgangssprache beschreibt der Begriff *burnout* einen Zustand vollständiger Erschöpfung: Man ist derart erschöpft, dass man nichts mehr tun oder geben kann. Der Psychoanalytiker Freudenberger (1974) führte den Begriff in die Psychologie ein. Er stellte bei ursprünglich hoch motivierten Sozialarbeitern in alternativen Organisationen fest, dass sie auffällig oft etwa ein Jahr nach Arbeitsaufnahme psychisch geradezu zusammenbrachen.

Besser als Depression …

Inzwischen hat der Begriff *Burn-out* eine beachtliche Verbreitung bis in den alltäglichen Sprachgebrauch hinein gefunden. Das breite Interesse könnte auch damit zusammenhängen, dass Burn-out im Gegensatz zu Krankheitsbegriffen wie *Depression* weniger negativ besetzt ist (Demerouti 1999). Für viele Menschen ist der Gedanke, an Burn-out zu leiden, leichter zu ertragen als die Diagnose einer Depression. Nach Hillert u. Marwitz (2006) ist Burn-out, im Gegensatz zu Depression, kein Tabubruch. Burn-out wird in der klinischen Praxis diagnostiziert, obwohl es kein standardisiertes und gesichertes Vorgehen zur Klassifikation gibt. Tatsächlich muss zur Abrechnung mit den Krankenkassen regelmäßig eine andere Diagnose eingetragen werden, beispielsweise *Depression* (Korczak et al. 2010).

Klassifikation

Wegen der zunehmenden Verbreitung des Begriffs *Burn-out* und aufgrund gewisser Überlappungen mit dem Begriff *Stress* ist eine Erörterung und Abgrenzung der Begriffe an dieser Stelle erforderlich. Da man bei Burn-out klinischen Störungen wie Depression oder Neurasthenie sehr nahe kommen kann, ist es bei Verdacht auf Burn-out geboten, sich professioneller psychotherapeutischer Hilfen zu bedienen (Weber u. Jaekel-Reinhard 2000). Hilfreiche Adressen finden sich in ▶ Kap. 5 dieses Buches. Ebenfalls empfehlenswert ist das Buch *Erfolgreich gegen Depression und Angst* von Hansch (2011).

Nach Auffassung von Schaufeli u. Enzmann (1998) ist die Diagnose einer Neurasthenie nach dem international gültigen Diagnosesystem ICD-10 (International Classification of Diseases) diejenige formale Klassifikation, die Burn-out am besten kennzeichnet, zumindest wenn die Neurasthenie berufs- oder arbeitsbezogen ist. Neurasthenie geht mit der Klage über vermehrte Müdigkeit nach geistigen Anstrengungen einher, häufig verbunden mit abnehmender Arbeitsleistung oder Effektivität bei der Bewältigung täglicher Aufgaben. Bei einer anderen Form von Neurasthenie liegt der Schwerpunkt auf Gefühlen körperlicher Schwäche und Erschöpfung nach nur geringer Anstrengung, begleitet von muskulären und anderen Schmerzen. Bei weiteren Formen stellen sich begleitend Reizbarkeit, Freudlosigkeit, Depression und Angstgefühle ein. Nach Hillert u. Marwitz (2006) entspricht Neurasthenie praktisch einem Chronischen Erschöpfungssyndrom. Hierauf wird in ▶ Abschn. 4.2 detaillierter eingegangen. Gemäß der Internationalen Klassifikation psychischer Störungen (Dilling et al. 2010) werden in Kap. XXI Faktoren aufgeführt, die den Gesundheitszustand beeinflussen und zur Inanspruchnahme von Gesundheitsdiensten führen (Z00–Z99). Die Kategoriengruppe Z73 beinhaltet »Probleme mit Bezug auf Schwierigkeiten bei der Lebensbewältigung«. Hierunter fallen folgende Inhalte (Dilling et al. 2010):

- Z73.0 Erschöpfungssyndrom (Burn-out-Syndrom)
- Z73.1 Akzentuierte Persönlichkeitszüge, einschließlich Typ-A-Verhalten
- Z73.2 Mangel an Entspannung oder Freizeit
- Z73.3 Belastung, nicht andernorts klassifizierbar
- Z73.4 Unzulängliche soziale Fähigkeiten, nicht andernorts klassifizierbar
- Z73.5 Sozialer Rollenkonflikt, nicht andernorts klassifizierbar

Damit erhält Burn-out in Bezug auf den Gesundheitszustand klassifikatorisch den Status eines Einflussfaktors. Tatsächlich wird gemäß BKK-Gesundheitsreport (2011) Burn-out häufig unter der Diagnose »Z73: Probleme mit Bezug auf Schwierigkeiten bei der Lebensbewältigung« eingeordnet.

Stressbezug

Chronischer Stress entspricht in vielen Aspekten den körperlichen Anzeichen von Burn-out. Damit können zumindest diese Burn-out-Symptome mit den Ergebnissen der Stressforschung erklärt werden. Wie bei Stress ist auch bei Burn-out festzustellen, dass verschiedene Menschen unter gleichen äußeren Umständen unterschiedlich reagieren. Das bedeutet, dass auch für die Entstehung von Burn-out das subjektive Erleben eine zentrale Rolle spielt. Demeroutis Studie (Demerouti 1999) zeigt, dass über das subjektive Erleben hinaus auch die objektiven Arbeitsbedingungen Burn-out beeinflussen. Erlebt ein Mensch seine Umwelt zu oft als bedrohlich, erlebt er Bedrohungen durch die Umwelt sehr intensiv oder werden wichtige Bedürfnisse dauerhaft nicht befriedigt, entsteht Dauerstress. Scheitern die Versuche, solchen Dauerstress zu bewältigen, kann Burn-out die Folge sein (Burisch 2010).

Eine allgemein anerkannte Definition von Burn-out gibt es nicht (Korczak et al. 2010). Nachfolgend werden die wichtigsten Ansätze vorgestellt.

Unrealistische Belohnungserwartungen

Freudenberger u. North (2002) definieren Burn-out als einen Zustand, der sich langsam aus andauerndem Stress und Energieeinsatz entwickelt und schließlich Motivation, Einstellung und Verhalten beeinträchtigt. Freudenberger vertritt einen intrapersonalen Ansatz, nach dem Burn-out überwiegend durch eine narzisstische Helferpersönlichkeit entsteht. Solche Personen haben zu hohe Belohnungserwartungen, die im Alltag enttäuscht werden (Lauck 2003). Die Ursache für Burn-out sowie Ansatzpunkte zur Abhilfe liegen bei den betroffenen Personen selbst, da Burn-out als Folge unrealistischer Erwartungen verstanden wird. Die Eingrenzung auf Helferberufe gilt inzwischen als überholt.

Emotionaler Stress

Aronson et al. (1983) verstehen unter *Ausbrennen* einen seelischen Zustand, der häufig bei Menschen auftritt, die mit anderen Menschen arbeiten und in ihren Beziehungen zu Klienten, Vorgesetzten oder Kollegen die Gebenden sind. Somit wäre Burn-out eine Erschöpfung durch chronischen emotionalen Stress. Das Ausbrennen tritt weniger als Folge vereinzelter traumatischer Ereignisse auf, sondern als schleichende Auszehrung. Dieser Ansatz ist prozessorientiert und interindividuell, da er an den Interaktionen mit anderen Personen ansetzt. Kernursachen sind nach Aronson et al. (1983) sowie nach Pines u. Aronson (1988) Überlastung, Autonomiemangel und Mangel an Belohnungen. Mangelnde Autonomie wird besonders dann als belastend erlebt, wenn dieser Mangel durch häufiges Ändern von Vorschriften sowie durch kurzfristige und schlecht geplante organisatorische Umstellungen verursacht ist. Ungünstig wirken auch unklare Ziele, fehlende Zeitsouveränität und ungenügende Kommunikation – alles typische Probleme von Großorganisationen. Der Mangel an erlebten Belohnungen bezieht sich nicht speziell auf die Bezahlung, sondern stärker auf die soziale Anerkennung von Leistung. Jüngere sind wegen des Realitätsschocks nach Eintritt in eine Organisation besonders von Burn-out gefährdet. Nach Pines (1993) findet sich Desillusionierung, die ihrerseits zu Burn-out führen kann, häufiger bei Menschen, die hochmotiviert sind.

Maslach betont ebenfalls die von Aronson et al. (1983) angesprochene Erschöpfung, geht aber in ihrer Begriffsbestimmung weiter. Für sie ist Burn-out ein Syndrom mit drei Subdimensionen (Maslach u. Leitner, 2001):

Drei Subdimensionen

1. emotionale Erschöpfung/rasche Ermüdung,
2. Depersonalisierung/Gleichgültigkeit im sozialen Kontakt,
3. reduzierte persönliche Leistungsfähigkeit im Beruf/Unzufriedenheit mit der eigenen Leistung.

Emotionale Erschöpfung heißt, durch den Kontakt zu anderen emotional überfordert und ausgelaugt zu sein sowie die Fähigkeit zur Regeneration verloren zu haben. Depersonalisierung meint eine gefühllose, zynische und gleichgültige Reaktionsweise sowie das Vermeiden von Kontakt zu Empfängern einer Hilfsleistung. Die reduzierte persönliche Leistungsfähigkeit und Erfüllung bezieht sich auf die Neigung, sich in seiner Arbeit nicht als kompetent und erfolgreich zu erleben. Das schließt eine negative Selbsteinschätzung ein (Maslach 1985). Auch dieser Ansatz ist interindividuell, da die Hauptursache für Burn-out in den Interaktionen zwischen den an Burn-out leidenden Personen und anderen Menschen liegt. Besonders belastend wirken eine Fokussierung auf Probleme, das Fehlen positiver Rückmeldungen, starker emotionaler Stress sowie die wahrgenommene Unwahrscheinlichkeit von Veränderungen. Verschärfend kommen nach Maslach die organisatorischen Bedingungen hinzu, unter denen die Interaktionen stattfinden, da Organisationen Ziele, Ressourcen und Einschränkungen festlegen. Hierzu gehören geringe Tätigkeitsspielräume, quantitative Arbeitsüberlastung, ein schlechtes Organisationsklima sowie konfliktbehaftete Beziehungen zwischen Führungskräften und Mitarbeitern (Lauck 2003). Die Studie von Bakker et al. (2004) stützt die Vermutung einer spezifischen Wirkung. So wirken *Berufsanforderungen* wie Arbeitsdruck speziell auf die Erschöpfungskomponente von Burn-out. Hingegen wirken fehlende *Berufsressourcen* wie Autonomie und soziale Unterstützung speziell auf die Depersonalisierungskomponente von Burn-out. Neubach u. Schmidt (2008) zeigen ferner, dass zwischen verstärkter Selbstkontrolle, speziell der Komponente *Überwinden innerer Widerstände*, und psychischer Belastung ein Zusammenhang besteht. Eine solche Form der Arbeitsanforderung, beispielsweise durch die Pflicht, als unangemessen empfundene Kundenwünsche zu erfüllen, sind Belastungsfaktoren.

Stressoren

In späteren Veröffentlichungen definiert Maslach (z.B. Maslach et al. 2001) Burn-out ausdrücklich als Reaktion auf chronische emotionale und zwischenmenschliche Stressoren am Arbeitsplatz; dies gilt besonders für die Dimension Erschöpfung. Der Ansatz von Maslach dominierte die Forschung lange Zeit wegen des von ihr (mit) entwickelten Messinstruments, dem Maslach Burnout Inventory (MBI; Maslach u. Jackson 1981; Maslach et al. 1996). Das MBI besteht in einer neueren, für Berufstätige allgemein konstruierten Version (MBI-GS) aus den drei Skalen *Erschöpfung*, *Zynismus* (früher: Depersonalisierung) und *berufliche Wirksamkeit* (früher: reduzierte berufliche Leistungsfähigkeit). Die Dimension Zynismus ersetzt die Dimension Depersonalisierung und erfasst eine gleichgültige und distanzierte Einstellung zur Arbeit. Damit wird die ursprünglich auf die Empfänger von Dienstleistungen (z.B. Patienten) bezogene Dimension Depersonalisierung auf alle Berufe erweitert (Demerouti 1999). Für eine ausführliche Beschreibung und Bewertung des MBI wird das Buch von Hillert u. Marwitz (2006) empfohlen. Alternative Messinstrumente sind das Oldenburger Burnout-Inventar (Halbesleben u. Demerouti 2005) sowie das Kopenhagener Burnout-Inventar (Kristensen et al. 2005).

Reihenfolge der Subdimensionen

Es wird kontrovers diskutiert, ob diese drei Subdimensionen in einer bestimmten Reihenfolge auftreten und, wenn ja, in welcher. Burn-out beginnt nach Auffassung von Maslach mit Erschöpfung, es folgen Depersonalisierung und reduzierte persönliche Leistungsfähigkeit. Erschöpfung führt zu negativen Gefühlen, auf die man mit Depersonalisierung reagiert. Diese Auffassung wird durch die Untersuchung von Lee u. Ashforth (1993) unterstützt. Wegen der als Distanzierung von anderen erlebten Depersonalisierung erreichen von Burn-out Betroffene andere Menschen schlechter, was ihnen den Eindruck vermittelt, nicht mehr leistungsfähig zu sein. Hier ist zu berücksichtigen, dass Burn-out zunächst bei psychosozialen Berufen erforscht wurde und eine überzogene Distanzierung in diesen Berufsfeldern tatsächlich zu schlechteren Leistungen führt.

Demerouti (1999) gibt hingegen zu bedenken, dass reduzierte Leistungsfähigkeit eine Folge von Erschöpfung und Depersonalisierung sein könnte. Damit wäre die reduzierte Leistungsfähigkeit kein Symptom von Burn-out, sondern dessen Folge. Insofern wären nur die beiden Dimensionen Erschöpfung und Distanzierung (Depersonalisierung) Subdimensionen von Burn-out. Anderer Ansicht ist Enzmann (1996), für den gerade die reduzierte Leistungsfähigkeit besonders eng mit Burn-out verbunden ist. Demerouti (1999) konnte zeigen, dass belastende Arbeitsbedingungen zu Erschöpfung, uninteressante oder mangelhaft belohnte Arbeit zu Depersonalisierung führen. Enzmann (1996) hingegen fand in seiner Untersuchung keine direkten Wirkungen der Burn-out-Dimensionen untereinander, sodass derzeit offenbleiben muss, ob und in welcher Reihenfolge die Burn-out-Dimensionen aufeinander wirken. Gäbe es bei der Entstehung von Burn-out eine eindeutige Reihenfolge der Subdimensionen, hätte man einen guten Anhaltspunkt dafür, wie weit der Burn-out im konkreten Fall fortgeschritten ist.

Stress und Hilflosigkeit

Cherniss (1980a) definiert Burn-out unter Bezug auf das transaktionale Stressmodell von Lazarus u. Launier (1981) als einen Prozess und nicht über eine Auflistung von Symptomen. Die Burn-out-Wahrscheinlichkeit steige mit der Stärke und Dauer von Stress sowie mit der Hilflosigkeit der betroffenen Person im Hinblick auf eine Veränderung der unbefriedigenden Situation. Burn-out ist nach Cherniss (1980a) eine spezifische Reaktion auf Stress, die zu folgenden Einstellungsänderungen führt:

- herabgesetzten Zielvorstellungen,
- stärkerer Gleichgültigkeit,
- emotionaler Distanzierung,
- Verlust von Idealismus,
- Arbeitsentfremdung,
- hohem Selbstinteresse.

Am Anfang eines Burn-out-Prozesses steht ein Ungleichgewicht von Anforderungen der Arbeitssituation und den Möglichkeiten des Einzelnen, diese Anforderungen zu erfüllen. Solche Anforderungen können von außen oder von der Person selbst gestellt werden. Burn-out als dauerhafte Einstellungsänderung entsteht nach Cherniss (1980a) bei defensiven Bewältigungsmechanismen und im Schwerpunkt bei folgenden Stressoren:

Ungleichgewicht

- Kompetenzängsten,
- Problemen mit unmotivierten/unfähigen Klienten,
- bürokratischen Hindernissen und Monotonie,
- mangelnder kollegialer Unterstützung.

Zusammenfassung

Das Fehlen kollegialer Unterstützung wirkt zweifach. Zum einen wirkt schlechtes Klima als Stressor, zum anderen fehlt die bei Stress besonders wichtige Entlastung durch kollegiale Unterstützung (Lauck 2003).

Definition

Aus den dargestellten Definitionen lässt sich extrahieren, dass *Burn-out* einen Zustand von Frustration und Erschöpfung bezeichnet, in dessen Folge Betroffene keine Kraft und Motivation mehr haben, ihre Arbeit in der bisher durchgeführten Intensität/Qualität fortzusetzen (Buchka u. Hackenberg 1987; für weitere Definitionen s. Burisch 2010; Rösing 2003; Shirom 2003; Weber u. Jaekel-Reinhard 2000).

Korczak et al. (2010) nennen als durchgängiges Merkmal von Burn-out emotionale Erschöpfung. Demgegenüber sei die Bedeutung der Dimensionen Depersonalisation und Leistungsbereitschaft aufgrund unterschiedlicher Ergebnisse in verschiedenen Studien unklar (Korczak et al. 2010). Nach Demerouti (1999) lassen sich bei allen Unterschieden zwischen verschiedenen Burn-out-Definitionen folgende Gemeinsamkeiten feststellen:

- eine hohe Motivation der Betroffenen zu Berufsbeginn,
- Frustration, weil Erwartungen und Ziele nicht erreicht werden; daraus resultiert Enttäuschung, die durch Depersonalisierung verarbeitet wird,
- eine ungünstige Arbeitsumgebung, d.h. zu hohe oder widersprüchliche Anforderungen bei nicht ausreichenden Ressourcen,
- ineffektive Bewältigungsstile des Betroffenen.

Insgesamt ist Burn-out ein Prozess, der sich nach einer langen und erfolglosen Auseinandersetzung einer Person mit ihrer Arbeit ergibt.

Symptome

Die in Anlehnung an Buchka u. Hackenberg (1987) erstellte Merkmalsliste (vgl. die Übersicht im ► Kasten) wurde, auch um einer inflationären Verwendung des Begriffs Burn-out zu begegnen, nach dem zentralen Merkmal Erschöpfung (Maslach et al. 2001) und den drei Unterkategorien körperliche, emotionale und geistige Erschöpfung (Aronson et al. 1983) strukturiert. Bündelung und Stärke der einzelnen Merkmale können individuell wie situativ bei den Betroffenen unterschiedlich ausfallen (Aronson et al. 1983; Buchka u. Hackenberg 1987).

Burn-out-Hauptmerkmal Erschöpfung (nach Aronson et al. 1983; Buchka u. Hackenberg 1987)

1. Körperliche Erschöpfung
   - Energiemangel
   - chronische Müdigkeit
   - Verspannungen der Hals- und Schultermuskulatur
   - Rückenschmerzen
   - Veränderung der Essgewohnheiten
   - Veränderung des Körpergewichts
   - Anfälligkeit für Erkältungen
   - Schlafstörungen
   - Albträume
   - erhöhte Einnahme von Medikamenten oder Alkohol
2. Emotionale Erschöpfung
   - Niedergeschlagenheit
   - Hilflosigkeit
   - Hoffnungslosigkeit
   - unbeherrschtes Weinen
   - herabgesetzte Emotionskontrolle
   - Reizbarkeit
   - Verzweiflung
   - Vereinsamung
   - Entmutigung
   - Lustlosigkeit
3. Geistige Erschöpfung
   - negative Einstellung zum Selbst
   - negative Einstellung zur Arbeit
   - negative Einstellung zum Leben
   - entwertende Einstellung gegenüber anderen: Zynismus, Verachtung, Aggressivität
   - Verlust der Selbstachtung
   - Gefühl der Unzulänglichkeit
   - Gefühl der Minderwertigkeit
   - Verlust der Kontaktbereitschaft

Burn-out-Symptomklassifikation nach Burisch (2010)

Burisch (2010, S. 25f.) bildet sieben Kategorien, nach denen er die Vielzahl berichteter Symptome von Burn-out sortiert:

1. Warnsymptome der Anfangsphase
   - überhöhter Energieeinsatz wie beispielsweise Hyperaktivität, Verleugnung eigener Bedürfnisse, freiwillige und unbezahlte Mehrarbeit
   - Erschöpfung wie beispielsweise Unausgeschlafenheit, Energiemangel
2. Reduziertes Engagement
   - für Klienten, Patienten, Kunden etc.
   - für andere allgemein wie beispielsweise Desillusionierung, größere Distanz, Stereotypisierung, Dehumanisierung
   - für die Arbeit wie beispielsweise Verlust von Idealismus, Fluchtfantasien, Fehlzeiten
3. Emotionale Reaktionen wie Depression und Aggression
4. Abbau
   - der kognitiven Leistungsfähigkeit wie beispielweise Konzentrationsschwäche, Gedächtnisschwäche, Entscheidungsunfähigkeit
   - der Motivation
5. Verflachung des emotionalen, des sozialen und des geistigen Lebens
6. Psychosomatische Reaktionen
7. Verzweiflung bis hin zu Selbstmordabsichten

Andere Symptomklassifikationen sind möglich und werden auch vorgeschlagen, beispielsweise von Schaufeli u. Enzmann (1998). Alle Klassifikationen, auch die hier vorgestellten, sind letztlich angreifbar. Obwohl solche Klassifikationen immer nur vorläufig sein können, gewinnt man mit ihrer Hilfe einen Einblick in das Phänomen Burn-out. Die beiden vorgestellten Ansätze zeigen, dass man unterschiedlich vorgehen kann, beispielsweise begrifflich eng an einem Hauptbegriff orientiert wie Aronson et al. (1983) oder auch breiter orientiert wie Burisch (2010).

Häufige Burn-out-Symptome sind (Demerouti 1999; Schaufeli u. Enzmann 1998; Shirom et al. 2005; Wolpin et al. 1991): Erschöpfung, Hilflosigkeit, Hoffnungslosigkeit, reduzierte Leistung und Kreativität, negative bis zynische Einstellung gegenüber sich selbst und der Arbeit sowie der Verlust von Arbeitszufriedenheit, Motivation und Verpflichtung (»commitment«) gegenüber der Beschäftigungsorganisation bis hin zu dem Wunsch, die Organisation zu verlassen. In Zusammenhang mit Burn-out findet man auch häufig Absentismus, einen tatsächlich verschlechterten Gesundheitszustand, psychosomatische Beschwerden, Depressionen und Ängste; auch gibt es erste Hinweise darauf, dass Burn-out die Mortalität erhöht (Ahola et al.

2010). Wie van der Linden et al. (2005) zeigen, beeinflusst Burn-out sogar einen solch elementaren kognitiven Prozess wie die Aufmerksamkeitssteuerung. Das zeigt die Bedeutung von Burn-out sowohl für die Betroffenen als auch für Unternehmen und Organisationen und für die Gesellschaft insgesamt, nicht zuletzt wegen der entstehenden volkswirtschaftlichen Kosten. So sind nach Schätzungen der Betriebskrankenkassen neun Millionen Deutsche von Burn-out betroffen (Korczak et al. 2010).

4.2 Abgrenzung

Innere Kündigung

Der Begriff *innere Kündigung* hat seinen Ursprung nicht wie *Burnout* in der Psychologie, sondern in der Managementlehre, einer angewandten Disziplin an der Nahtstelle zwischen Betriebswirtschaftslehre und Organisationspsychologie. Im Zentrum einer inneren Kündigung steht der bewusste Verzicht auf Engagement und Initiative in einer und für eine Organisation. Dabei distanziert sich die betroffene Person innerlich vom Organisationsgeschehen und verhält sich passiv (Höhn 1983). Häufig markiert eine innere Kündigung das Ende eines langwierigen Prozesses, bei dem enttäuschte Erwartungen hinsichtlich der Arbeitssituation eine zentrale Rolle spielen (Brinkmann u. Stapf 2005).

Nach Löhnert (1990) handelt es sich bei einer inneren Kündigung um ein Verhalten, das seinen Anfang im Verlust von Situationskontrolle nimmt und sich in der fehlenden Bereitschaft zeigt, sich über einen kleinen, als kontrollierbar erlebten Bereich hinaus zu engagieren. Statt formaljuristisch zu kündigen, kündigen die Betroffenen innerlich, etwa weil sie Angst haben vor Veränderung, vor dem Verlust eines sicheren Arbeitsplatzes, vor Einkommens- oder Ansehensverlust, aber auch, wenn sie beispielsweise aufgrund hoher Arbeitslosigkeit keine realistische Alternative haben. Eine innere Kündigung soll vor drohenden Hilflosigkeits- und Ohnmachtsgefühlen schützen (Brinkmann u. Stapf 2005). Mögliche Auslöser einer inneren Kündigung können sein (Brinkmann u. Stapf 2005):

Mangelnde Situationskontrolle

- fehlende Vorbildfunktion der Geschäftsleitung und der leitenden Führungskräfte,
- starre und bürokratische Organisations- und Führungsstrukturen,
- autoritäres Führungsverständnis mit Geringschätzung oder Bevormundung von Mitarbeitern,
- starre und unzweckmäßige Arbeitsabläufe,
- fehlende Möglichkeiten, sich einzubringen und etwas zu ändern,
- unbefriedigende Arbeitsbedingungen,
- gegenseitiges Misstrauen.

Diese Auslöser kann man auch als Stressoren interpretieren. Auch hier zeigt sich die enge Verbindung zum Thema Stress.

Innere Kündigung

Merkmale einer inneren Kündigung können nach Brinkmann u. Stapf (2005) sein:

- abnehmende Bereitschaft, auch gegen eine Mehrheit mit der eigenen Meinung Stellung zu nehmen,
- nachlassende Bereitschaft, sich mit Vorgesetzten, Kollegen und Mitarbeitern auseinanderzusetzen,
- zunehmende Tendenz zum Jasagen, von autoritären Vorgesetzten mitunter sogar als Zeichen besserer Anpassung begrüßt,
- Vorschläge und Kritik an Missständen werden seltener,
- mangelndes Interesse an Betriebsfeiern und anderen nicht offiziellen Treffen mit Kollegen,
- Hinnahme von Eingriffen in den eigenen Zuständigkeitsbereich.

Psychologischer Vertrag

Bei einer inneren Kündigung ist der psychologische Vertrag – das sind unausgesprochene, aber als verbindlich erlebte gegenseitige Erwartungen von Arbeitnehmer und Arbeitgeber – gebrochen. Zu einem solchen psychologischen Vertrag gehören aus Sicht der Arbeitnehmer z.B. die konkreten Arbeitsbedingungen, Möglichkeiten des Einflusses auf die Organisation, Fürsorge, Förderung und Unterstützung durch den Arbeitgeber, beispielsweise durch Personalentwicklung; der Schutz vor Unter- und Überforderung sowie die Berechenbarkeit des Arbeitgeberverhaltens (Brinkmann u. Stapf 2005).

Absichtliche Leistungsrücknahme

Bei einer inneren Kündigung resultiert die Leistungsverringerung aus einer willentlichen Zurücknahme der Leistung (Brinkmann u. Stapf 2005), während bei Burn-out die Leistungsfähigkeit sinkt, d.h., dass der Betroffene nicht mehr leisten kann, obwohl er es gerne würde (Lauck 2003). Wesentliche Merkmale einer inneren Kündigung sind nach Brinkmann u. Stapf (2005) ein lautloser Verlauf und das Bemühen der Betroffenen, nicht aufzufallen. Für einen detaillierten Vergleich von Burn-out und innerer Kündigung sowie deren Abgrenzung voneinander s. Lauck (2003, S. 99ff.), speziell zur inneren Kündigung s. Brinkmann u. Stapf (2005).

Chronisches Erschöpfungssyndrom (CFS)

In der Medizin und der klinischen Psychologie klassifiziert man chronische Erschöpfungszustände unter dem Namen *Chronisches Erschöpfungssyndrom* (»chronic fatigue syndrome«; CFS). Patienten mit CFS sind chronisch, stark und beeinträchtigend erschöpft und beschreiben ihren eigenen Zustand ähnlich wie eine starke Grippe. Häufige Symptome sind neben der Erschöpfung Muskelschmerzen, Magen-Darm-Probleme, Kopfschmerzen und Schwindel. Von CFS spricht man bei einer unerklärlichen chronischen Erschöpfung mit den Merkmalen (Fukuda et al. 1994; Gaab u. Ehlert 2005):

- Mindestdauer von sechs Monaten,
- nicht eindeutig festzulegender Beginn/nicht lebenslang vorhanden,

- nicht Ergebnis aktueller Belastungen,
- substanzielle Beeinträchtigung in verschiedenen Lebensbereichen.

Ferner müssen mindestens vier der folgenden Symptome gleichzeitig vorliegen (Fukuda et al. 1994):
- Gedächtnis- und Konzentrationsprobleme,
- Halsschmerzen,
- empfindliche/schmerzhafte Lymphknoten im Hals- und Nackenbereich oder im Achselbereich,
- Muskelschmerzen,
- Gelenkschmerzen,
- Kopfschmerzen,
- nicht erholsamer Schlaf,
- überproportionale Erschöpfung nach Anstrengungen.

Ein CFS ist unspezifisch, d.h., die Erschöpfung ist kein Hinweis auf eine bestimmte Krankheit. In solchen Fällen würde die entsprechende Krankheit diagnostiziert, nicht CFS. Mögliche Ursachen von CFS sind Überlastungen, psychische Störungen, organische Krankheiten. Eine eindeutige Eingrenzung der vermuteten Ursachen fehlt jedoch. Als mögliche Auslöser werden akute Belastungen wie Infektionen, Unfälle, Operationen, erhöhte Arbeitsbelastung, die Trennung vom Partner oder der Tod von Angehörigen angenommen (Gaab u. Ehlert 2005).

Nicht zwingend mit Arbeit verbunden

Die Aufzählung zeigt, dass ein CFS nicht zwingend mit dem Arbeitsleben verbunden ist. Während CFS ein verhärtetes klinisches Bild von Erschöpfung darstellt, ist Burn-out einerseits spezifischer, weil es auf den Arbeitsbereich begrenzt ist und biologische oder physiologische Symptome weniger im Vordergrund stehen als bei einem CFS. Andererseits ist es unspezifischer, weil die Anforderungen an die Diagnose von Burn-out geringer sind. Gemeinsamkeiten bestehen in den genannten psychologischen Faktoren. So wird für CFS beispielsweise vermutet, dass hohe Leistungsmotivation, rigide Zielsetzungen und die Tendenz zur Selbstüberforderung eine Rolle spielen könnten (Gaab u. Ehlert 2005). Leone et al. (2009) zeigen, dass sich Burn-out und CFS gegenseitig – im Sinne einer Negativspirale – beeinflussen können.

Abgrenzungsproblem

Problematisch für die Abgrenzung des Burn-outs von anderen Krankheiten bleibt die starke Überlappung des zentralen Merkmals Erschöpfung mit verschiedenen Störungsbildern. Neben dem CFS ist hier auch die Depression zu nennen (Enzmann 1996).

Depression

In Abgrenzung zur Depression ist Burn-out stärker arbeitsplatzbezogen und situationsspezifischer (Maslach et al. 2001), ferner weist Burn-out soziale Symptome und Einstellungsänderungen auf, die nicht mit Depressionen einhergehen müssen. Während sich hinsichtlich der Subdimension Erschöpfung, wie erwähnt, in Teilen Überschneidungen zwischen Burn-out und Depression ergeben, bestehen bezüglich der Subdimensionen Depersonalisierung und geringe Leistungsfähigkeit weniger Überschneidungen (Schaufeli u. Enzmann 1998).

4.3 Entstehung

Balancestörungen

Oft nehmen die Betroffenen erste Warnsymptome von Burn-out nicht wahr oder deuten sie falsch. Nach der Arbeit nicht mehr abschalten zu können ist ein solches Warnsignal. Viele Burn-out-Prozesse beginnen bei Wechselpunkten im Leben wie dem Studienanfang, dem Berufseintritt, dem Wechsel in einen anderen Beruf oder einer Beförderung. Besonders schädigend, weil Hilflosigkeit auslösend, ist das Erleben, unter Stress zu stehen und keinen Ausweg zu sehen. Burisch (2010) spricht hier von Stress zweiter Ordnung. Spätestens wenn Hilflosigkeit nicht auf das konkrete Ereignis beschränkt bleibt, sondern auf viele, im Extremfall auf alle Situationen übertragen wird, liegt ein Burn-out vor.

Hardiness (► Kap. 2, Abschn. 2.3.2) kann vor Burn-out schützen (Rösing 2003). Intensiver erforscht als Schutzfaktoren wurden jedoch in der Person liegende Risikofaktoren wie:

Personenfaktoren

- Neurotizismus/emotionale Instabilität (Burisch 2002; Maslach et al. 2001; Schaufeli u. Enzmann 1998). Emotionale Instabilität senkt die Leistungsfähigkeit und erhöht die Bereitschaft, auch auf schwache Stressoren stark zu reagieren.
- Labiles Selbstbild und geringe Selbstachtung bei starkem Bedürfnis nach und Abhängigkeit von äußerer Belohnung (Burisch 2010). Dabei leidet die Selbstwirksamkeitserwartung, d.h. die subjektive Sicherheit, neue oder schwierige Situationen aufgrund eigener Fähigkeiten bewältigen zu können. Burn-out kann durch eine geringe Selbstwirksamkeitserwartung teilweise vorhergesagt werden (Schwarzer u. Schmitz 1999; speziell zur fehlenden Überzeugung, Negativstimmungen überwinden zu können, s. Mearns u. Cain 2003).
- Geringe Leistungsfähigkeit oder schlechte Ausbildung mit dem Risiko, bereits an einfachen Aufgaben zu scheitern (Burisch 2010).
- Die Unfähigkeit, Erwartungen und Ansprüche den tatsächlichen Möglichkeiten anzupassen (Schmitz et al. 2002). Dazu gehört auch das Ignorieren eigener Belastbarkeitsgrenzen (Burisch 2010). Häufig führen unrealistische Erwartungen und Ansprüche zu herben Enttäuschungen. Schmitz et al. (2002) zeigen dies am Beispiel dienstunfähiger Lehrer. Diese hatten bei Berufsbeginn eher unrealistische Ansprüche und stellten überhöhte Leistungsanforderungen an sich selbst im Vergleich zu Lehrern, die mit Erreichen des Pensionsalters in den Ruhestand gingen.
- Das Zurückstellen persönlicher Bedürfnisse und Interessen zugunsten des (vermeintlichen) Hauptziels, welches häufig die be-

rufliche Karriere ist (Burisch 2010). Wenig überraschend ist daher, dass auch zwischen Typ-A-Verhalten (► Kap. 1, Abschn. 1.1.3) und Burn-out ein Zusammenhang besteht.
- Selbstüberforderungs- und Verausgabungstendenz sowie Perfektionsstreben und mangelnde Distanzierungsfähigkeit gegenüber beruflichen Problemen (Heyse et al. 2004).

Situationsfaktoren

Neben den persönlichen gibt es auch situative Risikofaktoren (Burisch 2002, 2010; Cherniss 1980b; Demerouti 1999; Enzmann 1996; Fengler 2008; Maslach u. Leiter 2001; Maslach et al. 2001; Mittlinger u. Jimenez 2001; Schaufeli u. Enzmann 1998; Venus 2005), in erster Linie sind dies:
- Aufgabenmerkmale: dauerhafte Arbeitsüberlastung, mangelnde Autonomie, mangelnde (positive) Rückmeldung, starker Zeitdruck,
- Organisationsmerkmale: Rollenkonflikte, Rollenunklarheiten, fehlende Beteiligungschancen, zu viele bürokratische Tätigkeiten, Arbeitsplatzunsicherheit, fehlende Gerechtigkeit,
- Sozialmerkmale: Kollegialität geht verloren/fehlt, fehlende Unterstützung durch Vorgesetzte, fehlende soziale Unterstützung durch Partner/Freunde,
- Kontrollmangel, Informationsmangel, Machtlosigkeit, unnötige bürokratische Kontrollen,
- Hilflosigkeit beim Vermeiden, Verändern oder Verlassen einer kritischen Situation,
- kritische Ereignisse: Krankheit, schwere Demütigung oder Blamage, Zerwürfnis mit einer wichtigen Person, Berufseintritt, Wechsel des Vorgesetzten, Arbeitslosigkeit, endgültiges Nichterreichen eines zentralen Lebensziels etc.

Auch wenn es Personen gibt, die für Burn-out anfällig sind, sowie Situationen, die bei vielen Menschen zu Burn-out führen, ist ein Zusammentreffen ungünstiger Personenfaktoren mit ungünstigen Situationsfaktoren besonders gefährlich. Mit zunehmender Berufserfahrung beeinflussen Personenmerkmale Burn-out stärker, während der Einfluss von Situationsmerkmalen geringer wird (Enzmann 1996). Das kann daran liegen, dass die Anpassung an berufliche Situationen mit der Zeit besser gelingt. Die Bedeutung objektiver Arbeitsbelastungen für Burn-out hat Demerouti (1999) belegt.

Wie stark werden Sie von Ihrer Arbeit beansprucht?
Nachfolgend wird ein von Dr. Possnigg, Wien (www.burnoutnet.at), entwickelter und hier leicht modifizierter und adaptierter Fragebogen zur Arbeitsbeanspruchung vorgestellt.

Wenn Sie an die letzten vier Wochen an Ihrem Arbeitsplatz denken, treffen die folgenden Aussagen dann nie/selten/manchmal/oft/fast immer zu? Je häufiger Sie mit »oft« oder »fast immer« antworten, desto stärker ist Ihre Arbeitsbelastung.

- Durch meine Arbeit muss ich auf private Kontakte und Freizeitaktivitäten verzichten.
- Wie in meiner Organisation mit Menschen umgegangen wird, kann ich nicht gutheißen.
- Ich fühle mich durch die Anforderungen meiner Arbeit überfordert.
- Ich leide an chronischer Müdigkeit.
- Direkter Kontakt mit Menschen, beruflich oder privat, belastet mich.
- Ich habe das Interesse an meiner Arbeit verloren.
- Ich mache mehr Fehler als früher und muss mich dann sehr anstrengen, diese wiedergutzumachen.
- Die Anliegen und Probleme meiner Mitarbeiter/Kunden/Patienten berühren mich persönlich deutlich weniger als früher.
- Ich mache zynische Bemerkungen über Mitarbeiter/Kunden/Patienten.
- Wenn ich morgens aufstehe und an die Arbeit denke, bin ich gleich wieder müde.
- Ich fühle mich machtlos, an meiner Arbeitssituation etwas zu ändern.
- Ich erhalte zu wenig Anerkennung für meine Leistung.
- Auch meine Kollegen/Mitarbeiter kann ich mich nicht verlassen.
- Wenn ich nach Hause komme, fühle ich mich emotional ausgelaugt.
- In Arbeitspausen kann ich nicht abschalten.
- Ich schlafe schlecht, besonders vor Beginn einer neuen Arbeitswoche.
- Ich fühle mich von meiner Arbeit frustriert.
- Meine eigenen Bedürfnisse (Essen, Trinken, Toilette) müssen hinter die Arbeit zurücktreten.

Phasenmodelle

Um die Vielzahl von Burn-out-Verläufen zu erfassen, wurden mehrfach Phasenmodelle vorgeschlagen, z.B. von Freudenberger u. North (2002), Cherniss (1980a) sowie von Golembiewski et al. (1993). Grundsätzlich problematisch an allen Typisierungen, so auch an den Phasenmodellen für Burn-out, sind die im Kern willkürliche Zuordnung von Symptomen zu einzelnen Phasen und die Festlegung von Reihenfolge und Phasenzahl. Die meisten Phasenmodelle für Burn-out basieren auf einer Strukturierung nach augenscheinlicher Plausibilität. Von Vorteil ist die so erreichte Strukturierung des ansonsten sehr unübersichtlichen Feldes, von Nachteil ist, dass eine andere Zuordnung meist ebenso gut oder sogar besser sein könnte als die jeweils gewählte. Besonders deutlich formulieren Hillert u. Marwitz (2006, S. 72) Kritik an Phasenmodellen: Es gibt keine Belege dafür, dass sich

Gesundheitsrisiko

Burn-out bei der Mehrzahl der Betroffenen so entwickelt, wie es ein Ablaufschema vorzeichnet. Daher sollte man sich von Phasenmodellen nicht mehr als einen ersten Einstieg in die Thematik versprechen. Auf keinen Fall sollte man als Betroffener versuchen, sich in einem solchen Phasenmodell einzuordnen, und entsprechend erleichtert oder entsetzt sein.

Burn-out erhöht langfristig das Risiko für psychische Erkrankungen (Toppinen-Tanner et al. 2009) und körperliche Erkrankungen (Honkonen et al. 2006; Peterson et al. 2008). Burn-out führt ferner nachweisbar zu krankheitsbedingten Abwesenheitszeiten vom Arbeitsplatz und zu Frühpensionierungen (Ahola et al. 2008, 2009a, 2009b). Insgesamt stellt Burn-out ein erhebliches Gesundheitsrisiko dar.

4.4 Betroffene

Perfektionisten

Perfektionismus erhöht das Burn-out-Risiko. Es reicht nicht, eine Sache nur gut zu machen. Man muss perfekt sein. Schließlich hat man seinen Platz in der Leistungsgesellschaft erobert und die Lektion gelernt, dass es Anerkennung nur aufgrund von Leistung gibt (Heibutzki 1995). Ein positives Selbstkonzept bietet auch Perfektionisten einen gewissen Schutz vor Burn-out (Schmieta 2001), da Menschen mit positivem Selbstkonzept weniger abhängig von äußerer Bestätigung sind und sich deshalb weniger vereinnahmen lassen.

Burn-out wirkt außerdem erheblich in das Privatleben hinein (Bakker et al. 2005), wie auch am Beispiel von Matthias G. deutlich wird.

Beispiel

Matthias G., Sohn eines Medizinprofessors, absolvierte sein Medizinstudium und auch seine Facharztausbildung sehr schnell. Mit 30 Jahren war er Facharzt, mit 34 habilitiert, mit 35 Chefarzt und mit 36 schließlich Professor. Er hatte früh alles erreicht, was er erreichen wollte: Nun musste er damit leben. Er musste eine Klinik verwalten und für deren Funktionieren sorgen. Damit wäre er ausgelastet gewesen. Das reichte ihm jedoch nicht. Er hatte auch den Ehrgeiz, zu forschen und zu publizieren. Doch dafür gab es keinen Spielraum. Die täglichen Anforderungen waren zu hoch. So arbeitete er bis zur Erschöpfung an Dingen, die ihn nicht wirklich interessierten. Es trat das ein, was auch für viele andere Burn-out-Fälle typisch ist: Er geriet in eine scheinbar ausweglose Lage, die ihn erschöpfte.

Zerrieben zwischen seinem Anspruch, eine wissenschaftliche Karriere zu machen, und den täglichen Anforderungen der Chefarztposition, versuchte er seinen Burn-out immer häufiger mit Alkohol zu bekämpfen und wurde schließlich abhängig. Zehn Jahre ging das gut, dann wurde er entlassen. »Der Wendepunkt bestand in dieser Zwangspensionierung«, sagt Matthias G. heute. Bis dahin hatte er zwar verschiedene Therapieversuche gemacht, die Therapien aber immer wieder abgebrochen, »weil ich der Meinung war, ich habe ja eigentlich eine Verpflichtung, nämlich diese Klinik zu leiten, und muss wieder zurück«. Als er zwangspensioniert war, musste er nirgends mehr hin. Seine Frau hatte ihn inzwischen verlassen, die Tochter hatte sich von ihm abgewandt, und das Haus musste verkauft werden. »Da war so ziemlich alles zusammengebrochen. Dann bin ich in eine Therapie gegangen, und da habe ich mir damals gesagt: Da bleibst du jetzt so lange wie nötig … Denn wenn ich dieses Grundproblem Abhängigkeit nicht in den Griff kriege, ist es vollkommen egal, was ich in meinem Leben je anfasse. Es wird alles schiefgehen. Das gilt für berufliche wie auch private Unternehmungen, Beziehungen, Partnerschaften und so weiter.« Matthias G. hatte die Grenze zwischen gesundem Leistungsstreben und krankhaftem Leistungszwang überschritten und musste wieder lernen, eigene Bedürfnisse wahrzunehmen und zu verwirklichen (adaptiert nach Heibutzki 1995, S. 34f.).

Burn-out ist unter Jüngeren verbreiteter als unter Älteren (Maslach u. Jackson 1984; Maslach et al. 2001; Schaufeli u. Enzmann 1998). Möglicherweise handelt es sich bei diesem Befund jedoch um einen Selektionseffekt, weil nur gegen Burn-out resistente Mitarbeiter es aushalten, bis ins hohe Alter voll zu arbeiten. Ledige weisen höhere Burn-out-Werte auf als Verheiratete. Allerdings kann Burn-out auch die Gesundheit des Intimpartners negativ beeinflussen (Bakker 2009). Bezüglich des Bildungsstandes fanden Maslach u. Jackson (1984) keine Unterschiede. Insgesamt sind die Effekte demografischer Variablen gering und uneindeutig (Burisch 2010). Das gilt auch für die häufig unterstellten Unterschiede zwischen Männern und Frauen (Bekker et al. 2005).

4.5 Bürokratische Organisationen

Keine Insel der Seligen

Es gibt kaum einen Beruf, in dem nicht auf irgendeine Weise die Gefahr des Ausbrennens besteht. Auffallend häufig tritt Burn-out in bürokratischen Organisationen auf (Aronson et al. 1983). Hier wird er vor allem durch drei Faktoren verursacht:
- Überlastung,
- Mangel an Autonomie,
- Mangel an Belohnung und Anerkennung.

▪ Überlastung

Zeitdruck und Aufgabenüberlastung sind für viele Menschen die Hauptstressoren. Relativ übereinstimmend wird »Hetze« im Beruf und in der sog. Freizeit beklagt. Oft haben Menschen den Eindruck, zu viel gleichzeitig erledigen zu müssen, sich zwischen zu vielen Möglichkeiten entscheiden zu müssen und zumeist nicht genau zu wissen, ob das, was sie erledigt haben, oder das, wofür sie sich entschieden haben, auch das Richtige oder Beste war. Insofern wandelt sich situatives Stressempfinden in ein Gefühl der permanenten Überbeanspruchung und Überforderung.

■ Mangel an Autonomie

Große Organisationen sind regelmäßig mit starren Strukturen ausgestattet und neigen dazu, von oben nach unten anzuordnen, wenig Verantwortung zu delegieren und möglichst viel zu kontrollieren. Mitarbeiter fühlen sich in solchen Systemen ausgeliefert und entmündigt. Die Folgen sind nicht nur nachlassende Motivation und Arbeitsleistung, sondern auch die Heranbildung von »Misserfolgserwartern«, die Erfolge nicht für Ergebnisse eigener Leistungen, Misserfolge hingegen für selbst verschuldet halten. Die Selbstachtung der Mitarbeiter sinkt, und sie verfallen in eine passive und niedergeschlagene Haltung.

Vom Opfer zum Täter

Das hat nicht nur für sie selbst Folgen, wie Aronson et al. (1983) mit der folgenden Schilderung verdeutlichen: Viele Menschen in bürokratischen Organisationen glauben, an ihrer Umgebung nichts ändern zu können, und verhalten sich entsprechend als Bürokraten im negativen Wortsinn. Gelangen solche Personen in eine Leitungsfunktion, werden sie zu einem Teil des Stillstands und tragen zum Burn-out neuer Mitarbeiter bei, weil sie durch ihren Habitus und ihre Einstellungen entmutigen und selbst als Teil der Unveränderbarkeit erlebt werden. Aus Opfern werden Täter.

Cherniss (1999) beschreibt eine Verhaltensweise, die Personen, die sich von einem früheren Burn-out schnell erholten, und solchen, die nie einen Burn-out erlitten, gemeinsam ist: Sie gehen demoralisierenden bürokratischen Widerständen aus dem Weg. Eine durch solches Verhalten erlangte Autonomie bedeutet die Befreiung von

- bürokratischen Strukturen und zähen Entscheidungsprozessen,
- Aktennotizen, um sich selbst zu schützen,
- (mikro-)politischen Querelen,
- Behinderung durch inkompetente, aber formal mächtige Personen,
- Konflikten zwischen Leitung und Mitarbeitern (Cherniss 1999).

■ Mangel an Belohnung und Anerkennung

Bürokratischen Organisationen fehlt häufig eine Kultur der Wertschätzung von Mitarbeitern und damit auch ein System von angemessener Anerkennung. Beurteilungen und Beförderungen sind nach Vorschriften reglementiert, wirken undurchschaubar und auf die Mitarbeiter oft willkürlich und nicht leistungsgerecht. Wie Schuster (2010) zeigt, hängt die durch die eigene Organisation erfahrene Unterstützung eng mit dem Erleben von Burn-out-Symptomen zusammen. Zur Unterstützung durch die Organisation zählen die empfundene Wertschätzung und Anerkennung, beispielsweise durch Vorgesetzte und Kollegen, die Partizipation an Entscheidungen und ein gewisses Maß an Autonomie.

Sicherheitsfalle

Die Anerkennung des persönlichen Beitrags zum Organisationserfolg ist wesentlich für die Zufriedenheit von Mitarbeitern und ihre Bereitschaft, sich mit der Organisation zu identifizieren. Gerade im öffentlichen Dienst sowie in den als sicher wahrgenommenen Großunternehmen bleiben zu viele Personen selbst dann, wenn die konkreten Arbeitsbedingungen unerträglich werden. Die Sicherheit des Arbeitsplatzes verleitet dazu, Burn-out begünstigende Faktoren zu lange auszuhalten und zu spät oder gar nicht nach Alternativen außerhalb des vertrauten und sicheren, aber ungesunden Systems zu suchen.

4.6 Gegenmaßnahmen

Organisation

Trotz der nicht immer klaren Befundlage lassen sich Maßnahmen herausstellen, die Burn-out verhindern können. Eine Organisation kann z.B. durch Arbeitspausen, großzügiges Gewähren von Sonderurlaub, durch mehr Selbstbestimmung bei der Arbeitsausführung, mehr Partizipation an Entscheidungen, durch die Garantie von Arbeitsplatzsicherheit und das Angebot von Supervision und Coaching zur Verringerung des Burn-out-Risikos beitragen. Organisationen sollten in ihren Strukturen den Bedürfnissen und Interessen ihrer Mitarbeiter entgegenkommen und ihnen Autonomie in Bezug auf den Arbeitsstil und die Arbeitseinteilung einräumen. Alle Maßnahmen, die Wahl- und Selbstkontrollmöglichkeiten eröffnen, wirken einem Burn-out entgegen. Die Untersuchung von Schuster (2010) an Bankmanagern zeigt darüber hinaus, dass organisationale Unterstützung das Erleben von Burn-out-Symptomen stärker beeinflussen kann als soziale Unterstützung.

Führungskräfte

Nach Cherniss (1980b) begünstigt ein schlechter Führungsstil Burn-out stärker als eine hohe Arbeitsbelastung. Daher muss dem Verhalten von Führungskräften besondere Beachtung geschenkt werden (Cherniss 1999). Führungskräfte setzen durch ihr persönliches Vorbild die Organisationsphilosophie im Alltag um – oder eben nicht. Sie haben erheblichen Einfluss darauf, ob Mitarbeiter in der Organisation Sinnhaftigkeit und den Wert eigenen Handelns erleben. Tüchtigen Mitarbeitern darf nicht noch mehr aufgebürdet werden, nur weil sie nicht Nein sagen können. Viel zu fordern, die erbrachte Leistung dann als selbstverständlich zu betrachten und ohne Lob und Anerkennung entgegenzunehmen, fördert Burn-out. Ein häufiger Konfliktpunkt zwischen Führungskräften und Mitarbeitern sind die Qualitätskriterien für gute Arbeit. Während Führungskräfte oft quantitative Kriterien heranziehen und dies wegen der Einbindung in Controllingsysteme auch häufig tun müssen, orientieren sich viele Mitarbeiter an qualitativen Kriterien (Lauck 2003). Damit ist die Grundlage für einen nicht lösbaren Konflikt gegeben. Je stärker Mitarbeiter die quantitativen Kriterien erfüllen, desto mehr vernachlässigen sie eigene Qualitätskriterien. Entweder ist man selbst mit sich unzufrieden, oder die Vorgesetzten sind unzufrieden.

Mitarbeiter

Jeder Mitarbeiter ist aufgerufen, innerhalb der eigenen Aufgaben Prioritäten zu setzen und zwischen den Anforderungen seitens der Institution und selbst auferlegten Pflichten unterscheiden zu lernen. Solche Autonomie kann geübt werden, indem man sich eine Unabhängigkeit des Denkens bewahrt, sich Handlungsfreiheit durch Zielvereinbarungen, durch nicht zu engstirniges Auslegen von Vorgaben sowie durch Handlungsalternativen verschafft. Verbesserungsvorschläge – mit Aussicht auf Realisierung – sind ein weiteres Mittel, initiativ zu werden und sich Erfolgserlebnisse zu verschaffen. Das ist ein Akt der Selbstbelohnung und macht unabhängiger vom Lob durch Vorgesetzte. Engagement und Leistung im Team bewirken Wertschätzung durch Kollegen. Besonders stimulierend wirken gleichgesinnte Kollegen (Cherniss 1999), die am selben Strang ziehen.

▪ Schritte aus der Erschöpfungsfalle

Für diejenigen, die sich in der Beschreibung des Burn-out-Syndroms wiedererkennen, offeriert Kerber (2008) erste Schritte aus der Erschöpfungsfalle. Diese werden im Folgenden erläutert.

Problem anerkennen

Schritt 1 Man muss sich erst einmal eingestehen, dass man tatsächlich zu viel arbeitet. Daran knüpft die Frage an: »Was passiert, wenn ich weniger arbeite?« Als Antworten sind denkbar:
- Chaos und Unordnung brechen aus (Kontrollverlust),
- das Gefühl, wichtig zu sein, kommt abhanden,
- Verlust von Anerkennung,
- Ärger mit (neidischen) Kollegen,
- Arbeitsplatzverlust.

Mit der eigenen Antwort legt man offen: Welche Motivation steckt hinter der Bereitschaft, bis zum Umfallen zu arbeiten? Nur wer ehrlich zu sich selbst ist, kann die Bremse ziehen und Besserung erzielen. Zugegeben: Wer für eine Aufgabe brennt, wird kaum innehalten und das Feuer klein halten. Das muss auch nicht sein. Wenn aber einer Aufgabe gleich die nächste folgt oder mehrere Feuer gleichzeitig brennen und Anzeichen von Mühsal und Belastung sich häufen, dann spätestens sollten Raum und Zeit für eine Problembeschreibung und Problemerkennung bleiben. Den meisten Menschen fällt das Innehalten in Zeiten höchster Belastung jedoch schwer: »Nur noch eine Woche/ein paar Monate/ein Jahr noch, dann ist es geschafft …« Die Fähigkeit des Menschen, in Zeiten höchster Belastung alle Reserven zur Bewältigung zu mobilisieren, macht ihn zugleich verwundbar. Wer immer hochtourig arbeitet, ist nicht mehr achtsam gegenüber den eigenen Grenzen. Das ist der Grund, warum viele Menschen den schleichenden Verlauf von zeitlich begrenzter Belastung hin zu Burnout zunächst nicht wahrnehmen.

Prioritäten setzen

Schritt 2 Setzen Sie Prioritäten. Was soll zuerst erledigt werden? Es genügt nicht, sich nur zu notieren, was alles getan werden muss. Vielmehr müssen anstehende Aufgaben nach Wichtigkeit und Dringlichkeit geordnet werden, damit nicht ausgerechnet das Wichtigste liegen bleibt. Details hierzu finden Sie in ► Kap. 2, Abschn. 2.3.5, »Zeitmanagement«.

Kontrolle zurückgewinnen

Schritt 3 Kontrolle kann man zurückgewinnen, indem man sich Filter schafft, die eine permanente Überforderung verhindern. Das kann bei Führungskräften ein Sekretär sein oder ein technischer Filter wie ein Anrufbeantworter. Wichtig sind aber auch zeitliche Filter, d.h., nicht immer, sondern nur zu bestimmten Zeiten erreichbar zu sein. Nur so vermeidet man, permanent aus der Arbeit herausgerissen zu werden und immer wieder neu ansetzen zu müssen.

Kontrolle zurückzugewinnen setzt voraus, sich über eigene Bedürfnisse und Wünsche bewusst zu werden. Was braucht man, um ein glückliches und zufriedenes Leben zu führen? Was braucht man, um wieder mit Interesse und Leichtigkeit seiner beruflichen Aufgabe nachzukommen? Nur wer sich die Zeit nimmt, die kleinen und großen Arbeits- und Lebensziele zu überdenken und dann nachzusteuern, bleibt Herr der eigenen Lebensgestaltung und erhält sich so seine Lebendigkeit. Aufmerksamkeit und Achtsamkeit sich selbst gegenüber steigern zudem die Fähigkeit, frühzeitig das *Genug!* zu erkennen und Veränderungen an sich und seiner Umgebung vorzunehmen. Wer glaubt, Vorgesetzte oder Kollegen durch dauerhafte Hochleistung vom eigenen Wert überzeugen zu müssen, gibt die Kontrolle über seine Arbeitsleistung und seine Lebenszufriedenheit ab. Zufriedenheit, Anerkennung, Zuneigung und Liebe lassen sich nicht erkaufen, auch nicht durch Selbstausbeutung.

Nein sagen

Schritt 4 Wehren Sie sich gegen ein Zuviel an Anforderungen und Ansprüchen, denn nur so gelingt es, den Kollaps zu vermeiden. Um bei diesem Vorhaben nicht wieder rückfällig zu werden, helfen Formulierungen, die Begründungen und/oder Alternativlösungen anbieten. Beispiele für Erfolg versprechendes Neinsagen sind:

- »Das schaffe ich nicht in der Zeit, die wir dafür zur Verfügung haben. Möglich ist das nur, wenn ich im Gegenzug eine weniger wichtige Aufgabe abgeben kann.«
- »Wir könnten es schaffen, aber nur mit mehr Personal und mehr Zeit.«
- »Ich weiß nicht, wie wir diesen Termin erfüllen können. Was würde denn passieren, wenn wir erst eine Woche später fertig wären?«

Pausen einlegen

Schritt 5 Pausen setzen Anfangs- und Endpunkte und verhindern, dass man den Überblick darüber verliert, an wie vielen Dingen man gleichzeitig arbeitet. Pausen sind sowohl die Minipausen bei einem Kaffee oder der Blick aus dem Fenster als auch die abendlichen Arbeitspausen, die nicht mit der am Tage liegen gebliebenen Arbeit oder dem Abhängen vor dem Fernseher gefüllt sind, sondern Raum lassen für die Befriedigung persönlicher Bedürfnisse und die Pflege einer eigenständigen Lebensgestaltung. Pausen sind auch die Sonn- und Feiertage, die nicht mit schonungslosem Freizeitstress angefüllt sind. Die Bedeutung von Jahresurlaub für den Abbau von Burn-out und Stress belegt eine Untersuchung von Etzion (2005). Pausen helfen, sich in einem hektischen Umfeld zu stabilisieren, Strukturen im Arbeitsalltag zurückzuerobern sowie Zeit zur Reflexion und damit für gute Ideen zu gewinnen. Nach Cherniss (1999) ist ein wichtiger Faktor zur Erholung von einem Burn-out die Balance zwischen Arbeit, Familie und Freizeit. Auch im deutschen Sprachraum setzt sich hierfür der missverständliche Begriff *Work-Life-Balance* durch.

Achtsamkeit

Die Anforderungen an die kognitiven Leistungen von Mitarbeitern sind gestiegen. Die Komplexität der Probleme und das Unvermögen des Einzelnen, bestimmte Entwicklungen zu beeinflussen, erfordern die Fähigkeit, das Unveränderbare und bestehende Diskrepanzen auszuhalten. Der ständige Kampf um Spitzenpositionen und dauerhafte persönliche Leistungssteigerung führen bei vielen zum Burn-out. Auch die stärksten Ressourcen sind einmal verbraucht. So schleichend und langsam wie der Verlauf von Burn-out ist, so langwierig ist auch die Regenerationsphase. Deswegen ist es notwendig, frühzeitig Bilanz zu ziehen und alle Möglichkeiten auszuschöpfen, die eigenen Kräfte aufzubauen, zu erhalten und angemessen einzusetzen. Die beste Vorbeugung – bei aller Methodenvielfalt des Stressmanagements und der Burn-out-Prophylaxe – ist ein achtsamer Umgang (Geuter 2008) mit sich selbst. Nur wenn das persönliche Frühwarnsystem funktioniert, werden Warnsignale erkannt.

4.7 Erhaltung des Arbeitsplatzes

Ein Burn-out führt bei den Betroffenen in der Regel zu einer längeren »Auszeit« und damit zu einer mehrwöchigen oder mehrere Monate umfassenden Arbeitsunfähigkeit. Häufig treibt die Betroffenen die Sorge um, ihren Arbeitsplatz zu verlieren. Nachstehend wird daher auf die Themen *Wiedereingliederung* in den Arbeitsprozess, *Betriebliches Eingliederungsmanagement* und *Kündigung bei Burn-out* eingegangen.

4.7.1 Wiedereingliederung in den Arbeitsprozess

Hamburger Modell

Bei einem Burn-out-Betroffenen kann sich nach längerer krankheitsbedingter Arbeitsunfähigkeit die stufenweise Eingliederung in das Arbeitsleben anbieten (sog. Hamburger Modell). Die Grundlage hierfür bietet § 74 SGB V, mit dem das Ziel verfolgt wird, arbeitsunfähige Beschäftigte nach längerer Krankheit schrittweise an die volle Arbeitsbelastung heranzuführen. Danach stimmt der Arbeitnehmer mit seinem behandelnden Arzt einen Eingliederungsplan ab, der in der Regel eine Arbeitsaufnahme von wenigen Stunden zu Beginn und eine stufenweise Erhöhung der Arbeitsstunden bis zum vollen Arbeitspensum vorsieht. Die Dauer der Maßnahme ist im Gesetz nicht festgelegt. Sie liegt in der Regel bei sechs Monaten (Küttner-Reinecke 2010, Rehabilitation (berufliche), Rn. 14). Der Träger dieser beruflichen Rehabilitationsmaßnahme ist die Krankenkasse, wobei der betroffene Arbeitnehmer auch weiter Krankengeld erhält. Der Arbeitnehmer gilt weiterhin als erkrankt, weshalb der Arbeitgeber auch keinen Anspruch auf die Arbeitsleistung hat. Für eine solche Wiedereingliederung ist die Zustimmung der Krankenkasse und des Arbeitgebers erforderlich. Der Arbeitgeber ist zur Zustimmung nicht verpflichtet (Küttner-Reinecke 2010, Rehabilitation (berufliche), Rn. 10). Lediglich Schwerbehinderten kann ein Anspruch auf Wiedereingliederung zustehen (BAG v. 13.6.06, NZA 2007, S. 91). Verweigert der Arbeitgeber seine Zustimmung, kann ihm im Rahmen eines späteren Kündigungsschutzprozesses möglicherweise vorgehalten werden, nicht die Möglichkeiten der beruflichen Rehabilitation genutzt zu haben, um eine Kündigung zu vermeiden (Küttner-Reinecke 2010, Rehabilitation (berufliche), Rn. 10).

4.7.2 Betriebliches Eingliederungsmanagement

Soweit Arbeitnehmer innerhalb eines Jahres länger als sechs Wochen ununterbrochen oder wiederholt arbeitsunfähig erkrankt sind, hat der Arbeitgeber in Abstimmung mit der betrieblichen Interessenvertretung zu klären, wie die Arbeitsunfähigkeit möglichst überwunden und mit welchen Leistungen oder Hilfen einer erneuten Arbeitsunfähigkeit vorgebeugt und der Arbeitsplatz erhalten werden kann (§ 84 Abs. 2 SGB IX). Bei Schwerbehinderten ist auch die Schwerbehindertenvertretung zu beteiligen. Das Betriebliche Eingliederungsmanagement (BEM) bedarf der Zustimmung und Mitwirkung des Arbeitnehmers. Der Gesetzgeber hat nicht geregelt, wie das Verfahren ausgestaltet sein soll und welche Maßnahmen zu ergreifen sind. Für Burn-out-Betroffene können Maßnahmen der Reduzierung der psychischen Belastungen am Arbeitsplatz in Betracht kommen. Auch die Identifizierung geeigneter alternativer Arbeitsplätze kann in diesem Zusammenhang relevant sein.

Betriebsrat/Personalrat

Nach dem Gesetzeswortlaut ist der Betriebsrat bzw. Personalrat an der Ausgestaltung des BEM zu beteiligen (§ 84 Abs. 2 i.V.m. § 93 SGB IX). Darüber hinaus kommt ein Mitbestimmungsrecht des Betriebsrats gemäß § 87 Abs. 7 BetrVG in Betracht. Ein für das Mitbestimmungsrecht erforderlicher kollektiver Bezug dürfte bei standardisierten Verfahren zur Feststellung betroffener Arbeitnehmer oder zur Identifizierung geeigneter Alternativarbeitsplätze, etwa durch Profilvergleichsverfahren, vorliegen. Konkrete Hilfsmaßnahmen im Einzelfall unterliegen demgegenüber nicht der Mitbestimmung

(ErfK-Kania, Rn. 21a zu § 87 BetrVG). Auch datenschutzrechtliche Aspekte können eine Rolle spielen (► Praxistipp).

Praxistipp

Im Rahmen des Betrieblichen Eingliederungsmanagements (BEM) werden sensible Arbeitnehmerdaten erhoben. Hierzu ist in den Vorschriften zum BEM lediglich geregelt, dass der betroffene Arbeitnehmer auf die Art und den Umfang der erhobenen Daten hinzuweisen ist (§ 84 Abs. 2 S. 3 SGB IX). Für diese Daten gilt nach allgemeinen datenschutzrechtlichen Regelungen eine strikte Zweckbindung (§ 4 Abs. 2 S. 1 BDSG). Sie dürfen nur für das Eingliederungsmanagement und nicht etwa zur Begründung einer krankheitsbedingten Kündigung durch den Arbeitgeber verwendet werden. Der Arbeitgeber erhält aber möglicherweise ein Wissen, mit dem er die Erfolgsaussichten einer solchen Kündigung besser einschätzen kann. Betroffene Arbeitnehmer sollten daher nicht die Diagnosedaten, sondern nur die Auswirkungen der Krankheit auf die Arbeitsfähigkeit angeben. Wichtig ist auch die datenschutzrechtliche Ausgestaltung des BEM in einer Betriebs-/Dienstvereinbarung. Diese kann vorsehen, dass die Personalabteilung keinen Zugriff auf die Krankheitsdaten erhält. Auch müssen die BEM-Akten strikt von den Daten der Personalakte getrennt werden.

4.7.3 Kündigung bei Burn-out

Allgemeine Regelungen

Das Burn-out-Syndrom kann zu einer lang andauernden Krankheit und Arbeitsunfähigkeit führen. In rechtlicher Sicht stellt sich die Frage, ob der Arbeitgeber in solchen Fällen das Arbeitsverhältnis kündigen kann. Da, soweit ersichtlich, keine speziellen arbeitsgerichtlichen Entscheidungen im Zusammenhang mit dem Burn-out-Syndrom ergangen sind, sind die allgemeinen Rechtsgrundlagen heranzuziehen.

Krankheitsbedingte Kündigung

Arbeitnehmer, die länger als sechs Monate in einem Betrieb oder Unternehmen beschäftigt sind, fallen unter den allgemeinen Kündigungsschutz nach dem Kündigungsschutzgesetz, wenn im Betrieb des Arbeitgebers durchschnittlich mehr als zehn Arbeitnehmer beschäftigt werden (§§ 1 Abs. 1, 23 Abs. 1 S. 3 KSchG). Eine ordentliche Kündigung ist danach nur rechtmäßig, wenn diese sozial gerechtfertigt ist. In Betracht kommt hier die sog. personenbedingte Kündigung (§ 1 Abs. 2 KSchG). Hierzu muss ein in der Person des Arbeitnehmers liegender Grund vorliegen. Der Hauptanwendungsfall ist die krankheitsbedingte Kündigung. Hierzu hat die Rechtsprechung verschiedene Fallgruppen herausgearbeitet. Von besonderer Relevanz für Burn-out-Betroffene ist die Fallgruppe der »lang andauernden Erkrankungen«.

Dreistufige Prüfung

Das Bundesarbeitsgericht sieht in solchen Fällen eine dreistufige Prüfung vor. Eine Kündigung wegen lang andauernder Krankheit ist danach gemäß § 1 Abs. 2 KSchG sozial gerechtfertigt, wenn »eine negative Prognose hinsichtlich der voraussichtlichen Dauer der Arbeitsunfähigkeit vorliegt«, »eine darauf beruhende erhebliche Beeinträchtigung betrieblicher Interessen festzustellen ist« und eine »Interessenabwägung ergibt, dass die betrieblichen Beeinträchtigungen zu einer billigerweise nicht mehr hinzunehmenden Belastung des Arbeitgebers führen« (BAG v. 19.4.07, AP KSchG 1969 § 1 Krankheit, Nr. 45).

Negativprognose

Voraussetzung für eine negative Prognose ist zunächst, dass zum Zeitpunkt des Ausspruchs der Kündigung die Arbeitsunfähigkeit noch andauert. Unklar ist, wie lange diese bereits bestanden haben muss. In der Regel wird eine krankheitsbedingte Kündigung infolge einer lang andauernden Erkrankung erst in Betracht kommen, wenn die sechswöchige Frist nach § 3 Abs. 1 S. 1 EFZG abgelaufen ist (LAG Rheinland-Pfalz v. 5.9.2011 – 5 Sa 152/11; ErfK-Oetker, Rn. 131 zu § 131 KSchG). Da der Arbeitgeber nach dieser Norm an einen erkrankten Arbeitnehmer Entgeltfortzahlung bis zur Dauer von sechs Wochen leisten muss, könne daraus geschlossen werden, dass die Rechtsordnung dem Arbeitgeber Fehlzeiten bis zu dieser Dauer zumute. Die negative Prognose muss nun ergeben, dass die krankheitsbedingte Arbeitsunfähigkeit voraussichtlich für eine längere oder nicht absehbare Zeit andauert. Da die Rechtsprechung auch hierzu keine Festlegungen getroffen hat, welcher Mindestzeitraum für die Annahme einer voraussichtlich längeren Arbeitsunfähigkeit anzusetzen ist, bestehen für den Arbeitgeber erhebliche Prozessrisiken. Tendenziell verbessern sich die Chancen des Arbeitgebers, je negativer die Prognose ausfällt. Eine weitgehende Klarheit ist erst anzunehmen, wenn mit einer Genesung in den nächsten 24 Monaten ab Ausspruch der Kündigung nicht zu rechnen ist. Diese Fallkonstellation setzt das Bundesarbeitsgericht mit der Situation gleich, bei der eine dauernde Arbeitsunfähigkeit gegeben ist. In einem solchen Fall ist die Kündigung in der Regel wirksam (BAG v. 12.4.02, NZA 2002, S. 1081).

Der Arbeitgeber muss zunächst nur behaupten, dass eine negative Gesundheitsprognose besteht, da er zumeist keine Krankheitsdiagnosen kennt. Der Arbeitnehmer kann dann die Behauptung widerlegen, wobei zumeist die Benennung der behandelnden Ärzte als Zeugen und damit einhergehend ihre Entbindung von der Schweigepflicht erforderlich ist. Da die gesundheitlichen Prognosen in Burn-out-Fällen sehr unterschiedlich sein können, kann die Einschätzung der Prozessrisiken nur im Einzelfall erfolgen.

Beeinträchtigung betrieblicher Interessen

Der Arbeitgeber hat darzulegen und ggf. zu beweisen, dass die lang andauernde Arbeitsunfähigkeit zur Beeinträchtigung seiner betrieblichen oder wirtschaftlichen Interessen führt. Hierbei steht die Frage im Vordergrund, ob es dem Arbeitgeber zumutbar und möglich ist, den Arbeitsausfall des Erkrankten durch Vertretungen oder die Einstellung einer Aushilfskraft zu kompensieren. Nach der Rechtsprechung des Bundesarbeitsgerichts ist eine Beeinträchtigung der betrieblichen Interessen des Arbeitgebers in der Regel anzunehmen, wenn der Arbeitnehmer etwa 1,5 Jahre arbeitsunfähig ist und ein Ende der Erkrankung nicht abgesehen werden kann (BAG v. 21.5.92, AP Nr. 30 zu § 1 KSchG 1969 Krankheit). Die Prozesschancen des Arbeitgebers verbessern sich also mit der Dauer der Arbeitsunfähigkeit.

Eine Kündigung ist weiterhin unverhältnismäßig, wenn der erkrankte Arbeitnehmer anderweitig beschäftigt werden kann. Hierzu sind mehrere Konstellationen möglich:

- Der Arbeitgeber hat den bisherigen Arbeitsplatz zu ändern, soweit ihm dies zumutbar ist, wenn der erkrankte Arbeitnehmer diesen dann wieder bekleiden könnte.
- Weiterhin hat der Arbeitgeber die Möglichkeit der Weiterbeschäftigung auf einem anderen freien Arbeitsplatz ggf. auch zu geänderten Bedingungen zu prüfen (BAG v. 24.11.05, NJW 2006, S. 1614). In die Betrachtung sind nur gleichwertige oder geringer bewertete Arbeitsplätze einzubeziehen. Der Arbeitgeber muss dem betreffenden Arbeitnehmer keine höherwertige Tätigkeit anbieten (BAG v. 19.4.07, NJW 2007, S. 3148). Sind derzeit alle vergleichbaren, leidensgerechten Arbeitsplätze besetzt, muss der Arbeitgeber einen solchen Arbeitsplatz ggf. durch Versetzung des bisherigen Stelleninhabers »freimachen« (BAG v. 30.9.10, NZA 2011, S. 39).

Beweislast

Grundsätzlich trifft den Arbeitgeber die Darlegungs- und Beweislast dafür, dass der erkrankte Arbeitnehmer nicht anderweitig beschäftigt werden kann. Dies muss der Arbeitgeber im ersten Schritt nur einfach behaupten. Der Arbeitnehmer muss sodann konkret darlegen, wie er sich eine Änderung des bisherigen Arbeitsplatzes oder die Beschäftigung auf einem anderen Arbeitsplatz vorstellt (BAG v. 30.9.10, NZA 2011, S. 39). In Burn-out-Fällen könnte eine Reduzierung der Arbeitsbelastung durch Änderung der Organisation sowie der Arbeitsverteilung in Betracht kommen. Auch könnte eine Reduzierung der Arbeitszeit bei entsprechender Absenkung der Vergütung gefordert werden. Hierauf hat der Arbeitnehmer bereits grundsätzlich einen Anspruch nach § 8 Abs. 1 des Teilzeit- und Befristungsgesetzes (TzBfG). Der Arbeitgeber kann hiergegen betriebliche Gründe einwenden (§ 8 Abs. 4 S. 1 TzBfG). Ein betrieblicher Grund soll insbesondere vorliegen, wenn die Verringerung der Arbeitszeit die Organisation, den Arbeitsablauf oder die Sicherheit im Betrieb wesentlich beeinträchtigen oder unverhältnismäßige Kosten verursachen würde (§ 8 Abs. 4 S. 3 TzBfG).

Die pauschale Behauptung des Arbeitgebers, es gebe für den erkrankten Arbeitnehmer keine alternativen Einsatzmöglichkeiten, reicht nach der Rechtsprechung des Bundesarbeitsgerichts (BAG v. 30.9.10, NZA 2011, S. 39) dann nicht aus, wenn es der Arbeitgeber unterlassen hat, ein betriebliches Eingliederungsmanagement (BEM) vorzunehmen, obwohl bei dem Arbeitnehmer die Voraussetzungen dafür vorgelegen hätten (Dauer der Arbeitsunfähigkeit innerhalb eines Jahres länger als sechs Wochen – § 84 Abs. 2 SGB IX). In diesem Fall hat der Arbeitgeber von sich aus denkbare oder vom Arbeitnehmer genannte Alternativen zu würdigen und im Einzelnen darzulegen, aus welchen Gründen sowohl eine Anpassung des bisherigen Arbeitsplatzes an die Bedürfnisse des Arbeitnehmers als auch die Beschäftigung auf einem anderen, leidensgerechten Arbeitsplatz ausscheiden (BAG v. 10.12.09, NZA 2010, S. 398). Dem Arbeitgeber entsteht dann kein Nachteil, wenn auch ein BEM kein positives Ergebnis hätte erbringen können.

Als dritter Prüfungsschritt ist eine Abwägung der gegenseitigen Vertragsinteressen von Arbeitgeber und Arbeitnehmer vorzunehmen. Aufseiten des Arbeitgebers sind die betrieblichen Belastungen einzubeziehen. Zugunsten des Arbeitnehmers können unter anderem eine lange Betriebszugehörigkeit und das Alter berücksichtigt werden. Auch die Ursache der Erkrankung spielt eine Rolle (► Praxistipp). Steht die Erkrankung im Zusammenhang mit der geleisteten Arbeit, ist zu prüfen, ob der Arbeitgeber die Möglichkeit oder gar die Verpflichtung gehabt hätte, beispielsweise durch eine andere Gestaltung der Arbeit die Entstehung der Krankheit zu verhindern (BAG v. 19.4.07, AP KSchG 1969 § 1 Krankheit Nr. 45). In Burn-out-Fällen könnten z.B. folgende Fragestellungen für den Betroffenen wichtig sein:

Interessenabwägung

- Hat der Arbeitgeber eine Arbeitsüberlastung beispielsweise dadurch ausgelöst, dass er ständig Überstunden angeordnet hat?
- Ist eine Arbeitsverdichtung etwa durch das Ausdünnen der Schichtbesetzungen entstanden?
- Waren dem Arbeitgeber Überlastungen der Mitarbeiter bekannt?
- Wurde im Unternehmen gegen das Arbeitszeitgesetz verstoßen (48 Std./Woche, max. 10 Std./Tag)?
- Hat der Arbeitgeber es unterlassen, eine Gefährdungsbeurteilung des entsprechenden Arbeitsplatzes nach § 5 ArbSchG vorzunehmen?
- Wurde von den Arbeitnehmern verlangt, dass sie auch am Wochenende und/oder im Urlaub ständig erreichbar sind?
- Wurde ein besonderer Zeitdruck auf die Mitarbeiter ausgeübt, etwa durch besonders enge Taktungen bei Projekten?
- Gab es in der Abteilung bzw. bei gleich gelagerten Tätigkeiten auffällig hohe Fehlzeiten?

Praxistipp

Die Rechtsprechung hat die Hürden für eine krankheitsbedingte Kündigung durch den Arbeitgeber hochgelegt, da erkrankte Arbeitnehmer besonders schutzbedürftig sind. Die Erfolgsaussichten lassen sich häufig nicht genau bestimmen. Deutlich wird dies bereits bei der ersten Stufe der Prüfung, der negativen Prognose. In der Regel muss ein Arbeitgeber quasi »ins Blaue hinein« eine negative Prognose behaupten, da er den aktuellen Krankenstatus nicht kennt. Bei Burn-out-Fällen kommt noch hinzu, dass hier zwar auch Personenfaktoren eine Rolle spielen, die Ursachen für die Erkrankung aber regelmäßig auch in der Arbeitssituation begründet sind. Vorbehaltlich einer Prüfung im Einzelfall sollte sich ein Burn-out-Betroffener daher gegen eine krankheitsbedingte Kündigung vor dem Arbeitsgericht wehren.

Adressen

Im Internet finden Sie eine Vielzahl von Informationen höchst unterschiedlicher Qualität zu den Themen Psychotherapie, Selbsthilfegruppen, Stress, Mobbing und Burnout. Da laufend neue Seiten angeboten werden und mitunter Seiten entfernt werden, lohnt es sich, von Zeit zu Zeit mithilfe einer Suchmaschine eine eigene Suche zu starten. Aufgrund der Schnelllebigkeit des Internetangebots werden nachfolgend nur einige ausgesuchte Seiten von voraussichtlich dauerhafter Relevanz vorgestellt (Stand: 15.5.2012). Von diesen Seiten aus können Sie sich weiter informieren. Empfehlenswert ist auch das kostenlose Onlinelexikon Wikipedia (http://www.wikipedia.de), in dem man beispielsweise Verzeichnisse von Mobbingberatungsstellen findet.

- **PID – Psychotherapie-Informations-Dienst**

Der PID ist ein kostenloser Service des Berufsverbandes Deutscher Psychologinnen und Psychologen e.V. (BDP) und hilft bei folgenden Fragen: Wie finde ich eine geeignete Therapeutin oder einen geeigneten Therapeuten? Welche psychologischen Praxen gibt es in der Nähe meines Wohnorts? Wer ist auf meinen Problemkreis spezialisiert? Über die *Therapeutensuche* der Onlinedatenbank kann man selbst suchen oder eine telefonische Beratung in Anspruch nehmen.

Der PID vermittelt ausschließlich Diplom-Psychologinnen und -Psychologen, die die berufsethischen Grundwerte des Berufsstandes, wie sie in der Berufsordnung für Psychologen niedergelegt sind, anerkennen und die gesetzlichen Grundlagen zur Ausübung der Heilkunde erfüllen. Alle am PID Teilnehmenden haben ihre fachliche Qualifikation für die von ihnen angebotenen speziellen Therapien anhand eines ausführlichen Fragebogens dokumentiert und zugesichert.

PID – Psychotherapie-Informations-Dienst
Am Köllnischen Park 2
10179 Berlin
Telefon: (030) 2 09 16 63 30
Telefax: (030) 2 09 16 63 16
E-Mail: pid@dpa-bdp.de
Internet: www.psychotherapiesuche.de

- **Deutsche PsychotherapeutenVereinigung**

Auch hier können Sie selbst im Internet nach geeigneten Therapeuten suchen. Suchkriterien sind der Ort, die Postleitzahl, der Name sowie das Therapieverfahren. Separat könnten rollstuhlgerechte Praxen ausgewiesen werden.

Deutsche PsychotherapeutenVereinigung
Am Karlsbad 15
10785 Berlin
Telefon: (030) 2 35 00 90
Telefax: (030) 2 35 00 944
E-Mail: bgst@dptv.de
Internet: www.dptv.de

- **Psychotherapeutenkammern Berlin, Bremen, Hamburg, Niedersachsen, Saarland und Schleswig-Holstein**

Suchkriterien sind Ort, Postleitzahl, Name, Patientengruppe (Erwachsene oder Kinder/Jugendliche), Therapieverfahren, Geschlecht, Behandlungsmöglichkeiten in Fremdsprachen, die Erreichbarkeit mit öffentlichen Verkehrsmitteln sowie die Zugänglichkeit für rollstuhlgebundene Personen.

Federführung:
Psychotherapeutenkammer Hamburg
Hallerstr. 61
20146 Hamburg
Telefon: (040) 22 62 26-060
Telefax: (040) 22 62 26-089
E-Mail: info@ptk-hh.de
Internet: www.psych-info.de

- **Assoziation Schweizer Psychotherapeutinnen und Therapeuten (ASP)**

Hier können Sie selbst im Internet nach geeigneten Therapeuten in der Schweiz suchen. Suchkriterien sind Region, Geschlecht, Sprache, Methode und das Hauptsymptom. Eine kostenlose Vermittlung von Therapieplätzen wird über die Telefonnummer (043) 2 68 93 75 angeboten.

SPV Sekretariat
Riedtlistr. 8
8006 Zürich
Telefon: (043) 2 68 93 00
Telefax: (043) 2 68 93 76
E-Mail: asp@psychotherapie.ch
Internet: www.psychotherapie.ch

- **Österreichischer Bundesverband für Psychotherapie (ÖBVP)**

Hier können Sie selbst im Internet nach geeigneten Therapeuten in Österreich suchen. Suchkriterien sind Ort, Postleitzahl, Name, Bundesgebiet sowie das Fachgebiet.

Büro des ÖBVP
Löwengasse 3/5/Top6
1030 Wien
Telefon: (01) 5 12 70 90
Telefax: (01) 5 12 70 90-44
E-Mail: oebvp@psychotherapie.at
Internet: www.psychotherapie.at

- **NAKOS – Nationale Kontakt- und Informationsstelle zur Anregung und Unterstützung von Selbsthilfegruppen**

Hier finden Sie Adressen von Selbsthilfegruppen zu einer Vielzahl von Themen.

NAKOS
Wilmersdorfer Str. 39
10627 Berlin
Telefon: (030) 31 01 89 60
Telefax: (030) 31 01 89 70
E-Mail: selbsthilfe@nakos.de
Internet: www.nakos.de

- **Sekis – Selbsthilfe-Kontakt- und Informationsstelle**

Regional orientierte Informationen zu Selbsthilfegruppen.

Sekis Berlin
Bismarckstr. 101
10625 Berlin
Telefon: (030) 8 92 66 02
Telefax: (030) 89 02 85 40
E-Mail: sekis@sekis-berlin.de
Internet: www.sekis-berlin.de

Literatur

Ahlers, E. (2011). Belastungen am Arbeitsplatz und betrieblicher Gesundheitsschutz vor dem Hintergrund des demografischen Wandels. WSI-Diskussionspapier Nr. 175. Düsseldorf: Wirtschafts- und Sozialwissenschaftliches Institut (WSI).
Ahola, K., Kivimaki, M., Honkonen, T., Virtanen, M., Koskinen, S., Vaherta, J., & Lönnqvist, J. (2008). Occupational burnout and medically certified sickness absence: A population-based study of Finnish employees. Journal of Psychosomatic Research, 64, 185–193.
Ahola, K., Gould, R., Virtanen, M., Honkonen, T. Aromaa, A., & Lönnqvist, J. (2009a). Occupational burnout as a predictor of disability pension: A population-based cohort study. Occupational and Environmental Medicine, 66, 284–290.
Ahola, K., Toppinen-Tanner, S., Huuhtanen, P., Koskinen, A., & Väänänen, A. (2009b). Occupational burnout and chronic work disability: An eight-year cohort study on pensioning among Finnish forest industry workers. Journal of Affective Disorders, 115, 150–159.
Ahola, K., Väänänen, A., Koskinen, A., Kouvonen, A., & Shirom, A. (2010). Burnout as a predictor of all-cause mortality among industrial employees: A 10-year prospective register-linkage study. Journal of Psychosomatic Research, 69, 51–57.
Allensbach Archiv (2002a). IfD-Umfragen, Nr. 7020, März/April 2002.
Allensbach Archiv (2002b). IfD-Umfragen, Nr. 7021, April/Mai 2002.
Allenspach, M., & Brechbühler, A. (2005). Stress am Arbeitsplatz. Theoretische Grundlagen, Ursachen, Folgen und Prävention. Bern: Huber.
Allman, W. F. (1999). Mammutjäger in der Metro. Wie das Erbe der Evolution unser Denken und Verhalten prägt. Heidelberg: Spektrum Akademischer Verlag.
Amelang, M., Hasselbach, P., & Stürmer, T. (2004). Persönlichkeit, Herzerkrankungen und Krebs: Erste Ergebnisse der Heidelberger Kohorten-Studie bei älteren Menschen. Zeitschrift für Gesundheitspsychologie, 12, 102–115.
Aronson, E., Pines, A. M., & Kafry, D. (1983). Ausgebrannt: vom Überdruß zur Selbstentfaltung. Stuttgart: Klett-Cotta.
Bakker, A. B. (2009). The crossover of burnout and its relation to partner health. Stress and Health, 25, 343–353.
Bakker, A. B., Demerouti, E., & Verbeke, W. (2004). Using the job demands-resources model to predict burnout and performance. Human Resource Management, 43, 83–104.
Bakker, A. B., Demerouti, E., & Schaufeli, W. B. (2005). The crossover of burnout and work engagement among working couples. Human Relations, 58, 661–689.
Bämayr, A. (2001). Mobbing: Hilflose Helfer in Diagnostik und Therapie. Deutsches Ärzteblatt, 98, A-1811.
Bamberg, E. (2004). Stress bei der Arbeit und Maßnahmen der Stressreduktion: Aktuelle Konzepte und Forschungsergebnisse. Arbeit, 13, 264–277.
Bamberg, E. (2005). Bewertungs- und Bewältigungsprozesse im Umgang mit Belastungen am Arbeitsplatz. Supervision, 3, 6–9.
Bamberg, E., Busch, C., & Ducki, A. (2003). Stress- und Ressourcenmanagement. Strategien und Methoden für die neue Arbeitswelt. Bern: Huber.
Bastian, T. (2000). Eigensinn hält gesund. Psychologie Heute, 27(5), 20–25.
Bauer, J. H. (2008). Mobbing aus arbeitsrechtlicher Sicht. Personalführung, 9, 90–91.
Becker, S. (2011). Vorwort. In A. Gerlmaier & E. Latniak (Hrsg.), Burnout in der IT-Branche. Ursachen und betriebliche Prävention (S. 1–3). Kröning: Asanger.
Bekker, M. H. J., Croon, M. A., & Bresser, B. (2005). Childcare involvement, job characteristics, gender and work attitudes as predictors of emotional exhaustion and sickness absence. Work & Stress, 19, 221–237.
Bell, S. (2011). Die Überlastungsanzeige – besser: Gefährdungsanzeige. Prävention zahlt sich für Beschäftigte und Arbeitgeber aus. Arbeitsrecht im Betrieb (AiB), 10, 600–602.
Benecke, M. (2008). Mobbing: Persönlichkeitsschutz und Haftung des Arbeitgebers. Recht der Arbeit (RdA), 6, 357–362.

Bengel, J., & Riedl, T. (2004). Stressbewältigung und Belastungsverarbeitung. In J. Bengel (Hrsg.), Psychologie in Notfallmedizin und Rettungsdienst (S. 89–99). Heidelberg: Springer.

Bernhardt, H., & Wermuth, J. (2011). Stressprävention und Stressabbau. Praxisbuch für Beratung, Coaching und Psychotherapie. Weinheim: Beltz.

BKK Berufsverband (2010). Gesundheitsreport 2010. Gesundheit in einer älter werdenden Gesellschaft. Essen: BKK Bundesverband.

BKK Bundesverband (2011). Gesundheitsreport 2010. Zukunft der Arbeit. Essen: BKK Bundesverband.

Blankenstein, U., Gassner, M., Hilken, B., & Milz, H.-R. (o. J.). Streß verstehen und bewältigen. Hefte zur Fortbildung, Nr. 9. Köln: Rheinbraun Eigendruck.

Bono, E. de (1992). Zeiteinteilung neu durchdacht. Capital, 6, 229.

Borkenau, P., & Ostendorf, F. (2007). NEO-FFI NEO-Fünf-Faktoren-Inventar (2. Aufl.). Göttingen: Hogrefe.

Brinkmann, R. D. (2002). Mobbing, Bullying, Bossing (2. Aufl.). Heidelberg: Sauer.

Brinkmann, R. D., & Stapf, K. H. (2005). Innere Kündigung. Wenn der Job zur Fassade wird. München: C. H. Beck.

Buchka, M., & Hackenberg, J. (1987). Das Burn-out-Syndrom bei Mitarbeitern in der Behindertenhilfe. Ursachen – Formen – Hilfen. Dortmund: Verlag Modernes Lernen.

Bundesanstalt für Arbeitsschutz und Arbeitsmedizin (BAuA) (2008). Integration der psychischen Belastungen in die Gefährdungsbeurteilung (3. Aufl.). Dortmund: Bundesanstalt für Arbeitsschutz und Arbeitsmedizin (zitiert: BAuA).

Bundeszentrale für gesundheitliche Aufklärung (BZgA) (1999). Naturheilverfahren. Ein Leitfaden durch die natürlichen Methoden der Medizin. Köln: Bundeszentrale für gesundheitliche Aufklärung (zitiert: BZgA).

Burisch, M. (2002). A longitudinal study of burnout: The relative importance of dispositions and experience. Work & Stress, 16, 1–17.

Burisch, M. (2010). Das Burn-out-Syndrom. Theorie der inneren Erschöpfung (4. Aufl.). Heidelberg: Springer.

Busch, W. (1960). Kritik des Herzens. In F. Bohne (Hrsg.), Historisch-kritische Gesamtausgabe (Bd. 2, S. 502). Wiesbaden: Vollmer.

Chen, W-Q., Siu, O-L., Lu, J-F., Cooper, C. L., & Phillips, D. R. (2009). Work stress and depression: The direct and moderating effects of informal social support and coping. Stress and Health, 25, 431–443.

Cherniss, C. (1980a). Staff burnout – job stress in the human services. Beverly Hills: Sage.

Cherniss, C. (1980b). Professional burnout in human service organizations. New York: Praeger.

Cherniss, C. (1999). Jenseits von Burnout und Praxisschock. Hilfen für Menschen in lehrenden, helfenden und beratenden Berufen. Weinheim: Beltz.

Csikszentmihalyi, M. (1997). Finding flow. The psychology of engagement with everyday life. New York: Basic Books.

Däubler, W., Hjort, J.P., Hummel, D., & Wolmerath, M. (2010). Arbeitsrecht. Individualarbeitsrecht mit kollektivrechtlichen Bezügen (2. Aufl.). Baden-Baden: Nomos (zitiert: HK-ArbR/Bearbeiter).

Däubler, W., Kittner, M., & Klebe, T. (Hrsg.). (2008). Betriebsverfassungsgesetz (11. Aufl.). Frankfurt a.M.: Bund (zitiert: D/K/K-Bearbeiter).

Däubler-Gmelin, H. (2012). Warum hat Deutschland bisher kein eigenständiges und umfassendes »Anti-Mobbing-Gesetz«? In M. Wolmerath & A. Esser (Hrsg), Werkbuch Mobbing. Offensive Methoden gegen psychische Gewalt am Arbeitsplatz (S. 38–45). Frankfurt a.M.: Bund.

Decker, F. (1999). Den Streß im Griff. Neue, sofort umsetzbare Methoden aus Kinesiologie, NLP und Mindfitness. Würzburg: Lexika.

Demerouti, E. (1999). Burnout. Eine Folge konkreter Arbeitsbedingungen bei Dienstleistungs- und Produktionstätigkeiten. Frankfurt a.M.: Lang.

Destatis (2012). 1. Quartal 2012:Zahl der Erwerbstätigen steigt um 1,5 %. [Elektronische Ressource]. Wiesbaden: Statistisches Bundesamt. URL: https://www.destatis.de/DE/PresseService/Presse/Pressemitteilungen/2012/05/PD12_169_13321pdf.pdf?__blob=publicationFile [2012-05-20].

Dill, H., & Straus, F. (2010). Kohärenzgefühl als Burnout-Prophylaxe? Praeview – Zeitschrift für innovative Arbeitsgestaltung und Prävention, 2, 12–13.

Dilling, H., Mombour, W., & Schmidt, M. H. (2010). Internationale Klassifikation psychischer Störungen. ICD-10 Kapitel V(F). Klinisch-diagnostische Leitlinien. Bern: Huber.

Dormann, W. (2012). Stolpersteine im arbeitsgerichtlichen Mobbingprozess. In M. Wolmerath & A. Esser (Hrsg.), Handbuch Mobbing. Offensive Methoden gegen psychische Gewalt am Arbeitsplatz (S. 205–215). Frankfurt a.M.: Bund.

Dörner, K., Luczak, S., & Wildschütz, M. (2008). Handbuch des Fachanwalts Arbeitsrecht (7. Aufl.). Neuwied: Luchterhand (zitiert: D/L/W-Bearbeiter).

Dreißiger, I. (2012). Vermeidung individualrechtlicher Stolperfallen. In In M. Wolmerath & A. Esser (Hrsg.), Handbuch Mobbing. Offensive Methoden gegen psychische Gewalt am Arbeitsplatz (S. 191–204). Frankfurt a.M.: Bund.

Ehlers, A. (1999). Posttraumatische Belastungsstörung. Fortschritte der Psychotherapie (Bd. 8). Göttingen: Hogrefe.

Enzmann, D. (1996). Gestreßt, erschöpft oder ausgebrannt? Einflüsse von Arbeitssituation, Empathie und Coping auf den Burnoutprozeß. München: Profil.

Esser, A. (2003). Mobbing. In A. E. Auhagen & H.-W. Bierhoff (Hrsg.), Angewandte Sozialpsychologie. Das Praxishandbuch (S. 394–408). Weinheim: Beltz PVU.

Esser, A., & Wolmerath, M. (2008). Mobbing. Der Ratgeber für Betroffene und ihre Interessenvertretung (7. Aufl.). Frankfurt a.M.: Bund.

Etzion, D. (2005). Annual vacation: Duration of relief from job stressors and burnout. Anxiety, Stress & Coping, 16, 213–226.

European Commission (2011). Report on the implementation of the European social partners' Framework Agreement on Work-Related Stress. Commission Staff Working Paper, Brüssel.

Fengler, J. (2008). Helfen macht müde. Zur Analyse und Bewältigung von Burnout und beruflicher Deformation (7. Aufl.). München: Pfeiffer.

Fischer, G., & Riedesser, P. (2009). Lehrbuch der Psychotraumatologie (4. Aufl.). Stuttgart: UTB.

Fischer, J. E. (2003). Arbeit, Stress und kardiovaskuläre Erkrankungen. Therapeutische Umschau, 60, 689–696.

Fitting, K., Engels, G., Schmidt, I., Trebinger, Y., & Linsenmaier W. (2010). Betriebsverfassungsgesetz (25. Aufl.). München: Vahlen (zitiert: Fitting).

Flannery, R. B. (1993). Becoming stress resistant. New York: Continuum.

Folkman, S., & Moskowitz, J. T. (2003). Coping: Pitfalls and promise. Annual Review of Psychology, 55, 775–801.

Fontana, D. (1991). Mit dem Stress leben. Bern: Huber.

Frese, M. (1985). Stress at work and psychosomatic complaints: A causal interpretation. Journal of Applied Psychology, 70, 314–328.

Frese, M. (1991). Die Führung der eigenen Person. Streßmanagement. Besser führen (Bd. 3). München: Institut Mensch und Arbeit.

Freudenberger, H. J. (1974). Staff burnout. Journal of Social Issues, 30, 159–165.

Freudenberger, H. J., & North, G. (2002). Burn-out bei Frauen. Über das Gefühl des Ausgebranntseins (9. Aufl.). Frankfurt a.M.: Fischer.

Friedman, M., & Rosenman, R. H. (1974). Typ A behavior and your heart. New York: Knopf.

Fritz, C., & Sonnentag, S. (2005). Recovery, health, and job performance: Effects of weekend experience. Journal of Occupational Health Psychology, 10, 187–199.

Fukuda, K., Straus, S. E., Hickie, I., Sharp, M. C., Dobbins, J. G., & Komaroff, A. (1994). The chronic fatigue syndrome: A comprehensive approach to its definition and study. International Chronic Fatigue Syndrome Study Group. Annals of International Medicine, 64, 952–959.

Gaab, J., & Ehlert, U. (2005). Chronische Erschöpfung und Chronisches Erschöpfungssyndrom. Göttingen: Hogrefe.
Gehring, J., & Klein, G. (2008). Leben mit der koronaren Herzkrankheit. (3. Aufl.) München: Urban & Vogel.
Geißler, K. A. (1997). Zeit leben. Vom Hasten und Rasten, Arbeiten und Lernen, Leben und Sterben. (6. Aufl.). Weinheim: Beltz.
Gerin, W., Davidson, K. W., Christenfeld, N. J. S., Goyal, T., & Schwartz, J. E. (2006). The role of angry rumination and distraction in blood pressure recovery from emotional arousal. Psychosomatic Medicine, 68, 64–72.
Gerlach, U., & Gerlach, G. (1995). Moderne Mentaltechniken. Neue Wege zu Tiefenentspannung und Wohlbefinden. Renningen-Malmsheim: Expert.
Gerlmaier, A. (2011). Stress und Burnout bei IT-Fachleuten – auf der Suche nach Ursachen. In A. Gerlmaier & E. Latniak (Hrsg.), Burnout in der IT-Branche. Ursachen und betriebliche Prävention (S. 53–89). Kröning: Asanger.
Gerlmaier, A., & Latniak, E. (2011). Burnout in der IT-Branche. Ursachen und betriebliche Prävention. Kröning: Asanger.
Geuter, U. (2008). Achtsamkeit – das Mittel gegen den Alltagsstress. Psychologie Heute, 25(8), 20–33.
Girdano, D. A., Dusek, D. E., & Everly, G. S. (2005). Controlling stress and tension (7. Aufl.). San Fransisco, CA: Pearson Benjamin Cummings.
Glawe, A. (2008). Mobbing. Eine betriebswirtschaftliche Analyse. Saarbrücken: VDM.
Golembiewski, R. T., Munzenrieder, R., & Carter, D. (1983). Phases of progressive burnout and work site covariants: Critical issues in OD reserach and praxis. Journal of Applied Behavioral Science, 19, 461–481.
Gröpel, P., & Kuhl, J. (2006). Zeitverteilung im Alltag: Lebensbalance und Selbststeuerung. Zeitschrift für Gesundheitspsychologie, 14, 54–63.
Gschwend, G. (2002). Notfallpsychologie und Trauma-Akuttherapie. Bern: Huber.
Halbesleben, J. R. B., & Demerouti, E. (2005). The construct validity of an alternative measure of burnout: Investigating the English translation of the Oldenburg Burnout Inventory. Work & Stress, 19, 208–220.
Hamm, A. (2004). Progressive Muskelentspannung. In D. Vaitl & F. Petermann (Hrsg.), Entspannungsverfahren. Das Praxishandbuch (3. Aufl., S. 189–210). Weinheim: Beltz PVU.
Hannich, H. J. (2004). Psychologie der Notfallsituation. In J. Bengel (Hrsg.), Psychologie in Notfallmedizin und Rettungsdienst (S. 1–11). Heidelberg: Springer.
Hansch, D. (2003). Erste Hilfe für die Psyche. Heidelberg: Springer.
Hansch, D. (2011). Erfolgreich gegen Depression und Angst. Berlin: Springer.
Hartmann, C. (1995). Angst, Kosten und Controlling – Eine Analyse des Angstphänomens als betriebswirtschaftlicher Kostenfaktor und als Herausforderung für ein ganzheitlich orientiertes Controlling. Diplomarbeit. Köln: Fachhochschule Köln.
Heibutzki, H. (1995). Die hässliche Fratze des Erfolgs. Manager Seminare, 7, 30–36.
Heidenreich, J. (2007). Kostenfaktor Mobbing. Wie Manager Ursachen erkennen und erfolgreich vorbeugen. Weinheim: Wiley-VCH.
Henssler, M., Willemsen, H. J., & Kalb, H. J. (2010). Arbeitsrecht Kommentar (4. Aufl.). Köln: Dr. Otto Schmidt (zitiert: H/W/K-Bearbeiter).
Heyse, H., Krampen, G., Schui, G., & Vedder. M. (2004). Berufliche Belastungen und Belastungsreaktionen früh- versus alterspensionierter Lehrkräfte in der Retrospektive. Report Psychologie, 29, 372–379.
Hillert, A., & Marwitz, M. (2006). Die Burnout-Epidemie oder Brennt die Leistungsgesellschaft aus? München: C. H. Beck.
Hoberg, G., & Vollmer, G. (1988). Top-Training. Streß unter Kontrolle. Stuttgart: Klett.
Höhn, R. (1983). Die innere Kündigung im Unternehmen. Ursache, Folgen, Gegenmaßnahmen. Reihe Menschenführung und Betriebsorganisation (Bd. 29). Bad Harzburg: Verlag für Wissenschaft, Wirtschaft und Technik.

Holmes, T. H., & Rahe, R. H. (1967). The Social Readjustment Scale, Journal of Psychosomatic Research, 11, 213–218.
Holz, M., Zapf, D., & Dormann, C. (2004). Soziale Stressoren in der Arbeitswelt: Kollegen, Vorgesetzte und Kunden. Arbeit, 13, 278–291.
Hölzel, B., & Ott, U. (2006). Relationships between meditation depth, absorption, meditation practice, and mindfulness: A latent variable approach. Journal of Transpersonal Psychology, 38, 179–199.
Hölzel, B., Ott, U., Hempel, H., Hackl, A., Wolf, A., Stark, R., & Vaitl, D. (2007). Differential engagement of anterior cingulate and adjacent medial frontal cortex in adept meditators and non-meditators. Neuroscience Letters, 42, 16–21.
Hölzel, B. K., Ott, U., Gard, T., Hempel, H., Weygandt, M., Morgen, K., & Vaitl, D. (2008). Investigation of mindfulness meditation practitioners with voxel-based morphometry. Social Cognitive and Affective Neuroscience, 3, 55–61.
Hölzel, B. K., Carmody, J., Evans, K. C., Hoge, E. A., Dusek, J. A., Morgan, L., Pitman, R. K., & Lazar, S. W. (2010). Stress reduction correlates with structural changes in the amygdala. Social Cognitive and Affective Neuroscience, 5(1), 11–17.
Hölzel, B. K., Carmody, J., Vangel, M., Congleton, C., Yerramsetti, S. M., Gard, T., & Lazar, S. W. (2011). Mindfulness practice leads to increases in regional brain grey matter density. Psychiatry Research: Neuroimaging, 191, 36–42.
Honkonen, T., Ahola, K., Pertovaara, M., Isometsä, E., Kailmo, R., Nykyri, E., Aromaa, A., & Lönnqvist, J. (2006). The association between burnout and physical illness in the general population – results from the Finnish Health 2000 Study. Journal of Psychosomatic Research, 61, 59–66.
House, J. S. (1981). Work stress and social support. Reading: Addison-Wesley.
Jacobshagen, N., Amstand, F. T., Semmer, N. K., & Kuster, M. (2005). Work-Family-Balance im Topmanagement. Konflikt zwischen Arbeit und Familie als Mediator der Beziehung zwischen Stressoren und Befinden. Zeitschrift für Arbeits- und Organisationspsychologie, 49, 208–219.
Jacobson, E. (1924). The technique of progressive relaxation. Journal of Nervous and Mental Disease, 60, 568–578.
Jaeggi, R. (2005). Entfremdung. Zur Aktualität eines sozialphilosophischen Problems. Frankfurt a.M.: Campus.
Janke, W., Erdmann, G., & Kallus, K. (1985). Streßverarbeitungsfragebogen (SVF): Handanweisung. Göttingen: Hogrefe.
Kaluza, G. (1999). Sind die Effekte eines primärpräventiven Streßbewältigungstrainings von Dauer? Eine randomisierte, kontrollierte Follow-up-Studie. Zeitschrift für Gesundheitspsychologie, 7, 88–95.
Kämpf, T., Boes, A., & Trinks, K. (2011). Gesundheit am seidenen Faden: Eine neue Belastungskonstellation in der IT-Industrie. In: A. Gerlmaier & E. Latniak (Hrsg.), Burnout in der IT-Branche. Ursachen und betriebliche Prävention (S. 91–152). Kröning: Asanger.
Karasek, R. A. (1979). Job demands, job decision latitude and mental strain. Implications for the job redesign. Administrative Science Quarterly, 24, 285–306.
Kerber, B. (2008). Die »Arbeitsfalle« – und wie man sein Leben zurückgewinnt. Strategien gegen die Selbstausbeutung und für ein wertvolles Leben. Regensburg: Walhalla.
Kernen, H. (1999). Burnout-Prophylaxe im Management. Erfolgreiches individuelles und institutionelles Ressourcenmanagement. Bern: Haupt.
Kivimäki, M., Virtanen, M., Kouvonen, A., Väänänen, A., & Vahtera, J. (2006). Work stress in the etiology of coronary heart disease – a meta-analysis. Scandinavian Journal of Work, Environment & Stress, 32, 431–442.
Klink, J. J. L. Van Der, Blonk, R. W. B., Schene, A. H., & Dijk, F. J. H. (2001). The benefits of interventions for work-related stress. American Journal of Public Health, 91, 270–276.
Knorz, C., & Zapf, D. (1996). Mobbing – eine extreme Form sozialer Stressoren am Arbeitsplatz. Zeitschrift für Arbeits- und Organisationspsychologie, 40, 12–21.

Kobasa, S. C. (1979). Stressful life events, personality, and health: An inquiry into hardiness. Journal of Personality and Social Psychology, 37, 1–11.

Kobasa, S. C. (1982). The hardy personality: Toward a social psychology of stress and health. In G. S. Sanders & J. Suls (Hrsg.), Social psychology of health and illness (S. 3–32). Hillsdale, NY: Erlbaum.

Kobasa, S. C., & Puccetti, M. C. (1983). Personality and social resources in stress resistance. Journal of Personality and Social Psychology, 45, 839–850.

Kölbach M., & Zapf, D. (2008). Psychische Belastungen in der Arbeitswelt. Von Stress, Mobbing, Angst bis Burnout. Mainz: TBS gGmbH Rheinland Pfalz.

Korczak, D., Kister, C., & Huber, B. (2010). Differentialdiagnostik des Burnout-Syndroms. Schriftenreihe Health Technology Assessment (HTA) in der Bundesrepublik Deutschland. Köln: Deutsches Institut für Medizinische Dokumentation und Information (DIMDI).

Krajewski, J., Wieland, R., & Sauerland, M. (2010). Regulating strain states by using the recovery potential of lunch breaks. Journal of Occupational Health Psychology, 15, 131–139.

Krampen, G. (1996). Übungsheft zum autogenen Training (2. Aufl.). Göttingen: Verlag für Angewandte Psychologie.

Krampen, G. (1998). Einführungskurse zum autogenen Training. Ein Lehr- und Arbeitsbuch für die psychosoziale Praxis (2. Aufl.). Göttingen: Verlag für Angewandte Psychologie.

Kristensen, T. S., Borritz, M., Villadsen, E., & Christensen, K. B. (2005). The Copenhagen Burnout Inventory: A new tool for the assessment of burnout. Work & Stress, 19, 192–207.

Krumpholz-Reichel, A. (2002). Die große Müdigkeit. Psychologie Heute, 29(10), 20–29.

Küttner-Reinecke, W. (2010). Personalbuch 2010 (17. Aufl.). München: Beck (zitiert: Küttner-Bearbeiter).

Langen, D. (2005). Autogenes Training (7. Aufl.). München: Gräfe & Unzer.

Lasogga, F., & Frommberger, U. (2004). Psychische Situation und Reaktion von Notfallpatienten. In J. Bengel (Hrsg.), Psychologie in Notfallmedizin und Rettungsdienst (S. 13–23). Heidelberg: Springer.

Lauck, G. (2003). Burnout oder Innere Kündigung? Theoretische Konzeptualisierung und empirische Prüfung am Beispiel des Lehrerberufs. München: Hampp.

Lazarus, R. S. (1966). Psychological stress and the coping process. New York: McGraw-Hill.

Lazarus, R. S., & Launier, R. (1981). Streßbezogene Transaktionen zwischen Person und Umwelt. In J. R. Nitsch (Hrsg.), Stress, Theorien, Untersuchungen, Maßnahmen (S. 213–260). Bern: Huber.

Lee, R. T., & Ashforth, B. E. (1993). A longitudinal study of burnout among supervisors and managers: Comparison between the Leiter and Maslach (1988) and Golembiewski et al. (1986) model. Organizational Behavior and Human Decision Processes, 54, 369–398.

Leone, S. S., Huibers, M. J. H., Knotterus, A. J., & Kant, I. (2009). The temporal relationship between burnout and prolonged fatigue: A 4-year prospective cohort study. Stress & Health, 25, 365–374.

Leymann, H. (1993). Mobbing. Psychoterror am Arbeitsplatz und wie man sich dagegen wehren kann. Reinbek: Rowohlt.

Leymann, H. (1995). Einführung: Mobbing. Das Konzept und seine Resonanz in Deutschland. In H. Leymann (Hrsg.), Der neue Mobbing-Bericht. Erfahrungen und Initiativen, Auswege und Hilfsangebote (S. 13–26). Reinbek: Rowohlt.

Linden, D. Van Der, Keijsers, G. P. J., Eling, P., & Schaijk, R. van (2005). Work stress and attentional difficulties: An initial study on burnout and cognitive failures. Work & Stress, 19, 23–36.

Linneweh, K., Heufelder, A., & Flasnoecker, M. (2010). Balance statt Burn-out. Der erfolgreiche Umgang mit Stress und Belastungssituationen (2. Aufl.). München: Zuckerschwerdt.

Löhnert, W. (1990). Innere Kündigung: Eine Analyse aus wirtschaftspsychologischer Perspektive. Frankfurt a.M.: Lang.

Lückert, H.-R., & Lückert, I. (2004). Der Faktor der Verwundbarkeit. [Elektronische Ressource]. Institut für Aktivationstherapie: München. URL: http://www.lueckert-seminar.de/verwund.htm [2004-04-25]. Aktual. Fassung: http://www.lueckert-seminare.de/aktivationstherapie/grundlagen/faktor-der-verwundbarkeit-i/ [2012-05-15].

Luria, G., & Torjman, A. (2009). Resources and coping with stressful events. Journal of Organizational Behavior, 30, 685–707.

Luszczynska, A., & Cieslak, R. (2005). Protective, promotive, and buffering effects of perceived social support in managerial stress: The moderating role of personality. Anxiety, Stress & Coping, 18, 227–244.

Maddi, S. R. (1990). Issues and interventions in stress mastery. In H. S. Friedman (Hrsg.), Personality and disease (S. 121–154). New York: Wiley.

Maercker, A., & Barth, J. (2004). Psychotherapie bei Belastungsstörungen. In J. Bengel (Hrsg.), Psychologie in Notfallmedizin und Rettungsdienst (S. 69–88). Heidelberg: Springer.

Maslach, C. (1985). Das Problem des Ausbrennens bei professionellen Helfern. In E. Wacker & J. Neumann (Hrsg.), Geistige Behinderung und soziales Leben (S. 249–265). Frankfurt a.M.: Campus.

Maslach, C., & Jackson, S. E. (1981). The measurement of experienced burnout. Journal of Occupational Behaviour, 2, 99–113.

Maslach, C., & Jackson, S. E. (1984). Patterns of burnout among a national sample of public contact workers. Journal of Health & Human Resources Administration, 7, 189–212.

Maslach, C., & Leitner, M. P. (2001). Die Wahrheit über Burn-out. Stress am Arbeitsplatz und was Sie dagegen tun können. Wien: Springer.

Maslach, C., Jackson, S. E., & Leiter, M. P. (1996). Maslach Burnout Inventory (3. Aufl.). Palo Alto: Consulting Psychologists Press.

Maslach, C., Schaufeli, W. B., & Leiter, M.P. (2001). Job burnout. Annual Review of Psychology, 52, 397–422.

Matthews, G., Yousfi, S., Schmidt-Rathjens, C., & Amelang, M. (2003). Personality variable differences between disease cluster. European Journal of Personality, 17, 157–177.

Mearns, J., & Cain, J. E. (2003). Relationships between teachers' occupational stress and their burnout and distress: Roles of coping and negative mood regulation expectancies. Anxiety, Stress & Coping, 16, 71–82.

Meichenbaum, D. (1991). Intervention bei Streß. Anwendung und Wirkung des Streßimpfungstrainings. Bern: Huber.

Menzel, L., & Sonntag, K. (2009). Beanspruchung erkennen und Fehlbelastung vermeiden. Instrument zur Analyse von psychischen Belastungen am Arbeitsplatz. Personalführung, 7, 40–47.

Meschkutat, B., Stackelbeck, M., & Langenhoff, G. (2002). Der Mobbing-Report. Repräsentativstudie für die Bundesrepublik Deutschland. Schriftenreihe der Bundesanstalt für Arbeitsschutz und Arbeitsmedizin – Forschung, Fb 951 (2. Aufl.). Bremerhaven: Wirtschaftsverlag NM.

Mittelstaedt, I. (1998). Mobbing und Emotionen. Aspekte einer Organisationssoziologie. München: Hampp.

Mittlinger, E., & Jimenez, P. (2001). Effects of social support, social strain and personal aspiration level on burnout in foster-mothers. In W. Kallus, N. Posthumus & P. Jimenez (Hrsg.), Current psychological research in Austria (S. 253–256). Graz: Akademische Buch- & Verlagsanstalt.

Mohr, G. (1986). Die Erfassung psychischer Befindlichkeitsbeeinträchtigungen bei Industriearbeitern. Frankfurt a.M.: Lang.

Monat, A., & Lazarus, R. S. (1991). Stress and coping: An anthology (3. Aufl.). New York: Columbia University Press.
Müller-Glöge, R., Preis, U., & Schmidt, I. (Hrsg.). (2010). Erfurter Kommentar zum Arbeitsrecht (10. Aufl.). München: Beck (zitiert: ErfK-Bearbeiter).
Nachreiner, F., & Schultetus, W. (2002). Normung im Bereich der psychischen Belastung – die Normen der Reihe DIN EN ISO 10075. DIN-Mitteilung+elektronorm, 81, 519–424.
Neubach, B., & Schmidt, K.-H. (2008). Haupt- und Interaktionseffekte von Selbstkontrollanforderungen auf Indikatoren der Arbeitsbeanspruchung. Zeitschrift für Arbeits- und Organisationspsychologie, 52, 1–17.
Neuberger, O. (1999). Mobbing. Übel mitspielen in Organisationen. (3. Aufl.). München: Hampp.
Nitsch, J. R. (1981). Streßtheoretische Modellvorstellungen. In J. R. Nitsch (Hrsg.), Stress, Theorien, Untersuchungen, Maßnahmen (S. 52–141). Bern: Huber.
Nolen-Hoeksema, S. (2004). Warum Frauen zu viel denken. Wege aus der Grübelfalle. Frankfurt a.M.: Eichborn.
Nuber, U. (2002). »Das schaffe ich schon!« Wie Sie gelassener durchs Leben kommen. Psychologie Heute, 29(2), 20–25.
Olschewski, A. (1995a). Streß bewältigen. Ein ganzheitliches Kursprogramm. Heidelberg: Haug.
Olschewski, A. (1995b). Atementspannung: Abbau emotionaler und körperlicher Anspannung durch Atemtherapie. Heidelberg: Haug.
Ong, A. D., Bergeman, C. S., Bisconti, T. L., & Wallace, K. A. (2006). Psychological resilience, positive emotions, and successful adaption to stress in later life. Journal of Personality & Social Psychology, 91, 730–749.
Oppolzer, A. (2010). Psychische Belastungsrisiken aus Sicht der Arbeitswissenschaft und Ansätze für die Prävention. In B. Badura, H. Schröder, J. Klose & K. Macco (Hrsg.), Fehlzeiten-Report 2009. Arbeit und Psyche: Belastungen reduzieren – Wohlbefinden fördern (S. 13–22). Berlin: Springer.
Palandt (2010), Bürgerliches Gesetzbuch (69. Aufl.) München: Beck (zitiert: Palandt-Bearbeiter).
Paoli, N. de (2012). Mehr Rechtsschutz vor psychischen Belastungen? EU-Kommission fordert von Deutschland konsequenteres Vorgehen gegen arbeitsbedingten Stress. Personalführung, 1, 66–68.
Perrez, M., Laireiter, A.-R., & Baumann, U. (1998). Streß und Coping als Einflussfaktoren. In U. Baumann & M. Perrez (Hrsg.), Lehrbuch Klinische Psychologie – Psychotherapie (2. Aufl., S. 277–305). Bern: Huber.
Perrez, M., & Reicherts, M. (1992). Stress, coping, and health. A situation-behavior approach – theory, methods, applications. Seattle: Hogrefe & Huber.
Petermann, F., & Vaitl, D. (2004). Entspannungsverfahren – eine Einführung. In D. Vaitl & F. Petermann (Hrsg.), Entspannungsverfahren. Das Praxishandbuch (3. Aufl., S. 1–17). Weinheim: Beltz PVU.
Peterson, U., Demerouti, E., Bergström, G., Samuelsson, M., Asberg, M. A., & Nygren, A. (2008). Burnout and physical and mental health among Swedish healthcare workers. Journal of Advanced Nursing, 62, 84–95.
Pieper, A. (2004). Gelassenheit: Die eigene Mitte finden. Psychologie Heute, 31(8), 20–25.
Pieper, R. (2012). Arbeitsschutzrecht. Kommentar für die Praxis (5. Aufl.). Frankfurt a.M.: Bund.
Pines, A. (1993). An existential perspective. In W. B. Schaufeli, C. Maslach & T. Marek (Hrsg.), Professional burnout. Recent developments in theory and research (S. 33–52). London: Taylor & Francis.
Pines, A., & Aronson, E. (1988). Career burnout: Causes and cures. New York: Free Press.
Pletke, M., & Wieczoreck-Haubus, N. (2003). Arbeitszeit ohne Kontrolle. Personalwirtschaft, 4, 59–63.

Podehl, J. (2007). Haftung des Arbeitgebers wegen Stress am Arbeitsplatz. Der Betrieb (DB), 38, 2090-2093.

Premper, V. (2002). Mobbing am Arbeitsplatz – eine Folge ungeklärter Konflikte. Report Psychologie, 27, 182–190.

Rammsayer, T., Stahl, J., & Schmiga, K. (2006). Grundlegende Persönlichkeitsmerkmale und individuelle Stressverarbeitungsstrategien als Determinanten der Mobbing-Betroffenheit. Zeitschrift für Personalpsychologie, 5, 41–52.

Rau, R., & Riedel, S. (2004). Besteht ein Zusammenhang zwischen dem Auftreten von positivem Arbeitserleben unter Flow-Bedingungen und Merkmalen der Arbeitstätigkeit? Zeitschrift für Arbeits- und Organisationspsychologie, 48, 55–66.

Renner, B., & Schupp, H. (2005). Gesundheitliche Risiken: Wahrnehmung und Verarbeitung. In R. Schwarzer (Hrsg.), Gesundheitspsychologie (S. 173–193). Göttingen: Hogrefe.

Rensing, L., Koch, M., Rippe, B., & Rippe, V. (2006). Mensch im Stress. Psyche, Körper, Moleküle. München: Elsevier.

Resch, M. (1997). Mobbing und Konflikte am Arbeitsplatz. Deutscher Gewerkschaftsbund Bundesvorstand (Hrsg.), Informationen zur Angestelltenpolitik Bd.3.

Richardi, R., Wlotzke, O., Wißmann, H., & Oetker, H. (2009). Münchener Handbuch zum Arbeitsrecht. Bd. 1: Individualarbeitsrecht (3. Aufl.). München: Beck (zitiert: MüArbR-Bearbeiter).

Rieble, V., & Klumpp, S. (2002). Mobbing und die Folgen. Zeitschrift für Wirtschaftsrecht (ZIP), 9, 369–381.

Roming, A. (1998). Zeit kann man nicht haben – aber wir können sie genießen. Psychologie Heute, 25(6), 20–31.

Rosa, H. (2005). Beschleunigung. Die Veränderung der Zeitstruktur in der Moderne. Frankfurt a.M.: Suhrkamp.

Rösing, I. (2003). Ist die Burnout-Forschung ausgebrannt? Analyse und Kritik der internationalen Burnout-Forschung. Heidelberg: Asanger.

Saß, H., Wittchen, H.-U., & Zaudig, M. (2003). Diagnostisches und Statistisches Manual Psychischer Störungen-Textrevision (DSM-IV-TR) (3. Aufl.). Göttingen: Hogrefe.

Sasse, S. (2008). Rechtsprechungsübersicht zu Mobbing. Betriebs-Berater (BB), 27, 1450–1454.

Satzer, R. (2008). Stress & Co. nehmen zu. Arbeitsrecht im Betrieb (AiB), 9, 463.

Satzer, R. (2011). Menschengerechte Arbeitsgestaltung durch ganzheitliche Gefährdungsbeurteilungen. Arbeitsrecht im Betrieb (AiB), 10, 607–611.

Satzer, R., & Langhoff, T. (2010). Betriebliche Erfahrungen zur Umsetzung der Gefährdungsbeurteilung bei psychischen Belastungen. Gute Arbeit, 3, 13–16.

Schaufeli, W. B., & Enzmann, D. (1998). The burnout companion to study & practice. London: Taylor & Francis.

Schild, I., & Heeren, A. (2003). Mobbing: Konflikteskalation am Arbeitsplatz. Möglichkeiten der Prävention und Intervention (3. Aufl.). München: Hampp.

Schmieta, M. (2001). Die Relevanz von Persönlichkeitsmerkmalen und beruflichen Einstellungen bei der Entwicklung von Burnout: Ein Vergleich zwischen Beratungslehrern und Lehrern ohne Zusatzausbildung. Hamburg: Kovac.

Schmitt, R. (2001). Rational-emotive Therapie (RET). Eine Einführung. Norderstedt: Books on Demand.

Schmitz, E., Hillert, A., Lehr, D., Pecho, L., & Deibl, C. (2002). Risikofaktoren späterer Dienstunfähigkeit: Zur möglichen prognostischen Bedeutung unrealistischer Ansprüche an den Lehrerberuf. Zeitschrift für Personalforschung, 16, 415–432.

Schneider, W. (1999). Die 100 Wörter des Jahrhunderts. Frankfurt a.M.: Suhrkamp.

Schoof, C. (2008). Mitbestimmen beim Arbeits- und Gesundheitsschutz. Arbeitsrecht im Betrieb (AiB), 9, 457–462.

Schröter, B. (2000). Keine Chance den Büroterroristen. Mobbing-Opfer auf allen Hierarchieebenen – Neid, Stress und schlechter Führungsstil begünstigen das fiese Spiel. Die Welt, 6.5.2000.
Schuh, H., & Watzke, W. (1994). Erfolgreich Reden und Argumentieren. Grundkurs Rhetorik (2. Aufl.). Ismaning: Hueber-Holzmann.
Schultz, J. (1932). Autogenes Training. Archiv für Psychiatrie und Nervenkrankheit, 96, 288–294.
Schuster, N. (2010). Stress und Burnout bei Bankmanagern. Verhaltenstherapie, 20, 259–264.
Schwartz, J. E., & Stone, A. A. (1993). Coping with daily work problems. Contributions of problem content, appraisals, and person factors. Work & Stress, 7, 47–62.
Schwarzer, R. (2000). Streß, Angst und Handlungsregulation (4. Aufl.). Stuttgart: Kohlhammer.
Schwarzer, R. (2002). Die Heilkraft des sozialen Netzes. Psychologie Heute, 29(10), 62–69.
Schwarzer, R., & Schmitz, G. S. (1999). Kollektive Selbstwirksamkeitserwartung von Lehrern: Eine Längsschnittstudie in zehn Bundesländern. Zeitschrift für Sozialpsychologie, 30, 262–274.
Seco – Staatssekretariat für Wirtschaft (2000). Die Kosten von Stress in der Schweiz, URL: http://www.seco-admin.ch/seco/pm.nsf/Atts/GGAB_171002/$file/BGF_PM_d.pdf [2003-03-01].
Segerstrom, S. C., & Miller, G. E. (2004). Psychological stress and the human immune system: A meta-analytic study of 30 years of inquiry. Psychological Bulletin, 130, 601–630.
Seiwert, L. J. (1988). Mehr Zeit für das Wesentliche (7. Aufl.). Landsberg: Verlag Moderne Industrie.
Selye, H. (1974). Streß: Bewältigung und Lebensgewinn. München: Piper.
Shirom, A. (2003). Job-related burnout. In J. C. Quick & L. E. Tetrick (Hrsg.), Handbook of occupational health psychology (S. 245–265). Washington, D.C.: American Psychological Association.
Shirom, A., Melamed, S., Toker, S., Berliner, S., & Shapira, I. (2005). Burnout, mental and physical health: A review of the evidence and a proposed explanatory model. International Review of Industrial and Organizational Psychology, 20, 269–309.
Shultz, K. S., Wang, M., & Olson, D. A. (2010). Role overload and underload in relation to occupational stress and health. Stress & Health, 26, 99–111.
Siebecke, D. (2010). Burnoutrisiken in der Wissensgesellschaft. Ergebnisse einer Befragung in der IT-Branche. Praeview – Zeitschrift für innovative Arbeitsgestaltung und Prävention, 2, 10–11.
Siefer, A., & Beermann, B. (2010). Erwerbstätigenbefragung 2005/2006. Mit den Schwerpunkten Arbeitsbedingungen, Arbeitsbelastungen und gesundheitliche Beschwerden. Dortmund: Bundesanstalt für Arbeitsschutz und Arbeitsmedizin (BAuA).
Skakon, J., Nielsen, K., Borg, V., & Gurman, J. (2010). Are leaders' well-being, behaviours and style associated with the affective well-being of theire employees? A systematic review of three decades of research. Work & Stress, 24, 107–139.
Smith, E. E., Nolen-Hoeksema, S., Fredrickson, B., & Loftus, G. R. (2007). Atkinsons und Hilgards Einführung in die Psychologie (14. Aufl., hg. v. J. Grabowski). Heidelberg: Spektrum Akademischer Verlag.
Sonnentag, S., & Frese, M. (2003). Stress in organizations. In: W. C. Borman, R. J. Klimoski & D. R. Ilgen (Hrsg.), Handbook of psychology (Bd. 12: Industrial and organizational psychology, S. 453–491). Hoboken: Wiley.
Stark, H., Enderlein, G., Heuchert, G., Kersten, N., & Wetzel, A.-M. (1998). Streß am Arbeitsplatz und Herz-Kreislauf-Krankheiten. Schriftenreihe der Bundesanstalt für Arbeitsschutz und Arbeitsmedizin (Fb 802). Dortmund: Bundesanstalt für Arbeitsschutz und Arbeitsmedizin.

Stollreiter, M., Völgyfy, J., & Jencius, T. (2000). Stress-Management. Das Waage-Programm: Mehr Erfolg mit weniger Stress. Weinheim: Beltz.

Struck, D., & Fleissner, A. (2005). Die 45 Mobbing-Antworten. Münster: Lit.

Stucke, T. S. (2002). Persönlichkeitskorrelate von Mobbing. Narzissmus und Selbstkonzeptklarheit als Persönlichkeitskorrelate bei Mobbingtätern. Zeitschrift für Arbeits- und Organisationspsychologie, 46, 216–221.

Stucke, T. S., & Sporer, S. (2002). When a grandiose self-image is threatened: Narcissism and self-concept clarity as predictors of negative emotions and aggressions following ego-threat. Journal of Personality, 70, 509–532.

Techniker Krankenkasse (2009). Kundenkompass Stress: Aktuelle Bevölkerungsumfrage: Ausmaß, Ursachen und Auswirkungen von Stress in Deutschland. Hamburg: Techniker Krankenkasse.

Teegen, F. (2000). Psychotherapie der Posttraumatischen Belastungsstörung. Psychotherapeut, 45, 341–349.

Teuschel, P. (2010). Mobbing. Dynamik – Verlauf – gesundheitliche und soziale Folgen. Stuttgart: Schattauer.

Toppinen-Tanner, S., Ahola, K., Koskinen, A., & Väänänen, A. (2009). Burnout predicts hospitalization for mental and cardiovascular disorders: 10-year prospective results from industrial sector. Stress & Health, 25, 287–296.

Trotha, J. von (2009). Stress am Arbeitsplatz. Haftung des Arbeitgebers auf Schadensersatz für hieraus resultierende Gesundheitsschäden. Berlin: Duncker & Humblot.

Tschöpe, U. (2009). Anwalts-Handbuch Arbeitsrecht (6. Aufl.). Köln: Dr. Otto Schmidt (zitiert: Tschöpe-Bearbeiter).

Udris, I. (1989). Soziale Unterstützung. In S. Greif, H. Holling & N. Nicholson (Hrsg.), Arbeits- und Organisationspsychologie. Internationales Handbuch in Schlüsselbegriffen (S. 421–425). München: Psychologie-Verlags-Union.

Vaitl, D. (2004a). Psychophysiologie der Entspannungsverfahren. In D. Vaitl & F. Petermann (Hrsg.), Entspannungsverfahren. Das Praxishandbuch (3. Aufl., S. 21–33). Weinheim: Beltz PVU.

Vaitl, D. (2004b). Autogenes Training. In D. Vaitl & F. Petermann (Hrsg.), Entspannungsverfahren. Das Praxishandbuch (3. Aufl., S. 87–106). Weinheim: Beltz PVU.

Venus, M. (2005). Burnout für alle – Risiko für den Wirtschaftsstandort? Sichere Arbeit, 3, 24–31.

Vester, F. (2003). Phänomen Streß. Wo liegt sein Ursprung, warum ist er lebenswichtig, wodurch ist er entartet? (18. Aufl.). München: dtv.

Videka-Sherman, L., & Lieberman, M. A. (1985). The effects of self-help and psychotherapy intervention on child loss: The limits of recovery. American Journal of Orthopsychiatry, 55, 70–81.

Wagner-Link, A. (1996). Aktive Entspannung und Streßbewältigung. Wirksame Methoden für Vielbeschäftigte (4. Auflage). Renningen-Malmsheim: Expert.

Wagner-Link, A.(2009). Aktive Entspannung und Stressbewältigung: Wirksame Methoden für Vielbeschäftigte (6. Aufl.). Renningen: Expert.

Watzlawick, P. (1992). Münchhausens Zopf oder Psychotherapie und »Wirklichkeit«. München: Piper.

Weber, A., & Jaekel-Reinhard, A. (2000). Burnout syndrome: A disease of modern societies? Ocupational Medicine, 50, 512–517.

Wenderlein, F. U. (2003). Arbeitszufriedenheit und Fehlzeiten in der Krankenpflege – Untersuchung an 1021 Examinierten und Schülern. Das Gesundheitswesen, 65, 620–628.

Wickler, P. (2004). Handbuch Mobbing-Rechtsschutz. Heidelberg: C. F. Müller (zitiert: HRM-Bearbeiter).

Wiegand, A. (2002). Arbeitsstress und Krankheitsverhalten. Lengerich: Pabst.

Willingstorfer, B., Schaper, N., & Sonntag, K. (2002). Mobbingmaße und -faktoren sowie bestehende Zusammenhänge mit sozialen Arbeitsplatzbedingungen. Zeitschrift für Arbeits- und Organisationspsychologie, 46, 111–125.

Wolmerath, M. (2004). Mobbing im Fokus der Rechtsprechung. Der Personalrat, 9, 327–340.

Wolmerath, M. (2007). Mobbing. Rechtshandbuch für die Praxis (3. Aufl.). Baden-Baden: Nomos.

Wolpin, J., Burke, R. J., & Greenglass, E. R. (1991). Is job satisfaction an antecedent or a consequence of psychological burnout? Human Relations, 44, 193–209.

Wood, J. V., Heimpel, S. A., Newby-Clark, I. R., & Ross, M. (2005). Snatching defeat from the jaws of victory: Self-esteem differences in the experience and anticipation of success. Journal of Personality & Social Psychology, 89, 764–780.

Zapf, D. (1999). Mobbing in Organisationen. Überblick zum Stand der Forschung. Zeitschrift für Arbeits- und Organisationspsychologie, 43, 1–25.

Zapf, D. (2002). Emotion work and psychological well-being. A review of the literature and some conceptual considerations. Human Resource Management Review, 12, 237–268.

Zielke M., & Leidig, S. (2003). Termindruck, mangelnde Honorierung, Angst vor Arbeitslosigkeit. Wenn Arbeit krank macht. Fortschritte der Medizin, 145, 28–32.

Zuschlag, B. (2001). Mobbing. Schikane am Arbeitsplatz (3. Aufl.). Göttingen: Verlag für Angewandte Psychologie.

Stichwortverzeichnis

A

B

C

D

E

F

G

H

I

U

V

W

Z